07054
24,-

J. Ewen
V, 84

Bernd H. Keßler/Burkhard Hoellen

Rational-emotive Therapie in der Klinischen Praxis

Eine Einführung

Beltz Verlag · Weinheim und Basel 1982

Über die Autoren:
Bernd Keßler, Dr.phil., Dipl.-Psych., ist akademischer Oberrat an der
Fachrichtung Psychologie der Universität des Saarlandes

Burkhard Hoellen, Dipl.-Psych., ist Leiter der Psychotherapeutischen
Beratungsstelle der Arbeiterwohlfahrt in Merzig/Saar

CIP-Kurztitelaufnahme der Deutschen Bibliothek

Kessler, Bernd H.:
Rational-emotive Therapie in der klinischen
Praxis : e. Einf. / Bernd H. Kessler ;
Burkhard Hoellen. – Weinheim ; Basel : Beltz, 1982.
   ISBN 3-407-54623-8
NE: Hoellen, Burkhard:

© 1982 Beltz Verlag · Weinheim und Basel
Gesamtherstellung: Beltz, Offsetdruck, 6944 Hemsbach über Weinheim
Umschlaggestaltung: E. Warminski, Frankfurt/M.
Printed in Germany

ISBN 3 407 54623 8

Vorwort

Die rational-emotive Therapie ist ein umfassender Behandlungsansatz für psychische Störungen. Ihr besonderer Wert liegt in der Offenheit für andere Psychotherapien, in den Einsatzmöglichkeiten zur Prävention und Selbstregulation, in der Eignung zur Krisenintervention und sicherlich auch in der vergleichsweise leichten Erlernbarkeit der einzelnen Behandlungsstrategien.

Die rational-emotive Therapie hat, nicht zuletzt wegen der besonderen Art ihrer Demonstration durch ihren Begründer, Albert Ellis, vornehmlich wegen des aktiven, direktiven und zuweilen belehrenden Anstrichs der Therapeut-Klient-Interaktion und einiger stoizistischer Grundkonzepte, zu konträren und polemischen Diskussionen Anlaß gegeben. Oft wurde dabei von den Kritikern der Eindruck zu erwecken versucht, als sei die rational-emotive Therapie eines der hundert und mehr am Rande der Seriosität anzusiedelnden Behandlungsangebote des modernen Psychobooms. Eine solche Sichtweise wird der Realität bei weitem nicht gerecht. Das Ausmaß der empirischen Forschungsaktivitäten im rational-emotiven und kognitiv-verhaltenstherapeutischen Bereich kann als deutliches Gegenargument gelten. Die einschlägigen klinischen Zeitschriften weisen einen wachsenden Anteil an Forschungsarbeiten zur rational-emotiven Therapie bei Kindern, Jugendlichen und Erwachsenen im psychotherapeutischen und zunehmend auch verhaltensmedizinischen Arbeitsfeld auf. Es kann wohl auch mit Recht behauptet werden, daß die rational-emotive Therapie zu jenen Therapieformen gehört, die am ehesten einer wissenschaftlichen Untersuchung offenstehen.

Die Wirksamkeit der Therapieform ist mittlerweile unbestritten, wenngleich wesentliche Fragen, so insbesondere die nach der Indikation, nur spärliche Antworten zulassen. Vieles ist nicht ohne Kritik hinzunehmen, manches scheint selbst dem wohlgesinnten Verfechter mehr als fragwürdig.

Es fiel uns andererseits nicht schwer, die Bedeutung des Ansatzes, auch aufgrund eigener praktisch-therapeutischer Erfahrungen, feststellen zu können. Die modische Grisaille der gesellschaftlichen Realität und das damit verknüpfte Aufpacken eigener Probleme, Unfähigkeiten und Lustlosigkeiten auf die Tragtiere der anderen lassen kaum Möglichkeiten zu eigenständigen Problemlösungen. Die rational-emotive Therapie bietet dazu im Gegensatz primär eine Mobilisation der Resourcen dort, wo sie dem einzelnen wohlfeil sind, bei ihm selbst. Sie versucht nicht Un- und Schwermodifizierbares unserer sicherlich vielfältig tristen Realität zu ändern, sondern sucht für den Klienten nach Wegen, der Realität so gegenübertreten zu können, daß diese nicht über das tatsächliche Maß hinaus zerstörerisch wirkt. Man würde die rational-emotive Therapie zusammen mit manchem Kritiker mißverstehen, wenn man davon ausgeht, daß sie damit einer bedingungslosen Anpassung an die herrschenden gesellschaftlichen Zustände das Wort redete. Sie sucht vielmehr nach Problemlösungen, die darin bestehen, daß die Klienten zunächst selbst rationaler denken lernen, bevor sie es anderen abverlangen. Erst dadurch eröffnen sich Wege, der bedrückenden und bedrohlichen Umwelt so begegnen zu können, daß die eigenen Bedürfnisse nicht in Ängsten und Aggressionen ersticken.

Bei der Abfassung des Buches haben wir uns bemüht, möglichst nahe an der Praxis zu bleiben, ohne allerdings Kritikpunkte zu übersehen. Zur Erleichterung weiterführender Beschäftigungen mit der rational-emotiven Therapie haben wir, soweit dies möglich war, im Literaturverzeichnis vorliegende deutsche Übersetzungen von Originalarbeiten zitiert.

Saarbrücken, Februar 1981   Bernd Keßler
                                                    Burkhard Hoellen

Inhaltsverzeichnis

I. Grundzüge der rational-emotiven Therapie

Die rational-emotive Therapie (RET) ist ein kognitiv-psychologischer Behandlungsansatz, der von dem Psychologen Albert Ellis zwischen 1950–1960 in den USA entwickelt wurde. Die RET entstand, wie auch einige andere psychotherapeutische Systeme, die zu dieser Zeit aufkamen (Verhaltenstherapie, Transaktionsanalyse, Gestalttherapie), in der praktischen Auseinandersetzung mit der klassischen Psychoanalyse, deren Regeln, Wirksamkeit und Effizienz Ellis immer skeptischer begegnete.

Während die Ideen von Ellis in der Öffentlichkeit, vor allem durch klar konzipierte und leicht verständliche Darstellungen, eine gewisse Verbreitung fanden, blieb die RET als therapeutische Methode zunächst auf einen sehr kleinen Personenkreis beschränkt. Erst durch die zunehmende kognitiv-psychologische Reflexion von Therapien, insbesondere im Zusammenhang mit der zu Beginn der siebziger Jahre immer stürmischer einsetzenden Neubestimmung der Verhaltenstherapie, stieg auch das Interesse an der RET bedeutend an. Damit wurde auch eine Verschränkung der rational-emotiven Grundpositionen mit der Verhaltenstherapie möglich. Nicht zu unrecht versteht sich die RET heute als eigentlicher Vorläufer für viele Verfahren in der Kognitiven Verhaltenstherapie. Sie kann als multimodaler Therapieansatz bezeichnet werden, welcher zunehmend praktisch nützlich wird.

Auch im deutschen Sprachraum wird in ansteigendem Maße mit der RET gearbeitet, obwohl sie im Vergleich zu den etablierten Therapiesystemen noch eine bescheidene Rolle spielt. Die ersten Darstellungen zur RET in deutscher Sprache erschienen 1977 gleichzeitig mit der Übersetzung des für die weitere Entwicklung der RET richtungsweisenden Buches ,Reason and Emotion in Psychotherapy' von Albert Ellis aus dem Jahre 1962. Seither zeugt eine ständig wachsende Zahl von Veröffentlichungen (Eschenröder, 1977a, b; Kleiber u. a., 1977; Pfaff, 1977; Beule u.a., 1978; Keßler & Pfaff, 1978; Hoellen & Keßler, 1980) von dem gestiegenen Interesse an dieser auf Einsicht und Vernunft bauenden Therapiemethode.

1. Basisannahmen der RET

Die wesentlichsten Annahmen der RET sind die Formulierungen, daß unangepaßte oder fehlgeleitete kognitive Prozesse, die sog. irrationalen Denkmuster und Einstellungssysteme (irrational belief systems), psychische Probleme und Verhaltensstörungen bewirken, und daß Beeinflussung und Änderung von kognitiven Abläufen Vorbedingungen für therapeutische Verbesserungen sind. Wann immer ein Individuum an schwerwiegenden Problemen leidet, sind diese durch unbewußte oder bewußte Bewertungen, Interpretationen und Lebensphilosophien und weniger durch objektive Gegebenheiten in der Umwelt determiniert. Ellis sieht sich mit seinen Auffassungen in der Tradition der alten taoistischen und buddhistischen Denker sowie der griechischen und römischen Stoa (vgl. Warren & Hymen, 1980). Aufbauend auf der Erkenntnis des Philosophen Epiktet, nicht die Dinge selbst beunruhigen die Menschen, sondern die Vorstellungen von den Dingen, entwickelte er die RET als ein integratives psychotherapeutisches System, welches gleichzeitig auch eine Theorie psychischer Störungen darstellt. Die Hauptstruktur seines Therapieansatzes drückt Ellis in der bekannten ABC-Sequenz der RET aus.

A, bezieht sich auf aktivierende Ereignisse, es sind dies die objektiven Vorgänge in der Umwelt,
B, steht für die Selbstverbalisierungen und Bewertungen, die diesen Ereignissen folgen,
C, symbolisiert die emotionalen Konsequenzen, die durch solche Gedanken erzeugt werden.

Gemeint ist damit, daß Gefühle und Stimmungen (z. B. Angst, Ärger, Verzweiflung, Freude) = C primär nicht durch ein äußeres Ereignis (z. B. Mißerfolg, Ablehnung, Erfolg) = A ausgelöst werden, sondern durch ein System von verinnerlichten Einstellungen und Bewertungen = B.

Die RET setzt gewöhnlich an einer emotionalen oder verhaltensmäßigen Reaktion (dem Symptom oder der Störung, C für Consequence) an. Dieser Reaktion geht eine aktivierende Erfahrung oder Begebenheit (A für Activating Experience) voraus, etwa der Tatbestand, daß ein Individuum bei einer bedeutenden Aufgabenstellung versagt hat oder von anderen Menschen, um deren Anerkennung es nachgesucht hat, abgewiesen wurde. Die RET postuliert nun, daß A zwar zu C beiträgt, aber nicht unmittelbar zu C führt. Vielmehr verursachten die individuellen Selbstaussagen und Bewertungen (B für Belief Systems) die emotionale Reaktion (C). Das Überzeugungssystem des Menschen habe sowohl einen rationalen, d. h. vernünftigen, situationsangepaßten Anteil, als auch irrationale, d. h. unrealistische, situationsinadäquate Aspekte.

Die realitätsorientierten Überlegungen in B (rB's für rational Beliefs) drücken sich etwa in folgenden Wünschen, Vorlieben und Bedürfnissen aus: „Ich hätte es gerne, wenn ich dieser Anforderung gewachsen wäre und dadurch

Anerkennung erhielte. Ich möchte nicht versagen. Mir wäre es unangenehm, wenn ich im Falle des Mißerfolgs, von anderen abgelehnt würde". Diese Einstellungen führen zu angemessenen Emotionen, wie Enttäuschung und Betroffenheit, falls der Person tatsächlich etwas Unangenehmes und Mißliebiges begegnen sollte. Eine Person, die beständig an ihren rationalen Überzeugungen festhält, wird der RET-Auffassung gemäß weder starke emotionale Beeinträchtigungen erfahren noch selbstzerstörerisch handeln. Die angemessenen Reaktionen (aC's, appropriate Consequences) würden sie entweder ermutigen, den mißliebigen und unangenehmen Zustand zu ändern, oder sie würde lernen, mit den unglücklichen Umständen zu leben. Sie könnte sich dann (in B) etwa folgendes sagen: ,,Schade, ich scheine in dieser Angelegenheit kein Glück zu haben. Andere werden mich jetzt wohl gering schätzen, nur weil ich versagt habe. Nun, das ist nicht das Ende der Welt. Trotz dieser Unannehmlichkeiten geht das Leben weiter. Es gibt sicherlich noch einmal eine neue Chance für mich".

Die RET geht nun davon aus, daß in vielen Fällen Individuen die Tendenz haben, auf aktivierende Ereignisse vorwiegend unvernünftige Selbstaussagen (iB's für irrational Beliefs) folgen zu lassen, die fast ohne Ausnahme die Form absolutistischer Forderungen und Ansprüche annehmen würden. Individuen, welche bei A versagt hätten oder abgelehnt worden seien, würden sich selbst in irrationaler Weise einreden: ,,Ich darf nicht versagen, und ich muß die Anerkennung anderer erlangen. Wie schrecklich ist es, daß mir etwas passiert ist, was mir unter keinen Umständen hätte passieren dürfen. Ich kann die negativen Folgen, die ich daraus ziehe, nicht ertragen. Ich bin ein schlechter und wertloser Mensch, weil ich versagt habe und Ablehnung erfahre." Ein Individuum, welches sich solche Annahmen selbst einredet, wird zu mitunter extremen Gefühlen der Angst, zu Niedergeschlagenheit, Wut und Selbstmitleid neigen. Es wird sich stark defensiv verhalten, über die Hoffnungslosigkeit seiner neuen Situation lamentieren und die Schlechtigkeit der Welt beklagen.

Ellis ergänzt das ABC-Schema durch die zwei therapiebezogenen Punkte D und E. Am Punkt D (D für Dispute) wird der Klient angeleitet, seine ihm Kummer und Sorgen bereitenden Überzeugungshaltungen in Frage zu stellen und durch alternative, realitätsorientierte Annahmen zu ersetzen. Das Ergebnis dieser Auseinandersetzung zeigt sich am Punkt E (E für Effect). Ist der Klient tatsächlich zu neuen Auffassungen (cE's, cognitive effects) gekommen, so schlagen sich diese auch in neuen Verhaltensweisen (bE's, behavioral effects) nieder. Der Klient gewinnt ein anderes Verhältnis zu seinen Schwierigkeiten und lernt gleichzeitig bessere Strategien zur Problemlösung.

2. Das Wesen von irrationalen Gedanken

Gemäß der rational-emotiven Therapie sind unangemessene emotionale Reaktionen und viele psychopathologischen Erscheinungsformen die Folge von dysfunktionalen Denkprozessen. Die gestörten Denkmuster sind durch folgende Aspekte charakterisiert: Überbewertungen, grobe Vereinfachungen, unzulässige Verallgemeinerungen, unlogische, unbewiesene Annahmen, fehlerhaftes Schlußfolgern und absolutistische Auffassungen. Ellis hat diese kognitiven Fehler als irrationale Gedanken gekennzeichnet. Sie nehmen eine Schlüsselposition in der Bestimmung der Vorgänge unter Punkt C ein. Ellis (1973a, S. 6) definiert einen irrationalen Gedanken als „... related to magical, empirically unvalidatable hypotheses for which there is not, nor probably ever can be, any factual evidence." Während ein rationaler Gedanke durch empirische Daten belegt werden könne, gäbe es für irrationale Überzeugungen keinerlei empirische Evidenz. In einer seiner früheren Darstellungen listet Ellis (1962a) 11 unlogische und irrationale Ideen auf, die in der westlichen Welt weit verbreitet seien, und die fast zwangsläufig neurotisierend wirkten. Dazu gehören

(1) die Meinung, es sei für jeden Erwachsenen notwendig, von praktisch jeder anderen Person in seinem Umfeld geliebt oder anerkannt zu werden,
(2) die Meinung, daß man sich nur dann als wertvoll empfinden dürfe, wenn man in jeder Hinsicht kompetent, tüchtig und leistungsfähig ist,
(3) die Idee, daß bestimmte Menschen böse, schlecht und schurkisch seien und für ihre Schlechtigkeit streng zu rügen und zu bestrafen seien,
(4) die Vorstellung, daß es schrecklich und katastrophal sei, wenn die Dinge nicht so sind, wie man sie gerne haben möchte,
(5) die Vorstellung, daß menschliches Leiden äußere Ursachen habe und daß der Mensch wenig Einfluß auf seinen Kummer und seine psychischen Probleme nehmen könne,
(6) die Überzeugung, daß man sich über tatsächliche oder eingebildete Gefahren große Sorgen machen, sich ständig mit der Möglichkeit ihres Eintretens befassen müsse,
(7) die Meinung, es sei leichter, bestimmten Schwierigkeiten auszuweichen, als sich ihnen zu stellen,
(8) die Vorstellung, daß man sich auf andere verlassen sollte und daß man einen Stärkeren brauche, auf den man sich stützen kann,
(9) die Vorstellung, daß die eigene Vergangenheit einen entscheidenden Einfluß auf unser gegenwärtiges Verhalten habe und daß etwas, das sich früher einmal auf unser Leben auswirkte, dies auch weiterhin tun müsse,
(10) die Neigung, sich über die Probleme und Verhaltensschwierigkeiten anderer Leute aufzuregen,
(11) die Vorstellung, daß es für jedes menschliche Problem eine absolut richtige, perfekte Lösung gäbe, und daß es eine Katastrophe sei, wenn diese perfekte Lösung nicht gefunden wird.

In neueren Darstellungen hat Ellis (1977g, 1979b) die ursprüngliche Anzahl der irrationalen Ansichten auf drei Grundannahmen, die „irrationale Dreieinigkeit" reduziert:

(1) Ich muß perfekt sein und/oder von anderen anerkannt werden. Es ist schrecklich wenn das nicht der Fall ist. Dies kann ich nicht ertragen. Wenn ich in dieser Hinsicht versage, bin ich ein wertloser Mensch.

(2) Andere müssen mich fair und zuvorkommend behandeln. Es ist entsetzlich, wenn sie das nicht tun. Wenn andere mich nicht wie gewünscht behandeln, sind sie schlechte Menschen, die es verdienen, verdammt zu werden.

(3) Die Dinge um mich müssen so sein, wie ich das will, es ist fürchterlich, wenn sie das nicht sind. Ich kann das Leben in einer solch schlechten Welt nicht länger ertragen.

Konfrontiert mit unangenehmen Erlebnissen würden emotional beeinträchtigte Personen demnach folgendes in übersteigerter Form tun: jammern und klagen über

(1) ihre eigenen Fehler und Schwächen,
(2) die unfaire Art, wie sie von anderen behandelt werden,
(3) die unerfreulichen Bedingungen, die um sie herum tatsächlich oder vermeintlich existieren.

Die angeführten Aussagen scheinen in ihrer Absolutheit die Definition von Irrationalität zu treffen, da sie aber empirisch nur schwer validiert werden können, ist fraglich, in welchem Ausmaß sie die große Anzahl irrationaler Überzeugungshaltungen tatsächlich repräsentieren. Insgesamt bleibt die Definition von ‚Irrationalität‘ bzw. ‚Rationalität‘ bei Ellis recht unklar. Sie ist teilweise zirkulär, z. B. wenn die Unangemessenheit von Emotionen als Beleg für die Irrationalität gelten soll. Sagt man, irrationale Einstellungen führten zu unangenehmen Konsequenzen und dann wiederum, irrationale Überzeugungen seien dadurch definiert, daß sie unangenehme Empfindungen verursachten, so hat man sich einmal im Kreis gedreht (vgl. Kleinmanns, 1980).

Ellis gebraucht folgende Begriffe synonym: irrational, unrealistisch, unvernünftig, magisch, absolutistisch, unangemessen. Trotz der unklaren Definition erweist sich das Konzept in der praktischen Arbeit jedoch oft als hilfreich. Zur Ausdifferenzierung der Selbstverbalisationen und Bewertungen, mit denen sich Klienten davon abhalten, ihr Leben optimal zu gestalten, können die von Ellis angeführten 11 bzw. 3 sog. ‚irrationalen Ideen‘ als recht brauchbare Heuristikregeln aufgefaßt werden.

Ellis (1979a) setzt seine ABC-Formel mit der neo-behavioristischen S-O-R Theorie gleich und beruft sich dabei auf Woodworth (1958). Nach van Quekelberghe (1979a) führt dies aber zu Mißverständnissen. Die Therapietheorie der RET zähle zu den mediativen Modellen im Gegensatz zu den peripheren, assoziationistischen S-R Modellen. Bei der Beziehung zwischen den Elementen A, B und C handele es sich auch nicht um eine einfache, lineare Beziehung, vielmehr könne man sich zwischen diesen drei Punkten mehrfache Wechselwirkungen vorstellen. So beeinflußten die Wahrnehmung und symbolische Verarbeitung des aktivierenden Ereignisses die Auswahl und den Einsatz bestimmter Selbstverbalisationen. Diese Bewertungen zeigten dann wiederum Rückwirkungen auf die Wahrnehmung und Verarbeitung von A. Ebenso wirkten sich Konsequenzen (C) bestätigend auf B und damit auch auf A aus. Der Therapieansatz von Ellis basiere auf einer impliziten „kognitiven Handlungstheorie", ohne daß dies bislang systematisch herausgearbeitet worden wäre. Van Quekelberghe versucht auch zwischen prozessualen und strukturalen Aspekten der Handlung zu unterscheiden. Analog der psycholinguistischen Differenzierung zwischen ‚Sprechhandlung' und ‚Sprachgebilde' nimmt er eine Einteilung in ‚Selbstverbalisierung' und ‚Selbstsprache' vor. Während die Selbstverbalisierung durch eine direkte Mitteilung zum Teil zugänglich sei, könne man die ‚Selbstsprache' nur über die Analyse der Selbstverbalisationen erschließen (vgl. Bernard, 1980; Newman, 1980).

Die semantische Struktur der ‚Selbstsprache' sieht van Quekelberghe in den ‚belief systems' von Ellis, die man sich der Einfachheit halber als hierarchisch strukturiert vorstellen könne. Innerhalb dieser Hierarchie schlägt van Quekelberghe (1979a, S. 280) die Unterteilung in die Elemente metabelief, beliefs und subbeliefs vor. Ein Beispiel soll dies verdeutlichen:

metabelief: Es ist für mich unerträglich, abgelehnt zu werden.
belief 1:   Wenn ich abgelehnt werde, dann bin ich wertlos.
belief 2:   Derjenige, der mich ablehnt, muß ein Schuft sein.
subbelief 1
von belief 2:   Die Gründe für die Ablehnung müssen gelogen sein.
subbelief 2
von belief 2:   Es darf nicht sein, daß ein Schuft mich ablehnt.

In der Hierarchie eines ‚belief systems' können die ‚subbeliefs' als konkrete Selbstvorstellungen und Selbstaussagen abgeleitet werden. Die ‚metabeliefs' dagegen sind allgemeine Überzeugungen. Van Quekelberghe sieht die „11 irrationalen Ideen" von Ellis (1962a) als solche ‚metabeliefs'.

Jedes ‚belief system'
– „kann mit anderen ‚belief systems' interagieren und dadurch zu neuen Selbstvorstellungen und Selbstverbalisierungen führen,
– kann aus rationalen und/oder irrationalen beliefs bestehen,
– entsteht durch soziale Lernvorgänge und kann durch solche Vorgänge verändert werden,
– kann auf die aktivierenden Ereignisse, ihre Wahrnehmung und Bewertung sowie auf die Emotionen und Verhaltensreaktionen einwirken."
(van Quekelberghe, 1979a, S. 280).

3. Die Entstehung von irrationalen Überzeugungen

Eine adäquate Erklärung über den Ursprung von irrationalen Einstellungen fehlt bislang in der RET. Während Ellis (1962a) zu früheren Zeitpunkten eine auf Lernprozessen basierende Genese annahm, wird er heute nicht müde, die angeblich biologische Basis von irrationalen Gedanken zu propagieren (Ellis, 1976a). In neueren Publikationen versucht er sogar Prozentschätzungen über das Verhältnis von Anlage und Umwelt (Ellis, 1979a). So meint er, daß 80% der Varianz menschlichen Verhaltens anlagebedingt seien und lediglich 20% kulturellen Lerneinflüssen unterlägen. Man kann sich aber nur sehr schwer die Bedingungen vorstellen, unter denen sich eine Prädisposition für irrationales Denken evolutionär herausgebildet haben soll, da logisches und rationales Denken, evolutionär betrachtet, von weit größerem Überlebenswert sein dürfte (Wessler, 1977; Zettle & Hayes, 1980). Über solche Evolutionsprozesse, also ‚Kontingenzen des Überlebens', hat Ellis nirgendwo weitergehende Aussagen gemacht. Im Gegensatz zu seiner Auffassung wäre die Annahme einer auf Lernprozessen basierenden Ausformung von irrationalen Ideen viel eher einer experimentellen Untersuchung zugänglich. Die Fragestellung, ob sich irrationale Gedanken über einen gewissen Zeitraum hinweg in der Interaktion des Individuums mit seiner sozialen Umwelt herausbilden, könnte beispielsweise durch Längsschnittuntersuchungen überprüft werden. Die Feststellung, psychische Störungen seien genetisch prädisponiert, impliziert zudem, daß ein Krankheitsmodell besser geeignet sei, die Entstehung und Aufrechterhaltung von Verhaltensstörungen zu erklären. Auch stellt die Erklärung von Rückfällen mit dem Hinweis auf angeborene Tendenzen einen Zirkelschluß dar, der auf Klienten, die um eine Veränderung ihrer Lage bemüht sind, nicht gerade motivierend wirken dürfte.

In einer neueren Veröffentlichung versucht Ellis (1979a) sogar an dem Verhalten einer einzigen Person aus seinem Bekanntenkreis die genetische Bedingtheit menschlichen Verhaltens festzumachen. Anhand dieses Falls, einer Frau, die ein sexuell sehr aktives Leben entwickelt hat, wie Ellis meint gegen die Erziehungsnormen ihrer Eltern und auch allgemeinen moralischen Wertvorstellungen widersprechend, läßt sich auch das Gegenteil belegen, daß sich nämlich über viele Jahre ein Verhalten herausgebildet hat, welches durch die sehr häufig erlangte sexuelle Befriedigung verstärkt wurde, und die Frau sehr sensibel auf sexuelle Stimuli reagieren ließ.

In der therapeutischen Praxis tritt dieser Erklärungsansatz für psychische Auffälligkeiten allerdings weitgehend in den Hintergrund und hat letztlich lediglich die Funktion, den Klienten anzuhalten, intensiv an der Überwindung seiner Schwierigkeiten zu arbeiten (Ellis, 1979b). Eine verfrühte Festlegung auf eine bestimmte Theorie über die Genese gestörten Verhaltens würde auch im Rahmen der RET die Entwicklung und Überprüfung neuer Erklärungsansätze beeinträchtigen, zumal bislang kein Modell existiert, welches die Entstehung von Verhaltensstörungen in befriedigender Weise erklären könnte (Kazdin & Wilson, 1978).

4. Philosophische Ausrichtung der RET

Die rational-emotive „Philosophie" geht davon aus, daß Individuen dann relativ problemfrei leben können, wenn sie den Regeln eines hypothetisch-deduktiven Wissenschaftsmodells folgen, d. h.: Individuen beobachten Daten in ihrer Umwelt, leiten daraus Wahrscheinlichkeitsannahmen ab, bilden eine Theorie und überprüfen, ob mit dieser Theorie eine Vorhersage von Daten möglich wird; man bildet also auf Grund von Beobachtungen allgemeine *Regeln* (z. B. „Alle Menschen sind sterblich"), bringt sie in Zusammenhang mit einem *Spezialfall* (z. B. „Ich bin ein Mensch") und zieht dann eine *Schlußfolgerung* (z. B. „Also bin ich sterblich"). Wenn die Beobachtungen mit den formulierten Hypothesen übereinstimmen, werden diese akzeptiert (vgl. Hoffmann, 1980). Die Betonung auf der klaren Beobachtbarkeit soll die Entstehung von Mystizismus und magischem Denken verhindern helfen. Von der so gewonnenen Theorie ausgehend, lassen sich nun zukünftige Ereignisse besser vorhersagen (vgl. Friedman, 1975; Walen u. a., 1980).

Klienten neigen, so Hoffmann (1980), dazu, fehlerhafte allgemeine Regeln aufzustellen, da sie Daten verzerrt wahrnehmen und unzulässige Wahrscheinlichkeitsannahmen machen. Wenn aber die allgemeine Regel falsch ist, wird fast zwangsläufig auch die Schlußfolgerung fehlerhaft (z. B. „Alle intelligenten Menschen haben das Abitur, da ich es nicht habe, bin ich nicht intelligent").

Klienten sind sich dieser Denkstile selten bewußt, noch vermögen sie zu erkennen, daß ihre Denkprozesse vielfach einem Syllogismus folgen: Häufig beachten sie nur die gezogenen Schlußfolgerungen, die, wenn sie unlogisch formuliert sind, emotionale Schwierigkeiten hervorbringen können (vgl. Newman, 1980). Ziel der Therapie ist es, den Klienten zu mehr wissenschaftlichem Vorgehen beim Schlußfolgern anzuleiten. Dabei geht es um das Erlernen und Einüben einer ‚wissenschaftlichen Methodik' im Alltagsleben. Hier zeigen sich viele Ähnlichkeiten mit der Ausbildung eines Klienten zum ‚personal scientist' (Mahoney, 1977b, 1980).

Der Therapeut benützt zur direkten Veränderung der irrationalen Gedanken u. a. zahlreiche Verfahren der verbalen Kommunikation. Der Klient soll zu neuen realistischeren Auffassungen über sich und die Welt gelangen. Die Philosophie der RET bekennt sich dabei zum Hedonismus, welcher Wohlbefinden als entscheidendes Lebensziel formuliert, ergänzt durch den Willen zum Überleben. Die RET folgt allerdings keinem kurzsichtigen Hedonismus; das

Individuum sollte vielmehr zum einen auch lernen, auf naheliegende Annehmlichkeiten zu verzichten, um mögliche künftige Probleme zu vermeiden, zum andern sehen, daß der Hedonismus nicht als purer Egoismus zu verstehen ist, sondern als eine humanistische Einstellung, die auch das Wohlergehen anderer einschließt.

In dem Wunsch nach Überleben und dem Streben nach Glück sieht Ellis (1979b) wesentliche Werte und Ziele eines jeden Menschen. Demnach handelt eine Person dann rational, wenn sie versucht, in den folgenden 5 Lebensbereichen glücklich zu werden:

- beim Alleinesein,
- beim Versuch, freundschaftliche Kontakte zu anderen Menschen aufzubauen,
- im Bestreben, mit einigen Mitgliedern dieser Gruppe eine engere Beziehung zu unterhalten,
- beim Bemühen, eine produktive und einträgliche berufliche Tätigkeit auszuüben und bei
- erholsamen, kreativen oder erbauenden Freizeitaktivitäten.

5. Untersuchungen zu den Grundannahmen und zur klinischen Wirksamkeit der RET

Obwohl die therapeutischen Verfahren der RET schon seit geraumer Zeit Anwendung finden, liegen noch relativ wenige Arbeiten vor, die den Einfluß von Kognitionen auf emotionale Erregungen systematisch untersucht haben. Auch fehlt es noch weitgehend an kontrollierten experimentellen Daten hinsichtlich der klinischen Effizienz dieser Methode. Das Forschungsinteresse nahm jedoch in den letzten Jahren ständig zu.

5.1. Grundannahmen

Zettle & Hayes (1980) dokumentieren in einem ausführlichen Überblick die bisherigen Forschungsarbeiten zur RET. Sie konzentrieren sich dabei vorwiegend auf Studien, die ausdrücklich mit RET-Konzepten und -Prämissen arbeiteten, und weniger auf die Anwendung von Ableitungen aus dieser Methode, wie die Selbstinstruktionstherapie oder das kognitive Restrukturieren. Die Definition von Irrationalität sei allerdings zu vage formuliert und bislang kaum operationalisiert. Darüber hinaus gäbe es kein allgemein akzeptiertes und valides Maß zur Erfassung von irrationalen Überzeugungen und schließlich existierten nur wenige Studien, welche es möglich machen, zwischen der korrelativen, kontrollierenden oder kausalen Rolle dieser Denkmuster zu unterscheiden.

Eine Anzahl von Studien hat die Beziehung zwischen irrationalen Überzeugungen und verschiedenen Symptombildern, vorwiegend bestimmten Angstreaktionen, durchweg mit Fragebogentests untersucht. Obwohl aufgrund einiger empirischer Daten eine engere Beziehung zwischen irrationalen Einstellungskonzepten und emotionalen Beeinträchtigungen angenommen werden kann, weisen diese Studien doch auch erhebliche Mängel auf. So ist es in diesen Arbeiten versäumt worden, demographische Variablen wie Alter, Intelligenz, Ausbildung und soziökonomischen Status zu kontrollieren. Außerdem ist die mögliche Beantwortungstendenz in Richtung sozialer Erwünschtheit nicht berücksichtigt worden. Wegen des korrelativen Charakters dieser Studien bleibt weiterhin die Frage der Richtung der Relation zwischen irrationalen Einstellungen und emotionalen Reaktionen offen.

Bislang existieren nur wenige experimentelle Studien, welche explizit zum Ziel hatten, die hypothetischen Überlegungen der RET zu überprüfen (Rimm & Litvack, 1969; May & Johnson, 1973; Russell & Brandsma, 1974; May, 1977; Rogers & Craighead, 1977). Einige Forschungsarbeiten untersuchten die Auswirkung von negativen Selbstaussagen auf bestimmte psychophysiologische Parameter emotionaler Erregungen. Rogers & Craighead (1977) beispielsweise hielten ihre Probanden an, verschiedene Aussagen leise zu lesen, während mehrere physiologische Erregungsmessungen (Atemtiefe, Herzfrequenz, Hautwiderstand) durchgeführt wurden. Die Autoren verwandten z. B. für das Item ‚Ich kann mit meiner Schwester nicht zurecht kommen' schlußfolgernde Aussagen mit einer negativen Wertigkeit, ähnlich den Gedanken, die gemäß der rational-emotiven Theorie in Punkt B erfolgen, nämlich, ,,Meine Schwester ist so ekelhaft; ich werde niemals mit ihr zurecht kommen, sie ärgert mich derart und bringt mich aus der Verfassung". Daneben wurden auch positive oder neutrale Items geboten. Es wurden mehrere Hypothesen aufgestellt, u. a. die Vorhersage, daß positiv gefärbte Selbstaussagen geringere Erregung hervorrufen würden als negativ formulierte Äußerungen. Die Autoren fanden weder diese Hypothese bestätigt, noch konnten sie die positiven Ergebnisse obengenannter Studien wiederholen. Aufgrund dieser inkonsistenten Befunde kann bislang lediglich davon gesprochen werden, daß ‚affective statements' in der Tat mit emotionaler Erregung einhergehen. Die Beziehung zwischen beiden Reaktionsklassen könnte jedoch unterschiedlicher Art sein:

(1) Irrationale Gedanken können unangemessenen emotionalen Erregungszuständen vorausgehen, da das Individuum beide unabhängigen Reaktionen unter gleichen Bedingungen gelernt haben mag. Ein Individuum könnte gelernt haben, eine Situation als gefährlich einzuschätzen und gleichzeitig mit Angst zu reagieren.
(2) Irrationale Gedanken könnten die Folge von erhöhtem emotionalen Arousal sein.

Manchmal lernen wir, eine Situation als gefährlich zu bezeichnen, wenn wir Angst vor ihr haben.

(3) Irrationale Gedanken könnten tatsächlich emotionale Erregung hervorrufen.

Im Gegensatz zu Ellis (1977c) kann also noch nicht geschlossen werden, daß die Grundannahmen der RET bereits hinreichend klar untersucht worden wären (vgl. Ewart & Thoresen, 1977; Mahoney, 1977c; Meichenbaum, 1977; Lazarus, 1979a; Zettle & Hayes, 1980). Eine kritische inhaltliche Auseinandersetzung mit dem theoretischen Persönlichkeitskonzept der RET steht ebenfalls noch weitgehend aus und findet sich in Ansätzen bislang interessanterweise vorwiegend in deutschsprachigen Veröffentlichungen (Beule u.a., 1978; van Quekelberghe, 1979a, b; Braunert, 1980; Kleinmanns, 1980; Jaeggi, 1981). Ellis hat in diesem Zusammenhang schon 1962 folgendes selbstkritisch konstatiert: „Allerdings sollte man sich vor Augen halten, daß die Wirksamkeit einer therapeutischen Theorie, so gut sie sich auch in der Praxis bewährt haben mag und so viele gebesserte oder ‚geheilte‘ Patienten auch von ihrer Heilwirkung zeugen mögen, dennoch als unbewiesen gelten muß, da ein ganz anderer Faktor der Patient-Therapeut Beziehung (oder ein außerhalb dieser Beziehung liegender Aspekt im Leben des Patienten) den eigentlichen Heilungserfolg bewirkt haben kann" (zit. nach der deutsch. Übersetz. 1977a, S. 38). Diese Position wird von Ellis (1979b, S. 43) noch einmal unterstrichen: „... RET's theory of personality change, ..., doesn't necessarily depend on the validity of its theory of personality formation."

5.2. Wirksamkeit

Ellis erhebt bisweilen den Anspruch, vor allem bei öffentlichen Veranstaltungen und Demonstrationen, psychische Beeinträchtigungen gleich gut, wenn nicht besser als herkömmliche psychotherapeutische Systeme beeinflussen zu können. Abstriche macht er nur bei eindeutig organisch begründeten Störungen, wozu er auch die Schizophrenie zählt, bei jüngeren Kindern und intelligenzschwachen Personen. Wie steht es nun um die therapeutische Wirksamkeit der RET? Hat die RET ihren therapeutischen Wert in der Tat schon hinreichend unter Beweis gestellt? Angesicht dieser Fragen gestehen Ellis & Grieger (1979) selbstkritisch ein, daß die RET nachlässig darin gewesen sei, genau zu artikulieren, welche Dinge der Therapeut in der RET eigentlich tut und welche Absicht er dabei verfolgt. Dies gilt besonders für die früheren Arbeiten von Ellis. Bei einer Analyse der von Ellis (1971) als Bestätigung für die Effizienz seiner Methode herangezogenen Studien kommen Kessel & Streim (1976) zu dem Ergebnis, daß es bis zu diesem Zeitpunkt keine Verbindung zwischen den als Beleg angeführten Arbeiten und der Praxis der RET gab. In ihrem Überblick über Untersuchungen zur Effektivität der RET stellen DiGiuseppe u.a. (1977) aufgrund neuerer Daten fest, daß eine erhebliche Zahl von Untersuchungen für die Wirksamkeit der RET sprechen würde. Diese Aussage wird von den Autoren allerdings weitgehend relativiert, da sie auch Studien anführen, die sich strenggenommen nicht mit der RET, sondern mit verschiedenen Verfahren der Kognitiven Verhaltenstherapie befassen. Gleiches gilt für die von vorsichtigem Optimismus geprägten Einschätzungen von Goldfried (1979). Andererseits stellte sich die RET bei einer von Smith & Glass (1977) durchgeführten Metaanalyse von annähernd 400 psychotherapeutischen Ergebnisstudien unter 10 Therapieformen als sehr effektive Methode heraus, die in ihrer Wirksamkeit nur noch von der Systematischen Desensibilisierung übertroffen wurde. Trotz dieser eher positiven Beurteilung bleibt festzuhalten: Die verfügbaren Studien über die Anwendung der RET beschränken sich bislang fast ausschließlich entweder auf unsystematische Fallstudien, in denen einzelne Individuen behandelt wurden oder auf experimentelle Analogstudien, bei denen verschiedene Studentenpopulationen betreut wurden (vgl. auch Keßler & Pfaff, 1978; Groffmann u.a., 1980). Nach der Analyse von Zettle & Hayes (1980) existiert keine systematisch durchgeführte RET-Fallstudie, und es gab bis zum Zeitpunkt ihrer Zusammenschau lediglich zwei experimentelle Untersuchungen (Moleski & Tosi, 1976; Wolfe & Fodor, 1977) bei denen klinisch relevante Personengruppen (Stotterer, sozial ängstliche Frauen) unter entsprechenden Bedingungen behandelt wurden. Zettle & Hayes (1980, S. 161) kommen zu der Feststellung: „Considering the mixed results and limitations regarding the few experimental studies of RET using clinical populations, the lack of internal validity in unsystematic case studies, and the lack of demonstrated external validity of analogue studies, the clinical efficacy of RET has yet to be adequately demonstrated." Lipsky u.a. (1980) stimmen mit dieser Kritik grundsätzlich überein. Für den Kliniker, der mit aktuellen klinischen Personengruppen arbeite, sei es nur allzu deutlich, daß Individuen häufig mit einem breiten Spektrum an u.U. lang andauernden emotionalen Beeinträchtigungen und Verhaltensproblemen zur Therapie kommen, große Unterschiede in Motivation, Einsicht und Intelligenz aufweisen und sich in realen finanziellen oder beruflichen Krisen befinden. Es sei deshalb nur schwer möglich von Analogstudien mit Studenten oder Personen mit monosymptomatischen Störungen auf solche Patientengruppen zu schließen. An einer in einem Gesundheitszentrum ambulant behandelten Erwachsenenpopulation verglichen die Autoren die Effekte von RET und zwei ihrer spezifischen Techniken (‚rational role reversal‘ und ‚rational-emotive imagery‘) mit einer alternativen Behandlungsgruppe (unterstützende- und Entspannungstherapie) und einer Warteliste-Kontrollgruppe. Die Ergebnisse belegen, daß die RET als eine relativ schnelle und effektive Behandlungsform bei mehrsymptomatischen erwachsenen Personen aus dem unteren Mittelstand gelten kann und den Kontrollgruppen in ihrer

Wirksamkeit signifikant überlegen war. Die zusätzlichen Komponenten der RET erhöhten diese Effizienz noch. Die Effekte wurden durch Intelligenzfaktoren nicht beeinträchtigt. Obwohl auch diese Studie einige Mängel aufweist, fehlende Erfassung von Verhaltensvariablen und keine Nachuntersuchung, kann diese Studie als erster Beleg für die Effizienz der RET bei einer Patientengruppe mit häufig anzutreffenden neurotischen Störungen gelten.

Zusammenfassend läßt sich sagen: Allen Therapiestrategien liegt die Einsicht zu Grunde, daß es in der Psychotherapie keine alles umfassende Theorie und demnach auch keine Einheitstherapie gibt. Dies betrifft nach der vorliegenden Darstellung auch die RET, die sich, ähnlich wie die Verfahren der Kognitiven Verhaltenstherapie (vgl. Ledwidge, 1978, 1979; Hoobs u. a., 1980), zunehmend auf dem Prüfstand befindet, und dabei etwas von ihrem ‚messianischen Anspruch' (Liebhart, 1978, S. 1806) aufgeben sollte.

5.3. Differentieller Stellenwert

Die bisherigen therpievergleichenden Untersuchungen reichen nicht aus, um die bedeutsame Frage beantworten zu können, welchen differentiellen Stellenwert die RET im Gesamtgefüge der Psychotherapie einnehmen kann. Vor allem bleibt bislang offen, welches Gewicht dabei den einzelnen Wirkkomponenten zukommt. In der RET gibt es bei der Vielfalt der Methoden und Techniken zu viele Variablen, die für den therapeutischen Erfolg verantwortlich sein können, und einzelne Wirkfaktoren sind bislang unzureichend extrapoliert worden. In letzter Zeit mehren sich allerdings Untersuchungen, die Aussagen über die Indikation zur RET und zu Verfahren der kognitiven Verhaltenstherapie machen. Allerdings beziehen sich diese Studien noch vorwiegend auf verschiedene Angstformen, so z. B. auf soziale Ängste sowie Sprech- und Prüfungsängste. In einer Studie an erwachsenen Patienten eines Gesundheitszentrums konnten Sutton-Simon & Goldfried (1979) zeigen, daß die zwei Formen fehlerhafter Denkstrategien, irrationale Überzeugungshaltungen und negative Selbstverbalisationen, in unterschiedlichem Ausmaß mit allgemeinen bzw. situationsspezifischen Ängsten verbunden sind. Während soziale Ängste als umfassendere Angstform signifikant mit irrationalen Denkmustern korreliert waren, spielten negative Selbstaussagen eine weit größere Rolle bei einer situationsspezifischen Angst wie der Höhenphobie. Nach Auffassung der Autoren stellt diese Studie die bislang implizierte Auffassung, daß alle Formen gestörten Denkens mehr oder weniger gleich seien und bei allen unangemessenen emotionalen Reaktionen eine ähnliche Rolle spielten, ernsthaft in Frage. Schon Meichenbaum (1976b) hat davor gewarnt, den „Uniformitätsmythos" auf die semantischen und kognitiven Therapie zu übertragen. Interessanterweise fanden auch Alden & Safran (1978) deutliche Unterschiede in der kognitiven

Verarbeitung *innerhalb* einer Gruppe selbstunsicherer Individuen. Es scheint, daß die weniger erfolgreichen Klienten extrem perfektionistische Standards an sich selbst stellen und sich sehr viel damit beschäftigen, was andere von ihnen halten könnten. Safran u. a. (1980) glauben dann auch, daß kognitive und verhaltensorientierte Therapien für bestimmte selbstunsichere Personen unterschiedlich effektiv sein können, daß die Dynamik selbstunsicheren Verhaltens keinem einheitlichen Konzept folgt und daß Klienten mit geringer Durchsetzungskraft deutliche Unterschiede in der Art ihrer erlebten Angst in interpersonellen Situationen aufweisen. Mögliche Konsequenzen aus diesen Befunden für die Behandlung sozialer Ängste haben Goldfried (1979) und Hammen u. a. (1980) untersucht. Eine ähnliche inhaltliche Analyse ist für das Konstrukt ‚Prüfungsangst' vorgenommen worden (Hollandsworth u. a., 1979; Harris & Johnson, 1980; Kirkland & Hollandsworth, 1980) mit der Erkenntnis, daß es bei der Therapie dieser Ängste weniger auf die Reduzierung physiologischer Erregungszustände anzukommen scheint, wie es etwa in der Systematischen Desensibilisierung versucht wird, sondern vielmehr darauf, daß die Erregung gemeinsam mit einer kognitiven Beeinflussung nutzbringend zur Überwindung der Beeinträchtigung eingesetzt werden kann.

Ellis (1979 h, 1980 a) hat diese Untersuchungen z. T. mit in die Formulierung der Konzepte ‚Discomfort anxiety' und ‚Ego anxiety' einfließen lassen (s. Kap. III.3). Es scheint so, daß die RET auch weiterhin von dem Erklärungskonzept und der methodischen Sorgfalt der Kognitiven Verhaltenstherapie profitieren könnte (vgl. Kendall & Hollon, 1979). Umgekehrt hat die RET, und sie vermag dies auch heute noch, viel zur Erneuerung dieser Therapieform beizutragen. Gemeinsamkeiten und Unterschiede der beiden wichtigen Behandlungskonzepte sind dargestellt bei Ellis (1972, 1973 b, 1977 b, f, 1980 b), Mahoney (1977 a), Heppner (1978), Meichenbaum (1979) und Försterling (1980 c).

Die wesentlichsten Komponenten der RET seien abschließend noch einmal formuliert (vgl. auch Mahoney, 1977 a):

(1) Training in der Unterscheidung und systematischen Beobachtung von Selbstverbalisationen, sowie Identifizierung von irrationalen Überzeugungshaltungen,
(2) Anfechten dieser Überzeugungen durch Anleitung zur logischen und empirischen Bewertung von Selbstaussagen und zur wirklichkeitsnahen Wahrnehmung,
(3) didaktische Vermittlung eines Einstellungssystems, das die Rolle unlogischer Denkmuster bei subjektivem Leiden und gestörtem Verhalten betont, und die Erarbeitung eines Wertsystems, dessen Hauptprämisse die Selbstakzeptierung der eigenen Person unabhängig von Verhaltenskompetenzen ist,
(4) Einüben von Fähigkeiten zur Lösung von sozialen Problemen mittels gradueller Handlungsanweisungen (Hausaufgaben) und in vivo durchgeführter Verhaltensübungen.

Der Vermittlung dieser Komponenten wollen wir uns in den nun folgenden Kapiteln zuwenden.

II. Der diagnostische Prozeß in der RET

Wie bereits ausgeführt, läßt die Bedeutung, welche die RET in den letzten Jahren erlangt hat, es sinnvoll erscheinen, ihre Wirkkomponenten und die spezifischen Aspekte des Therapieprozesses näher zu bestimmten, um die theoretische Basis weiter zu fundieren (vgl. DiGiuseppe u. a., 1977; Heppner, 1978). Wenn auch einige Schlußfolgerungen hinsichtlich der klinischen Wirksamkeit der RET als ganzes gezogen werden können, ist nach Zettle & Hayes (1980) bis dato nur wenig über die relative Effektivität einzelner Behandlungsanteile auszusagen. Die wichtige Frage, welche Komponenten bei welchen Problemen und bei welcher Art von Klienten wirksam sein können, bleibt derzeit noch völlig offen. Zur Überprüfung bietet sich eine Reihe von Möglichkeiten an: Welche theoretischen Begriffe erklären am besten, was in unserem Kopf vorgeht? Liegen gestörtem Verhalten in jedem Fall irrationale Überzeugungen zugrunde? Wie können wir kognitive Phänomene begrifflich erfassen? Ist das Auftreten von irrationalen Überzeugungen ein zentrales Unterscheidungsmerkmal zwischen nicht-klinischen und klinischen Populationen? Welchen Ursprung haben irrationale Gedanken überhaupt; entstehen solche fehlangepaßten Denkmuster auf angeborener Basis, oder läßt sich ihre Entwicklung eher als ein Lernvorgang erklären? Sind die Erfolge mit der RET vornehmlich auf veränderte Kognitionen zurückzuführen? Handelt es sich bei der Beziehung zwischen irrationalen Gedanken und beeinträchtigenden emotionalen Reaktionen tatsächlich um einen kausalen Zusammenhang? Wie läßt sich die relative Auswirkung der Vermittlung von rationalen Denkstrategien messen? Welchen Anteil am Behandlungserfolg haben die Verhaltensübungen? Welcher therapeutische Stil erleichtert am ehesten die intendierten Veränderungen? Wie wirksam ist die RET mit einer verbal schlecht oder gar nicht geschulten Klientel?

Die Antwort auf einen gut Teil dieser Fragen setzt voraus, daß die diagnostischen Strategien der RET, die bislang kaum explizit gemacht wurden, deutlicher formuliert werden. Deshalb sollen zunächst allgemeine Überlegungen über die Erfassung irrationaler Überzeugungen und die Rahmenbedingungen, unter denen die therapeutische Intervention stattfindet, dargelegt werden. Danach sind konkrete Vorgehensweisen im Diagnostikprozeß der RET vorgeschlagen.

1. Das Aufspüren von irrationalen Gedanken – grundsätzliche Überlegungen

Der RET und den anderen Ansätzen zur kognitiven Verhaltensmodifikation mangelt es noch weitgehend an verläßlichen Methoden, mit denen man inneres Sprechen und innere Bilder erfassen kann (vgl. Kendall & Korgeski, 1979; LaPointe & Crandell, 1980).

Wenn auch einige Anstrengungen unternommen wurden, quantifizierbare Methoden zur Feststellung irrationaler Überzeugungen zu entwickeln, (Gustav, 1968; Hartman, 1968; Argabrite & Nidorf, 1968; Jones, 1969; Fox & Davies, 1971; MacDonald & Games, 1972; Bard, 1973; Trexler & Karst, 1973; Bessai & Lane, 1976; Plutchik, 1976; Shorkey & Whiteman, 1977; Whiteman, 1979) bezogen nur wenige Forscher ihre Diagnostik auf bedeutsame klinische Störungen. Hinzu kommt, daß die existierenden Skalen psychometrischen Anforderungen kaum genügen und zumeist eine geringe Reliabilität und Validität besitzen (DiGiuseppe u. a., 1977; Sutton-Simon, 1981). Als eine der Ursachen für die weitgehende Vernachlässigung diagnostischer Bemühungen in der RET nennt Wessler (1976) die Schwerpunktsetzung der bisherigen RET-Forschung auf die Verifizierung der grundlegenden theoretischen Aussagen und die Bestimmung der therapeutischen Effizienz. Die Beantwortung der Frage, welche spezifischen Prozeduren die RET ausmachen, ist aber ebenso dringlich wie die Überprüfung der klinischen Wirksamkeit. Einzelne Behandlungskomponenten müßten identifiziert und genau beschrieben werden, bevor an eine ausführliche Untersuchung ihrer Effizienz gedacht werden kann. Die Definition von irrationalen Überzeugungen, ihre exakte Beschreibung und Erfassung, gehören ebenfalls zu den wesentlicheren Aufgaben (vgl. Zettle & Hayes, 1980).

Die Bedeutung der Diagnostik im Rahmen der kognitiven Therapien ist offensichtlich. Eine theoretische Position, welche wie die RET den ungünstigen Einfluß von irrationalen Gedanken auf das Wohlbefinden postuliert, verlangt ein diagnostisches Instrumentarium, mit welchem die Irrationalität der Überzeugungen erfaßt und ihr Anteil bei Personen mit unterschiedlichen klinischen Bildern, aber auch bei Individuen, die ihr Leben erfolgreich bewältigen, überprüft werden kann. Nur die genaue Messung von kognitiven Prozessen kann zufriedenstellende Aussagen über die Wirksamkeit der kognitiven Therapieform liefern. Die Analyse der Therapiekomponenten ist notwendig, um zu bestätigen, daß eine Behandlungsform, die vorgibt, kognitive Elemente beeinflussen zu wollen, dies auch tatsächlich tut.

Ellis (1979d) selbst ist der Auffassung, daß es für den erfahrenen Therapeuten ein leichtes sei, die irrationalen Überzeugungen eines Klienten schnell zu erkennen. Er versucht, die von ihm ermittelten irrationalen Gedanken daher auch unverzüglich und direkt, oft schon in der allerersten Therapiesitzung, in

Frage zu stellen. Ellis glaubt, alle weiteren relevanten Daten im späteren Verlauf der Therapie zu erhalten und fordert deshalb, nicht allzuviel Zeit für eine Diagnostik üblichen Stils zu verwenden. Er leitet diese Einschätzung von dem theoretischen Konzept ab, daß irrationale Gedanken und Lebensphilosophien in einige wenige allgemeine Kategorien eingeteilt werden können.

Ellis hat hierzu vielfach umfassende Listen der wesentlichsten irrationalen Ansichten aufgestellt, die sich zu 3 selbstauferlegten ,Geboten' reduzieren lassen (vgl. Ellis, 1979 b). In ihnen kommt (a) das alles umfassende Bedürfnis nach überragender Kompetenz und unbedingter Anerkennung der eigenen Leistung durch die Umwelt, (b) die Forderung nach einer besonders fairen und freundlichen Behandlung durch andere Personen und schließlich (c) die Einstellung, daß einem die Umwelt das Erreichen der eigenen Ziele leicht machen müsse, zum Ausdruck. Der Mensch tendiere deswegen zu antiempirischen und übermäßigen Verallgemeinerungen, weil in seinem Denken irgendeine verborgene ,mußturbatorische' Ideologie stecke. Ellis hat die von ihm geprägte Wortschöpfung „musturbation" von masturbieren abgeleitet; so wie masturbieren (lat. manu turbare) wörtlich „mit der Hand verwirren" bedeutet, so steht mußturbatorisch für „sich selbst mit einem Muß verwirren", in Schwierigkeiten bringen. Die aus dieser Ideologie resultierenden irrationalen Einstellungen werden mit einem Absolutheitsanspruch vertreten. Sie äußern sich in strikten Forderungen und Ansprüchen, also nicht in Vorlieben und Wünschen, und haben deshalb wenig mit der Realität zu tun.

Die mußturbatorischen Ideologien können sich wiederum in einer oder mehreren von drei grundlegenden, vielfach miteinander zusammenhängenden Problemkategorien äußern, im Katastrophieren, in einer geringen Frustrationstoleranz und in einem Gefühl des persönlichen Wertverlusts. Wenn ein Individuum fordert, irgendjemand oder irgendetwas sollte oder müßte anders sein als es gegenwärtig der Fall ist, kann darin zum Ausdruck kommen, daß eine Person

— es schrecklich, fürchterlich oder katastrophal findet, daß dies so ist,
— glaubt, sie könne einen Menschen oder eine Sache nicht ertragen, ausstehen oder dulden, und/oder
— denkt, sie selbst oder ein anderer hätten entsetzliche Fehler gemacht oder würden sie immer noch machen; da die Person oder die anderen ihrer Meinung nach nicht so handeln dürfen, wie es der Fall ist, zeigt sie sich überzeugt, daß sie oder die anderen im Leben nur Schlechtes verdienen und in Bausch und Bogen verurteilt werden müssen.

Beim Aufspüren von irrationalen Überzeugungen geht Ellis also davon aus, daß es dem rational-emotiven Therapeuten aufgrund der wenigen Kategorien dieser Gedanken möglich ist, rasch die Wahrscheinlichkeit und den Grad zu bestimmen, mit der ein Klient irrationalen Vorstellungen anhängt. Dies kann in der Therapie so weit gehen, daß er dem Klienten bereits nach wenigen Sätzen sagt: „Ich weiß was sie denken, ich bin gespannt ob sie es auch wissen." Mit der Auffassung, „… daß die Menschen in ihren Geschmäckern, Eigenschaften, Zielvorstellungen und Genüssen zwar bemerkenswert unterschiedlich und einzigartig sind, daß sie sich aber auch auffallend darin gleichen, wie sie sich ‚emotional' beeinträchtigen" (Ellis, 1979 d, S. 4), steht Ellis nicht alleine. So ist etwa Ledwidge (1978), einer der Hauptkritiker der kognitiven Verhaltensmodifikation, der Meinung, die Liste der 11 irrationalen Überzeugungen von Ellis (1962 a) reflektiere durchaus adäquat die unangemessenen Selbstverbalisierungen und Bewertungen, mit denen sich Klienten für gewöhnlich Kummer bereiten. Nelson (1977) und LaPointe & Crandell (1980) fanden beispielsweise eine signifikante Beziehung zwischen irrationalen Überzeugungshaltungen und depressivem Verhalten. Auch haben O'Connell u. a. (1974) und Newmark & Ziff (1977) eine erhebliche Übereinstimmung zwischen den irrationalen Überzeugungen bestimmter klinischer Gruppen und der Genauigkeit der Vorhersage von Fachleuten bei der Zuordnung bestimmter irrationaler Einstellungen zu diesen speziellen klinischen Störungsbildern gefunden. Diese Daten sind allerdings nicht qualifiziert, die unmittelbare Beteiligung von unvernünftigen Überzeugungshaltungen an emotionalen Problemen zu belegen. Ähnlich äußern sich Zettle & Hayes (1980), die nach einer Analyse aller vorliegenden korrelativen und experimentellen Studien über die Beziehung von irrationaler Einstellungen und emotionaler Erregung schlußfolgern, daß keine dieser Untersuchungen das unmittelbare (verursachende) Verhältnis dieser beiden Phänomene zueinander zu zeigen vermag. Die Frage, ob die von Ellis verschiedentlich aufgelisteten irrationalen Überzeugungen für eine große Anzahl von Klienten brauchbar eingesetzt werden können, oder ob ein individueller Zugang zu den idiosynkratischen Denkvorgängen eines Menschen die Realität genauer trifft, kann z. Zt. nicht hinreichend beantwortet werden.

Zettle & Hayes (1980) kritisieren die Definition der Ellisschen irrationalen Einstellungen vor allem wegen ihrer Willkürlichkeit und ihres post-hoc Charakters. Nach van Quekelberghe (1979 a) liefern die 11 irrationalen Ideen lediglich eine grundlegende Heuristik für die Suche nach individuellen Kernannahmen. In keinem Fall dürften diese Ideen a priori mit den irrationalen Ideologie eines bestimmten Individuums gleichgesetzt werden. Sie seien Hypothesen, die es im Laufe der Therapie zu präzisieren gelte.

Wenn es auch möglich ist, daß ein Außenbeobachter bis zu einem gewissen Ausmaß Schlüsse über den inneren Zustand eines Individuums ziehen kann, bleibt doch festzustellen, daß sich aufgrund des einmaligen Charakters dieser privaten Welt, ein umfassendes Bild über eine Person, ohne deren aktive Beteiligung, nur schwer erstellen läßt (vgl. Keßler & Schmidt, 1977; Klinger, 1978; Kendall & Korgeski, 1979; Bernard, 1980). Dabei sollte betont werden, daß ein Individuum sich kaum die verschiedenen irrationalen Sätze bewußt und absichtlich „vorspricht", wenn es in Realsituationen mit Konflikten konfrontiert ist. Wahrscheinlich liegt das daran, daß die Erwartungen und Überzeugungen überlernt worden sind und ähnlich automatisch und unwillkürlich ablaufen, wie viele sonstige gewohnheitsmäßige Reaktionen. Die innere Funktionsweise psychischer Störungen wird also in den meisten Fällen durch Routinereaktionen geprägt sein, die aufgrund ihrer habituellen Natur oft nur schwer zugänglich sind. Die sozialpsychologische Literatur zeigt zudem, daß die Fähigkeit eines Individuums, Angaben über kognitive Vorgänge zu machen, sehr begrenzt ist; sie kann zusätzlich durch vielerlei Faktoren, wie die zeitliche Distanz zwischen einem Ereignis und dem Bericht über dieses Ereignis oder automatisierte Prozesse, beeinträchtigt sein (Bem, 1974; Nisbett & Bellows, 1977; Nisbett & Wilson, 1977; Nisbett & Ross, 1980). Die von Nisbett und Mitarbeitern aufgeworfene Frage, wann Introspektion möglich ist und wann nicht, hat eine engagierte Diskussion entfacht (Smith & Miller, 1978; Ericsson & Simon, 1980; White, 1980), als deren vorläufiges Ergebnis bleibt, daß wir häufig nur geringen introspektiven Zugang zu den Faktoren haben, die unsere Urteilskraft und unsere Fähigkeit, Ereignisse zu erkennen und Konsequenzen abzuschätzen, beeinflussen (Liebhart, 1980; Nisbett & Ross, 1980).

Zwei Beispiele sollen dies verdeutlichen. Bei dem Versuch, die während des Handelns ablaufenden Kognitionen von Lehrern wiederzugeben, kommt Wahl (1979) zu dem Schluß, daß ein introspektiver Zugang dort schwierig ist, wo es sich um hoch automatisierte Handlungen von Lehrern dreht; ein introspektiver Zugang wäre dann leichter möglich, wenn Handlungen ungewöhnlich, auffällig und neuartig seien. Cohen (1979) fand, daß die Einschätzungen des wissenschaftlichen Wertes einer experimentellen Psychotherapieuntersuchung durch erfahrene Kliniker davon abhängt, ob die Hypothese bestätigt wurde oder nicht, daß aber den Urteilern diese Determinante ihrer Bewertungen kaum bewußt ist. Auch die Erfassung irrationaler Überzeugungen und fehlangepaßter Kognitionen dürfte daher schwieriger sein als es in den Formulierungen von Ellis durchscheint.

Allen psychotherapeutischen Ansätzen ist die These gemein, daß die Bereitschaft eines Klienten sich mitzuteilen sowie seine Möglichkeiten zur Selbsterkenntnis entscheidend durch bestimmte Eigenschaften des Therapeuten, wie emotionale Wärme und persönliche Teilnahme, positiv beeinflußt werden. Die therapeutische Beziehung gilt vielfach als eine der wesentlichen Variablen, welche, vor allem zu Beginn einer Therapie, den Behandlungsverlauf prägen.

Eine psychotherapeutische Methode wie die RET, die in den Anfangsstadien mit verbalen Mitteln arbeitet, setzt zudem voraus, daß der Klient eine außerordentlich klare und persönliche Beschreibung seiner Lebenssituation liefern kann. Die RET hat jedoch bislang zu wenig berücksichtigt, daß es

Klienten, vor allem wenn sie aus der Unterschicht stammen, schwerfallen könnte, eigene irrationale Überzeugungen zu erkennen. Diese Klienten sind dann beim besten Willen nicht in der Lage, die Empfindungen und Gedanken ohne weiteres mitteilen zu können, die ihrem Problem vorausgingen, es begleiteten oder ihm folgten.

Auch die Bedeutung der ersten Therapiephase für den gesamten Behandlungsprozeß wird in der RET offenkundig unterschätzt (vgl. Bernard, 1980; Harrell u. a., 1980). Zwar gesteht mittlerweile auch Ellis (1979 c) zu, daß die RET auch anders als in seiner forschen und sehr direktiven Art vermittelt werden kann, dennoch gibt es zur Zeit keine Untersuchungen, in denen die unterschiedlichen Vorgehensweisen hinsichtlich ihrer Effektivität eingehender überprüft wurden. Wenn nun aber der Therapeut dem Klienten das Vorhandensein bestimmter Überzeugungen anträgt und sich mit dem befaßt, was der Klient „vermutlich denkt", ist die Gefahr sehr groß, daß in der Therapie mit Konzepten gearbeitet wird, die vom Klienten nicht nachvollzogen werden können. Ein Klient wird aber kaum motiviert sein, seine privaten Monologe und inneren Bilder zu untersuchen und zu verändern, wenn er sie nicht als entscheidende Elemente bei der Entstehung seiner Probleme sowie den therapeutischen Fortschritten ansieht. Der Therapeut, der auf mehr Transparenz und Offenheit im klinisch-therapeutischen Prozeß Wert legt, wird also bemüht sein, die Klienten auch über einen längeren Zeitraum hinweg sorgsam anzuleiten, ihre wesentlichen Einstellungen und Erwartungen selbst herauszufinden, da die Art und Weise der therapieeinleitenden Bedingungen wichtige Einflüsse auf die Motivation und Kooperationsbereitschaft eines Klienten ausüben können. Dies gilt umso mehr, als die RET ganz bestimmte Anforderungen an ihre Klienten stellt. Grieger & Boyd (1979) machen deutlich, daß die RET die Verantwortung für Veränderungen direkt dem Klienten auflastet. Sie verlangt von ihm beträchtliche Anstrengungen sowohl innerhalb als auch außerhalb der einzelnen Therapiesitzungen. Noch ehe der Klient in der Lage ist, seine Probleme angemessen zu lösen, hält sie ihn an, seine eigenen Überzeugungen zu reflektieren und seine Symptomatik zunächst einmal als gegeben zu akzeptieren. Schließlich wird der Klient zur Erkenntnis angeleitet, daß er zum großen Teil selber, also nicht andere bzw. äußere Umstände, seinen Kummer und sein Leid schaffen, ja daß er ein ganzes Leben lang an der Überwindung seiner Lebensprobleme zu arbeiten hat. Die Erwartungen des Klienten stimmen daher häufig nicht mit dem Ansatz der RET überein; es können unterschiedliche Vorstellungen über die Zielsetzung bestehen; der Klient kann einer Beeinflussung durch den Therapeuten aktiven Widerstand entgegensetzen und sich weigern, den im Verlauf der Therapie gestellten Anforderungen nachzukommen.

Es scheint von Vorteil zu sein, daß beispielsweise in Fällen, in denen die Übertragung der Verantwortung auf andere zum Störungsbild gehört, anfänglich im Bezugsrahmen der Klienten operiert wird. Hierzu würde der Therapeut die Erwartungen des Klienten akzeptieren und ihm bedeuten, daß er für seine spezielle Sichtweise der Probleme Verständnis hat. Erst allmählich und eher unterschwellig wird er dazu übergehen, ein alternatives und möglicherweise wirksameres Lösungskonzept für die aufgetretene Problematik anzubieten. Insgesamt gesehen ist es derzeit aber sicherlich nicht möglich, eindeutig zu klären, welches therapeutische Vorgehen, ein stark lenkender und konfrontativer Stil oder eine eher behutsame und taktvolle Herangehensweise, am ehesten zu den gewünschten Veränderungen führt (vgl. Craighead & Craighead, 1980).

Aus der Erkenntnis, daß jede Psychotherapie ihre Klienten beeinflußt, und daß es sich in der Klient-Therapeut-Beziehung zumindest am Anfang um eine häufig auch vom Klienten gewollte „einseitige" Kommunikation handelt, hat Ellis (1962a) seine ihn charakterisierende direktive und didaktische Strategie entwickelt. In seiner Kritik an anderen therapeutischen Stilen ist Ellis bisweilen sicherlich über das Ziel hinausgeschossen (vgl. Eschenröder, 1978), in letzter Zeit schlägt er hier versöhnlichere Töne an (Ellis, 1977f.). Es mag den Ellis-Kritiker erstaunen, daß er sich sogar einen RET-Stil vorstellen kann, der einer klientenzentrierten Gesprächsführung gleicht (vgl. auch Walen u.a., 1980). Neben einer sehr direktiven und didaktischen Vorgehensweise, bei der der Therapeut dem Klienten seine spezifische Sicht der Dinge durch die Macht seiner Persönlichkeit, seiner Ausdrucksweise oder seiner Position mehr oder weniger „verkauft", läßt sich in der RET also auch ein Vorgehen denken, bei dem Klient und Therapeut in der Anfangsphase ein gemeinsames Konzept entwickeln. Dazu ist aber notwendig, daß, wie es Frank (1973) ausdrückt, ein „gemeinsames theoretisches System" von Therapeut und Klient geschaffen wird, damit der Klient die vom Therapeuten vermittelten spezifischen Inhalte besser einordnen und verarbeiten kann. Das ABC-Schema der RET bringt hierzu vorteilhafte Eigenschaften mit. Die Beobachtung und Erfassung von Kognitionen sind eine weitere Voraussetzung, um dem Klienten die Beziehung dieser Kognitionen zu seinen Problemen aufzuzeigen.

2. Die Messung kognitiver Phänomene

Will man kognitive Phänomene messen und registrieren, stellt sich zunächst einmal die Frage, welche Aspekte dieses umfassenden Konzepts für die Klinische Psychologie von Relevanz sind. Nach Kendall & Korgeski (1979) können die z.Zt. angewandten Erhebungsansätze zur Diagnostik von klinisch relevanten kognitiven Variablen in 7 Unterkategorien eingeteilt werden:

(1) Registrierung von Gedanken in vivo,
(2) Erfassung der Imaginationsfähigkeit,

(3) Diagnostik des kognitiven Stils und Tempos,
(4) Erfassung von Überzeugungen und Einstellungen,
(5) Messen der wahrgenommenen Kausalität des Verhaltens (Kausalattributionen),
(6) Messung von Kompetenzvertrauen, d. h. den spezifischen Erwartungen einer Person, kompetentes Verhalten zeigen zu können oder nicht,
(7) Registrierung der aktuellen Selbstverbalisationen.

Dabei fällt auf, daß diese verschiedenen kognitiven Variablen recht unterschiedliche Ebenen repräsentieren; so sind die Einstellungen und Überzeugungen, die individuellen Erwartungshaltungen und die aktuellen Selbstkommunikationen eines Klienten die eigentlichen *Inhalte*, welche erfaßt und analysiert werden. Zur Registrierung dieser Inhalte oder kognitiven Phänomene stehen bestimmte *Erhebungsmethoden* zur Verfügung. Im einzelnen sind dies Inventare und Bogen zur Selbstbeobachtung, zur Erfassung von Gedanken und Selbstverbalisationen und Methoden zur Messung von Selbstkontrollkonzepten. Schließlich können bei der Erhebung der kognitiven Struktur eines Klienten individuelle Unterschiede beobachtet werden, welche vornehmlich für spätere therapeutische Maßnahmen von Bedeutung sind. Zu diesen kognitiven *Stilen*, die ebenfalls psychometrisch bestimmbar sind, zählen Unterschiede in der Imaginationsfähigkeit, im kognitiven Tempo sowie unterschiedliche Attributionsstile des Klienten in Bezug auf die Behandlung und die Ursache einer Verhaltensänderung. Eine hohe Bedeutung besitzen zudem auch die verschiedenartigen Verbalisierungsmöglichkeiten der Klienten. Die einzelnen kognitiven Variablen sind eng miteinander verwoben; von Fall zu Fall kommt ihnen eine spezifische Wertigkeit zu, die jeweils neu definiert werden sollte (s. Abb. 1).

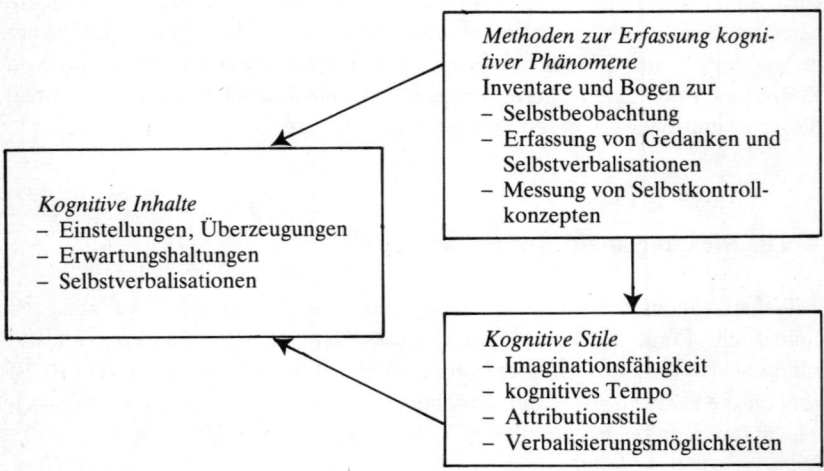

Abb. 1: Schematische Darstellung kognitiver Variablen und Ihre Zuordnung

Ein Individuum, das sich in der Vorstellung in eine interpersonale Situation versetzt, mag von vornherein antizipieren, daß es sich hierin nicht zurecht findet. Es wird möglicherweise eine sehr negativ gefärbte Erwartungshaltung besitzen. Die antizipierten Schwierigkeiten könnte es einem Mangel an sozialen Fertigkeiten zuschreiben. Durch das Auflisten solcher selbstabwertenden Gedanken oder durch Selbstverbalisationsinventare könnte eine Beschreibung des inneren Bildes, der wahrgenommenen Ursachen für eine bestimmte Kognition oder die Häufigkeit der kognitiven Reaktion ermittelt werden. Selbstaussagen können Überzeugungen, Attributionen oder Erwartungshaltungen sein.

Die Methoden und Möglichkeiten, irrationale Überzeugungen zu erfassen, werden weiter unten noch ausführlich dargestellt.

Zunächst ist es für die Indikation bestimmter Methoden und für die Vorhersage und Beeinflussung ihrer Wirksamkeit wesentlich, schon von Beginn an die spezifischen *Erwartungen des Klienten*, kompetentes und situationsangemessenes Verhalten zeigen zu können, festzustellen und seine *Kausalattributionen* zu erfassen.

Die den Attributionsmodellen zugrunde liegende Prämisse besagt, daß Individuen ihren Handlungen Ursachen zuschreiben, und daß eine wahrgenommene Kausalität das Verhalten wiederum beeinflußt. Ein aus diesem Konzept abgeleiteter Ansatz beschäftigt sich mit der Lokalisation von Kontrolle (locus of control), d. h. der Frage, ob sich eine Person als aktiver Urheber oder eher als passiver Empfänger von Umwelteinflüssen ansieht. Phares (1976) weist darauf hin, daß „internale" Personen, d. h. solche, die sich selbst als aktiv im Gestalten ihres eigenen Lebens ansehen, sich von „externalen" Personen in vielen Punkten unterscheiden. Eine Person, die sich als internal gesteuert erlebt, scheint in konkreten Situationen mehr Initiative und Verantwortung zu übernehmen. Sie beschafft und verwertet Informationen oft wirkungsvoller. Einige Untersuchungen über hospitalisierte psychiatrische Patienten, Gefangene und verschiedene Minderheitengruppen deuten darauf hin, daß derartige Personen oft eher ‚external' kontrolliert sind als normale Kontrollgruppen (Phares, 1976). Depressive schreiben positive Ergebnisse eher externen Ursachen und negative eher internen Gründen zu (vgl. Abramson u.a., 1978; Rizley, 1978). Die Fähigkeit von Individuen bei Verhaltensproblemen selbstkontrollierende Prozeduren einzusetzen, wurde von Rosenbaum (1980) untersucht. Er beobachtete, daß Personen, die auf einer Selbstkontroll-Skala hohe Werte erhielten, eine interne Lokalisation der Kontrolle aufwiesen und im geringeren Maße irrationalen Überzeugungen nachhingen. Sie waren auch besser in der Lage, schmerzhafte Stimulationen zu ertragen und zu kontrollieren. Eine ausführliche Darstellung der Bedeutung von Attributionsmodellen für die klinische Praxis findet sich bei Conrad (1980), Försterling (1980a), Herkner (1980) und König (1980).

Für die therapeutische Arbeit ist das Konzept der Lokalisation der Kontrolle zweifellos von Bedeutung. In dem Maße, wie sich jemand eher als passiv Handelnder wahrnimmt und wenig Vertrauen in die eigenen Fähigkeiten setzt, wird er mit viel geringerer Wahrscheinlichkeit aus der Therapie Nutzen ziehen. Dem gegenüber wird ein Klient in der Therapie Erreichtes eher aufrecht erhalten, wenn er die erzielten Fortschritte weitgehend als das Resultat seiner eigenen Bemühungen ansieht (vgl. Lefcourt, 1966, 1976; Rotter, 1978; Harris & Johnson, 1980). Wenn auch im Auge behalten werden sollte, daß Internal-external-Anschauungen oft situationspsezifisch und veränderlich sind, so könnte eine vorläufige Klassifizierung von Personen als „Internale" und „Externale" vor Beginn einer Therapie sinnvoll sein. Dem Klienten sollte schon bald die Erfahrung vermittelt werden, daß für ihn im Verlaufe der Therapie die Möglichkeit besteht, eine gewisse Kontrolle über sein Verhalten zu erlangen. Werden zu Beginn der Therapie kleine signifikante „Erfolgserlebnisse" programmiert, kann dadurch die Internalität eines Klienten zunehmen (vgl. Kopel & Arkowitz, 1975; Phares, 1976).

Rechtzeitige Informationen über die Art, wie Klienten attribuieren, erlauben auch indikative Schlüsse für die therapeutische Vorgehensweise. Bugenthal u. a. (1977) unterstreichen, daß einzelne Behandlungsstrategien (Verhaltensmanagement, Erziehungsprogramme, Psychotherapie, medizinische Intervention) bestimmte Attributionsstile implizieren, welche mit dem Attributionsnetzwerk des Individuums interagieren und so die Behandlung beeinflussen. Es könnte zukünftig hilfreich sein, herauszufinden, welche Bestandteile der verschiedenen Therapieformen einen Anstieg der Internalität bewirken.

Für die RET wäre es wichtig, der Frage nachzugehen, ob durch ihr bewußt aktiv-direktives Vorgehen nicht eine Haltung erzeugt wird, wonach der Klient Veränderungen im Verlauf der Behandlung eher externen Einflüssen zuschreibt. Daraus ergäbe sich die Frage, ob auf die besondere Behandlungsform der RET vorrangig Individuen mit einer externen Orientierung ansprechen. Helweg (zit. nach Phares, 1976) zeigte Studenten und hospitalisierten psychiatrischen Patienten Filme, in welchen Ellis und Rogers ein Erstinterview durchführten. Die Individuen, die den direktiveren Interviewstil von Ellis bevorzugten, lagen auf einer Dogmatismusskala höher und waren eher extern orientiert. Morley & Watkins (1974) behandelten sprechängstliche Studenten mit unterschiedlichen RET-Stilen. Dabei stellten sie fest, daß external orientierte Klienten am ehesten von dem traditionellen aktiv-direktiven Stil profitierten, während internal ausgerichtete Klienten ihre Sprechängste am ehesten unter weniger direktiven therapeutischen Bedingungen reduzierten. Die Autoren folgern, daß das offensive Disputieren in der konventionellen RET von den intern kontrollierten Klienten als Bedrohung ihres Selbstwertes angesehen werden könnte, und daß die defensive Position, welche diese Personen einnehmen, als Widerstand gewertet werden mag. Die rechtzeitige Analyse der

Erklärungsbemühungen von Klienten könnte daher dem Therapeuten zu beträchtlichem Aufschluß über die Therapiemöglichkeiten verhelfen und ihn im gegebenen Fall veranlassen, von Anfang an seine Behandlungsstrategien klientengerechter einzusetzen. Bislang fehlt es allerdings an hinreichenden experimentellen Daten, durch welche die effektivste Form der therapeutischen Vorgehensweisen bei verschiedenen klinischen Gruppen, die sich in Alter, Intelligenz, Ausbildungsniveau und Schichtzugehörigkeit oder sonstigen Merkmalen unterscheiden, bestimmt werden könnte. Die Zusammenhänge dürften sehr komplex sein. Einzelne Hinweise ermutigen jedoch zu einer Vorgehensweise, bei welcher der Klient angeleitet wird, Lösungsmöglichkeiten für seine Probleme Schritt für Schritt selbst herauszufinden. Wenn dies der Klient, aus welchen Gründen auch immer, nicht vermag, dürfte ein direktiver Weg günstiger sein. In letzterem Falle kann ein Therapeut Einstellungsänderungen auf seiten des Klienten eher herbeiführen, wenn er Lösungswege aufzeigt (vgl. Craighead & Craighead, 1980).

In einem direkten Zusammenhang hierzu stehen alle Überlegungen und Verfahren, welche die *Selbstattribuierung* des therapeutischen Erfolgs intensivieren. Die ,,self-efficacy" Theorie von Bandura (1977) befaßt sich vorrangig mit therapeutischen Entwicklungs- und Förderungsbedingungen der Selbstattribuierung. Besitzt der Klient das Selbstvertrauen, das kompetente, situationsangemessene Verhalten zu zeigen oder nicht? Bandura unterscheidet zwischen Niveau, Stärke und Generalität des Kompetenz-Vertrauens. In mehreren Experimenten konnten er und seine Mitarbeiter (Bandura, 1977, 1980; Bandura & Adams, 1977; Bandura u. a., 1980) nachweisen, daß ein angemessenes Kompetenz-Vertrauen eine gute Voraussage darüber erlaubt, ob eine Therapie von Phobikern auf der Verhaltenseben erfolgreich ist. Über die Messung dieser Art von Erwartungen eröffnen sich weitere Möglichkeiten zur verbesserten Indikation psychotherapeutischer Strategien. Bislang hat dieses neue Konzept allerdings noch kaum Eingang in die praktische Diagnostik gefunden.

Jaeggi (1977) hat auf die unterschiedlichen *Verbalisierungsfähigkeiten* von verschiedenen Klientenpopulationen hingewiesen und postuliert, daß dort, wo verbale Ausdrucksmöglichkeiten fehlen, wie bei einem Teil der bildungsärmeren Schichten, Psychotherapie bereits im Vorfeld, bei ,,Übungen zur Verbalisation", zu erfolgen habe. Der Therapeut besitze die Aufgabe, ein Stück weit Spracherziehung zu betreiben, um dem Unterschichtpatienten beim Einstieg in die Therapie helfen zu können. Als wesentliche Methoden hierzu schlägt sie vor, diagnostische und therapeutische Fragen in besonders gezielter und geplanter Weise einzusetzen, dem Klienten durch ,,Vorgaben" Hilfen bei der Problemdarlegung zu geben und das Beschreiben subjektiver Bedeutungsinhalte zu explizieren. Ein weiteres wichtiges Element dieser Übungen stellt ein gezieltes Phantasietraining, von der Autorin auch ,Kino' genannt, dar. Der Sinn dieser

Methode besteht darin, den Klienten zu genauen Deskriptionen äußerer Abläufe zu bringen, denen dann innere Vorgänge zugesellt werden. Untersuchungsergebnisse über die Vorbereitung von Erwachsenen und Kindern auf psychologische Behandlung und über Therapien mit Klienten aus unteren Sozialschichten bestätigen die Annahme, wonach die Behandlungserfolge mit speziell abgestimmten Vorinformationen zunehmen (Heitler, 1976; Day & Reznikoff, 1980).

Der Versuch, Kognitionen diagnostisch zu erfassen, wirft offensichtlich große Schwierigkeiten auf. Wenn aber die Effektivität kognitiv-verhaltensorientierter Therapiestrategien bestätigt werden woll, bleibt kein anderer Weg, als sich mit diesen diagnostischen Problemen auseinanderzusetzen (vgl. Kendall & Hollon, 1981).

3. Die Durchführung der ersten Sitzungen

Die Gründe derentwegen Menschen sich in psychologische Beratung oder Behandlung begeben sind vielfältig; einige suchen Hilfe, damit sie besser mit Fehlschlägen, Kritik, Abweisung, Ängsten, körperlichen Beeinträchtigungen, Handicaps und Lebensproblemen allgemeiner Art fertig werden, andere haben Schwierigkeiten die richtige Entscheidung zu treffen, wenn es um Fragen der Ausbildung und des Berufs oder der Partnerschaft geht. Die Herstellung des Kontaktes zum Klienten stellt naturgemäß auch den Berater oder Therapeuten vor Probleme. Nicht immer wird der Klient nur darauf gewartet haben, dem Therapeuten seine ureigensten Empfindungen, persönlichen Überlegungen und Einstellungen darzulegen. Hinzu kommt, daß in einer Vielzahl der Fälle Therapien nicht primär aufgrund eigener Entscheidungen gesucht werden, sondern weil man sich dazu von außen gedrängt oder gezwungen fühlt. Nur zögernd und sehr unwillig werden dann Informationen gegeben, was den Behandlungsprozeß sehr nachhaltig beeinflußt (vgl. Schmook u. a., 1974; Frank, 1979).

Im idealen Fall geht ein Klient mit folgender Überlegung zur Therapie: „Ich will meine persönlichen Probleme ehrlich und offen besprechen; der Therapeut soll mir wirksame Lösungsmöglichkeiten zeigen, wie ich selbst in der betreffenden Angelegenheit effektiv handeln kann; wahrscheinlich wird es so sein, daß die Ausarbeitung dieser Problemlösestrategien einen längeren Kontakt notwendig macht". Dieser „ideale" Klient dürfte nur allzu selten in den Kliniken, Praxen und Beratungsstellen anzutreffen sein; in den meisten Fällen wird der diagnostische und therapeutische Prozeß unter anderen Bedingungen aufgenommen werden. Viele Klienten fühlen sich in der Beratungssituation, zumindest am Anfang, unsicher. Sie sprechen wenig über sich und reagieren erst einmal passiv und abwartend. Häufig übertragen sie die ganze Verantwortung für eine Veränderung ihrer Lage auf den Therapeuten und erhoffen eine schnelle Heilung. Sie tendieren dazu, schweigsam, mißtrauisch, abweisend oder gar feindlich zu reagieren.

Es erscheint daher ratsam, dem Klienten in der ersten Stunde Informationen über den Therapieablauf zu geben und diese auch mit ihm durchzusprechen. Zusätzlich könnte ein Informationsblatt, auf dem inhaltliche und technische Details noch einmal ausgeführt sind, mitgegeben werden (vgl. auch Sachse, 1979).

Nach Lembo (1976) verfolgt der Therapeut im ersten Gespräch für gewöhnlich die Ziele,

(1) den Klienten zu ermuntern, die Dinge zu berichten, die ihn bewegen,
(2) dem Klienten erkennen zu geben, daß er aufmerksam zuhört und sich um das, was er sagt, auch kümmert,
(3) dem Klienten die Rolle des Therapeuten und auch dessen eigene Rolle transparent zu machen,
(4) Informationen und Angaben über die persönlichen Verhältnisse des Klienten zu sammeln, sowie seine Empfindungen, Gedanken und Handlungsweisen zu registrieren.

Ein Therapeut, der sich hierum bemüht, könnte die erste Sitzung folgendermaßen eröffnen: „Da dies unser erstes Zusammentreffen ist, möchte ich meine Aufgabe als Therapeut beschreiben. Ich bemühe mich, Ihnen aufmerksam zuzuhören und Ihre Belange, Empfindungen, Überzeugungen und Verhaltensweisen zu verstehen. Ich werde eine Anzahl Fragen an Sie richten. Wenn Sie aus bestimmten Gründen wichtige Informationen nicht aussprechen wollen, ist dies Ihr gutes Recht und ich bitte Sie, diese Angaben erst dann zu machen, wenn Sie wirklich bereit dazu sind. Wir wollen gemeinsam versuchen, Ihre Schwierigkeiten und Lebensprobleme einzuordnen, wir wollen mögliche Veränderungen überlegen und uns fragen, wie Sie Ihre Ziele erreichen können. Ich kann Sie nicht auf irgendeine wundersame Weise glücklich machen, auch verfüge ich über keine Tricks, die Ihnen den Kampf um Veränderungen leicht machen. Ebensowenig ist es mir möglich, die Probleme stellvertretend für Sie zu lösen. Ich kann Ihnen allerdings helfen, wie Sie mit Ihrem Leben und Ihren Erfahrungen besser fertig werden können. Dies wird schwer genug sein und viel Arbeit und gemeinsame Anstrengungen verlangen. Dabei werden Mißerfolge und Rückschläge nicht zu vermeiden sein. Das Ganze wird seine Zeit brauchen. Gelegentlich werde ich auch aus meinem eigenen Erfahrungsbereich berichten. Sie werden sehen, daß auch ich kein Übermensch bin und ebenso wie viele andere Menschen versuche, mich in den verschiedensten Lebenssituationen zurecht zu finden. In all dem benutze ich spezielle anerkannte und überprüfte Methoden, über die und deren theoretischen Hintergrund ich Sie im Verlauf unseres Arbeitens immer wieder aufklären möchte. Über was möchten Sie nun sprechen?"

Empirische Forschungen haben zur Genüge gezeigt, daß bestimmte Therapeuteneigenschaften es dem Klienten erleichtern, sich zu öffnen und eine effektive Beziehung aufzubauen (Carkhuff, 1969; Truax & Mitchell, 1971; Goldstein, 1977; Goldfried & Davison, 1979; Herschbach u. a. 1980; Seiderer-Hartig, 1980).

Die RET betont zwar kaum die Bedeutung der Therapeuten-Klientenbeziehung für die Effektivität der Methode, aber dies bedeutet keineswegs, daß rational-emotive Therapeuten sich in der Praxis gefühllos und mechanisch verhalten müssen. „Man kann nämlich ein Herz und zugleich einen klaren Kopf haben" (Goldfried & Davison, 1979, S. 39), wenn man in der RET arbeitet. Das Konzept der RET beinhaltet keine Vorgabe oder gar Vorschrift der Interaktionsformen zwischen Therapeut und Klient. Die RET bemüht sich im besonderen Maße darum, den Klienten trotz seiner Unzulänglichkeiten, seines Fehlverhaltens und seiner Störungen vollkommen zu akzeptieren.

Die spezifische Art, wie Beziehungsfaktoren und RET-Vorgehen miteinander in Wechselbeziehungen stehen, ist empirisch noch ungeklärt. Die RET hat bislang Elemente anderer therapeutischer Ausrichtungen in ihr Konzept integrieren können, etwa gesprächstherapeutische oder kommunikationstherapeutische Strategien. So hebt Wolfe (1976) besonders die Bedeutung der Beziehungsaspekte der RET hervor. Sie berichtet, daß sich in RET-Gruppen für Frauen oft ein Klima von gegenseitigem Interesse, Wärme und Mitgefühl entwickelt, insbesondere wenn auch die Gruppenleiterin dazu bereit ist, über ihre Erfahrungen und Schwierigkeiten als Frau zu sprechen. Young (1974), Rossi (1977) und Meijers (1978) sehen den Aufbau einer vertrauensvollen Beziehung als ersten Gesichtspunkt in der Arbeit mit Kindern und Jugendlichen. Lembo (1976) macht konkrete Vorschläge, wie der rational-emotive Therapeut Empathie und bedingungsloses Akzeptieren des Klienten verbal ausdrücken kann. Er betont dabei vor allem, daß diese Eigenschaften nur dann gezeigt werden können, wenn der Therapeut tatsächlich verinnerlicht hat, daß der jeweilige Klient ein fehlerhafter Mensch ist, der sehr unerwünschte Verhaltenszüge hat, der aber deswegen nicht als schlechter Mensch eingestuft werden darf.

Jedem Therapeuten begegnen Menschen, deren Aktionen und Werthaltungen ihm persönlich unangenehm und ablehnenswert erscheinen mögen. Es ist daher notwendig zwischen der Ablehnung der Überzeugungen und Wesenszüge eines Menschen einerseits und der Ablehnung eines Klienten als Mensch mit persönlichen und individuellen Rechten andererseits zu unterscheiden. Es wäre zu optimistisch, würde man dem Psychotherapeuten von vornherein eine exakte Differenzierungsfähigkeit zwischen dem zu therapierenden Symptom (z. B. homosexuelles Verhalten) und dem zu akzeptierenden Menschen, der diese Verhaltenscharakteristik besitzt, zuschreiben (vgl. Keßler & Hoellen, 1980).

Ellis & Abrahms (1978) schlagen zur Förderung des Akzeptierens vor, der

Therapeut solle im eigenen Umfeld immer wieder üben, seine Freunde, Verwandten, Partner, Mitarbeiter und andere, trotz ihrer möglicherweise dummen und unfairen Handlungsweisen, anzunehmen. Bergin (1980 a, b) macht auf den Konflikt zwischen den Wertsystemen und moralischen Vorstellungen von Klinischen Psychologen, Klienten und der Öffentlichkeit allgemein aufmerksam. Bevor sich beispielsweise die religiösen Glaubenssysteme eines großen Prozentsatzes der Bevölkerung nicht ernsthafter in der klinischen Arbeit niederschlügen, würde diese Kluft nicht überwunden werden können; Psychotherapie bliebe zu guten Teilen effektlos. Propst (1980) hat sich von ähnlichen Überlegungen bei der kognitiven Therapie depressiver Studenten leiten lassen und signifikante Unterschiede zwischen einer Gruppe, die mit einem Imaginationsverfahren mit religiösen Inhalten behandelt wurde, und 3 Kontrollgruppen gefunden. In einer Entgegnung haben Ellis (1980 c) und Walls (1980) den Ausführungen Bergin's widersprochen und die Gefahren für den therapeutischen Prozeß unterstrichen, die damit verbunden sind, wenn man Klienten dazu anleitet, kritiklos eine höhere (göttliche) Autorität anzuerkennen.

In den ersten Sitzungen geht es also darum, den von Frank (1973, 1979) geforderten theoretischen Rahmen für die Therapie zu schaffen. Im Selbstverständnis der RET bedeutet dies, individuelle kognitive Prozesse und irrationale Überzeugungen aufzudecken, ihre Beziehung zu unangemessenen Gefühlsreaktionen und Handlungsweisen deutlich zu machen und den Klienten für die Sichtweise zu gewinnen, daß eine Bearbeitung seiner unvernünftigen Lebenseinstellungen als zentrales Moment der Verhaltensänderung betrachtet werden kann. Nun wird in den allerseltensten Fällen ein Klient zu Beginn seine Probleme klar strukturiert darlegen können. Unwahrscheinlich ist auch, daß er die Rolle seiner eigenen Gedanken oder die Bedeutung seines Verhaltens in der Beziehung zu anderen als Ursache seiner Störung in Betracht zieht.

4. Die Erfassung aktivierender Ereignisse

Es stellt sich zunächst die Aufgabe einer Erkundung des Ausmaßes und der Dauer der von Klienten dargestellten Schwierigkeiten. Zur Beantwortung dieser Fragen benutzt der Therapeut in der RET eine Vielzahl von diagnostischen Methoden. Obwohl das Gespräch vielfach nicht für geeignet gehalten wird, verläßliche Informationen zu gewinnen, dürfte das am häufigsten benutzte diagnostische Instrument das klinische Interview sein. Anders auch als in der Verhaltenstherapie, wo heute eine Verhaltensanalyse als unverzichtbare Vorbedingung für die therapeutische Intervention angesehen wird, wurde in der RET bislang einer systematischen Informationserhebung und -verarbeitung wenig Aufmerksamkeit geschenkt.

Ein derartiges Interview stellt eine nicht ganz leicht zu bewältigende Aufgabe dar. Der Explorator soll in der RET, wie in anderen Therapien auch, dem Klienten ein verständnisvoller Gesprächspartner sein, soll mögliche therapierelevante Informationen, die der Klient spontan gibt, aufnehmen und den Gesprächspartner derart beeinflussen, daß solche Informationen überhaupt zur Sprache kommen. Er bemüht sich, inhaltlich gesehen, zunächst um eine Situationsanalyse des Klientenverhaltens; er fragt nach „A", nach Situationen und Ereignissen, welche der problematischen Reaktion vorausgegangen sein könnten. Dabei beachtet er auch, daß A sowohl externer als auch interner, verdeckter Art sein kann.

Bei dem Versuch der Klärung von A können folgende Probleme auftreten (vgl. Hoffmann, 1980):

(1) Klienten bieten verwirrend viele Informationen an,
(2) A wird nur sehr vage und ungenau beschrieben,
(3) es werden zu viele A's auf einmal genannt und
(4) C kann zu einem neuen A werden, d.h. sekundäre Probleme erschweren das Symptom.

Bei sehr vielen A's kann sich der Therapeut jenes heraussuchen, an dem das therapeutische Vorgehen am besten expliziert werden kann. Ein weiteres Kriterium ist, daß die Arbeit an dem ausgewählten A die schnellsten Fortschritte ermöglicht und den Klienten so zu weiterer Arbeit motiviert (vgl. Hoffmann, 1980). Auf die Bedeutung sekundärer Probleme wird weiter unten noch ausführlicher eingegangen.

Die Abklärung der aktivierenden Ereignisse dient auch der Erkenntnis, wie stark die individuelle Wahrnehmung von A, von den realen, objektiven Gegebenheiten abweicht. Die RET unterscheidet eine interpersonelle Sicht von A, in der sich die objektiven Tatbestände widerspiegeln und Ereignisse von mehreren Personen gleich wahr genommen werden, sowie eine individuelle Sicht von A, bei der die Person die Umwelt subjektiv auf eine spezifisch eigene Art registriert. Das ABC-Modell der RET kann in diesem Zusammenhang deshalb wie folgt erweitert werden (vgl. Walen u.a., 1980):

A (interpersonelle Wahrnehmung): das aktivierende Ereignis, so wie es von mehreren Personen beobachtet und bestätigt werden kann,
A (individuell): die Wahrnehmung des Klienten, d.h. seine subjektive Sicht der Dinge,
B: die Bewertung dessen, was der Klient wahrgenommen hat,
C: die emotionale und verhaltensmäßige Konsequenz.

Je verzerrter A wahrgenommen wird, umso mehr Auslöser bestehen für situationsinadäquate Bewertungen. Die individuelle Wahrnehmung von A kann also implizit Bewertungen enthalten, die eine irrationale Verarbeitung ausdrükken, z.B. „Ich mache alles falsch" (individuelle Wahrnehmung) oder „Ich muß perfekt sein" (Bewertung). In der subjektiven Wahrnehmung von A können unzulässige Verallgemeinerungen, selektive Abstraktionen, dichotomes Denken und willkürliche Schlußfolgerungen zum Ausdruck kommen.

Eine Klientin klagt über depressive Verstimmungen, weil sie am Arbeitsplatz angeblich von niemandem Anerkennung erfährt. Nachfragen ergeben, daß ihre Kolleginnen sie in der Tat vorwiegend in geschäftlichen Dingen ansprechen, nur selten in außerberufliche Gespräche miteinbeziehen und sie auch nur sporadisch zum Essen einladen. Wenn sie es aber einmal tun, wird diese Einladung von der Klientin nicht angenommen. Diese Ereignisse könnten folgendermaßen eingeordnet werden:

A (interpersonelle Wahrnehmung): „Nur wenige laden mich zum Essen ein oder
     besprechen mit mir Privates".
A (individuelle Sicht): „Niemand mag mich".
B: „Die Tatsache, daß mich niemand mag, ist sehr schlimm und beweist
     meine Minderwertigkeit".
C: Niedergeschlagenheit.

Ausgehend von der individuellen Wahrnehmung von A können so Hypothesen über die emotionalen Konsequenzen (C) gebildet werden. Schließlich erlaubt die Erfassung der Wahrnehmung von A die Entscheidung, ob diese direkt beeinflußt werden soll, so wie dies in der Kognitiven Therapie von Beck (1979) häufig geschieht, oder ob es günstiger ist, abzuwarten, bis die Änderung der Bewertung auch Einfluß auf die Wahrnehmung nimmt.

Die ausführliche Erfassung der aktivierenden Gegebenheiten ist noch aus einem anderen Grund wichtig. Es könnte sein, daß in ihnen das ganze Problem liegt. Eine Ehefrau berichtet, daß ihr Mann häufig aus nichtigem Anlaß zu gewalttätigen Ausbrüchen neigt und sie und ihre Kinder tätlich bedroht. Erst durch direktes Ansetzen an dem Verhalten des Mannes, konnte eine Entspannung der häuslichen Verhältnisse erzielt werden. In jedem Fall sollte geklärt werden, ob die realen Gegebenheiten geändert werden können. Erst wenn dies aus objektiven Gründen oder Sachzwängen nicht möglich scheint, sollte sich der Therapeut gemeinsam mit dem Klienten für die Durchführung der RET entscheiden. Der Therapeut hat also zunächst einmal die Aufgabe, sich einen allgemeinen Überblick über die aktuellen Probleme. die Lebenssituationen und die persönliche Entwicklung des Klienten zu verschaffen. Ein Leitfaden, der dem Therapeuten bei der systematischen Informationsgewinnung und Informationsverarbeitung helfen soll, wird von Bartling u.a. (1980a) und Zaro u.a. (1980) vorgelegt. Darüber hinaus wird der Klient angeregt, anhand typischer Beispiele die Empfindungen und Gedanken mitzuteilen, die seinem Problemverhalten vorangingen, es begleiteten oder ihm folgten. Dabei sollte der Therapeut beachten, daß diese Informationen nicht einfach hervorsprudeln werden. Meichenbaum (1979) hat darauf hingewiesen, daß Klienten normalerweise zu Beginn der Therapie ihre Probleme in sehr unterschiedlicher Weise interpretieren, so trifft man anfangs etwa auf viele Klienten, die sich als ,hilfloses Opfer' ihrer Gedanken und Gefühle sehen oder äußere Ereignisse als Ursache für ihre Störung angeben. In mancherlei Hinsicht also werden die Klienten-Erwartungen nicht mit dem rational-emotiven Erklärungsansatz übereinstimmen. In diesen Fällen könnte es, wie bereits dargestellt wurde, sinnvoll sein, wenn der Therapeut behutsam die Kognitionen, Sichtweisen und Ursachenzuschreibungen seiner Klienten herausarbeitet, sie somit gleichzeitig unterschwellig in einen rational-emotiven Bezugsrahmen einführt, ohne von Beginn an auf Akzeptanz seiner Annahmen zu drängen. Wenn der Therapeut zunächst im Erklärungsgefüge des Klienten operiert und ihm das Gefühl vermittelt, daß auch er einen aktiven Beitrag zur Bewältigung der Problematik leisten kann, dürfte dieser eher bereit sein, eine neue Konzeptualisierung seiner Schwierigkeiten anzunehmen. Dabei kann die Einführung von ,Ankerpunkten', d. h. des subtilen Gebrauchs von Grundbegriffen der RET, sehr hilfreich sein. Es spricht also einiges dafür, daß es für den Fortgang der Therapie nicht unbedingt förderlich ist, wenn sich der Klient allzuschnell in den RET-Rahmen ,einkauft'. Sehr häufig ist der Therapeut mit einem Klienten konfrontiert, der sagt: ,,Mein Partner (oder eine andere Person) hat mir etwas Schlimmes getan und deshalb habe ich dieses Problem". Hier besteht die Gefahr, daß die andere Person allzu stark in den Vordergrund rückt. Dies sollte der Therapeut auch verhindern: ,,Ich verstehe, daß Sie über das Verhalten dieser Person unglücklich und unzufrieden sind, aber da Sie es sind, die diese Beschwerden vorbringen, schlage ich vor, daß wir uns zunächst einmal Ihnen zuwenden, und dann sehen wir weiter". Das impliziert nicht, daß es nicht erstrebenswert wäre, auch die andere Person zu treffen. Dennoch, es ist nicht der andere, der um Hilfe nachsucht. Deshalb dürfte es für gewöhnlich günstiger sein, wenn der Therapeut nicht auf das Erscheinen anderer Personen drängt, oder deren Anwesenheit gar zur Vorbedingung für die Aufnahme der Therapie macht.

5. Erfassen emotionaler Konsequenzen

Da die vom Klienten individuell erlebten Empfindungen, das ,C' in der ABC-Sequenz, der eigentliche Anlaß sind, weshalb er sich in Therapie begibt, kommt ihrer Erfassung im diagnostischen Prozeß auch besondere Bedeutung zu. Der Therapeut sollte sich vergegenwärtigen, daß Klienten für gewöhnlich zur Behandlung kommen, weil sie sich schlecht fühlen und emotionalen Kummer haben und nicht, um über ihre irrationalen Gedanken zu sprechen. Der Therapeut sollte sich dabei auch im klaren sein, daß der Klient in der konkreten, ihn bedrückenden Situation mehrere Gefühlsreaktionen gleichzeitig erfahren kann, daß es ihm häufig schwerfällt, zwischen Gefühlen und Gedanken zu unterscheiden, oder daß er gar aus Mangel an Kenntnis nicht in der Lage ist, seine Empfindungen zu beschreiben. Auf das Problem der Definition von Empfindungen, die mit so alltäglichen Begriffen wie glücklich, traurig, ärgerlich oder angeekelt assoziert sind, weist Plutchik (1980) nachhaltig hin. Über mögliche Hilfestellungen, die der Therapeut bei der Ausdifferenzierung von emotionalen Konsequenzen geben kann, berichtet Hoffmann (1980). So könnte der Therapeut beispielsweise ein Diskriminationstraining für verschiedene Emotionen einführen und den Klienten anhand vorgegebener Geschichten diese Empfindungen einschätzen lassen.

In der Praxis ist häufig zu beobachten, daß der Therapeut dem Klienten eine Anzahl von Gefühlsreaktionen quasi zur ‚Auswahl‘ anbietet, wenn dieser Schwierigkeiten hat, über seine speziellen Empfindungen in der problematischen Situation zu berichten. Es bleibt zu bezweifeln, ob es so möglich ist, hinreichend in die individuelle Gefühlswelt des Klienten einzudringen. Der Therapeut könnte stattdessen versuchen, gemeinsam mit dem Klienten zu besprechen, wie er einen allgemein definierten Gefühlszustand (z.B. Angst, Verzweiflung, Hilflosigkeit) individuell erlebt. Ein Beispiel mag dies erläutern. Bei der Klientin handelte es sich um eine 45jährige Hausfrau, die wegen zwanghaftem Stehlen die richterliche Auflage hatte, sich in Therapie zu begeben:

Th.: Was geht in Ihnen vor, wenn Sie alleine in einem Geschäft sind?
Kl.: Ich registriere nichts um mich herum; ich kann dann nicht mehr klar denken; es ist alles verschwommen, wie im dichten Nebel.
Th.: Was empfinden Sie dabei, wie fühlen Sie sich?
Kl.: Ich fühle mich abwesend, geistesabwesend, wenn ich zugegriffen habe.
Th.: Sie erleben sich irgendwie ohnmächtig, hilflos, der Sache ausgeliefert.
Kl.: Genau. Ich habe dann genau das Gefühl wie früher als ich zum Beichten ging, da war ich ähnlich hilflos und darauf angewiesen, daß mir der Pastor geholfen hat.
Th.: Gibt es noch weitere Erlebnisse, die mit diesem Zustand vergleichbar wären?
Kl.: Ja, meine erste Fahrstunde. Vor lauter Menschen und Autos habe ich da auch nichts mehr gesehen und nichts um mich herum registriert.

Es dürfte deutlich werden, daß eine therapeutische Einflußnahme optimiert wird, wenn der Therapeut versucht, das spezifische Denk- und Empfindungssystem des Klienten zu berücksichtigen. Watzlawick (1977) hat dies „die Sprache des Patienten sprechen" genannt.

Der Therapeut sollte sorgfältig auf alle Äußerungen achten, mit denen der Klient sich als „Opfer" seiner Gedanken und Empfindungen oder äußerer Einflüsse beschreibt, also auf Ideen, die seine mangelnden Resourcen zur

Kontrolle und Steuerung ausdrücken. Solche Äußerungen könnten sein: „Ich fühle mich zertreten von meinem Mann"; „Ich hab' mir immer schon aus allem mehr gemacht, da bin ich ganz meiner Mutter nachgeschlagen"; „Das liegt bei uns in der Familie, wir sind von Natur aus eher ruhig und zurückhaltend"; „Wenn meine Tochter oder mein Sohn abends spät nach Hause kommen, bin ich immer ganz aufgeregt"; „Weil sie mich nicht beachtet hat, bin ich wütend geworden"; „Da ich mich um meine Kinder kümmern muß, ist es mir nicht möglich, einem Hobby nachzugehen"; „In unserer Stadt bieten sich keine anderen Möglichkeiten, deshalb bin ich auch so unzufrieden"; „Wir sind abhängig von dem, was andere von uns denken"; „Ich halte es bei meinen Eltern (dem Lehrer) nicht mehr länger aus"; „Ich weiß, daß ich auch nicht unschuldig bin, aber wenn er sich damals anders verhalten hätte, wäre es nicht so weit gekommen"; „Er hat mich in diese Sache hineingetrieben"; „Mein Mann macht mir das Leben zur Hölle"; „Das steckt in mir drin"; „Das überkommt mich einfach so"; „Die macht mich kaputt".

Der Therapeut kann versuchen, solche Äußerungen, in denen anderen oder äußeren Umständen die Ursache für bestimmte Probleme zugeschrieben werden, im Sinne der bereits erwähnten Ankerpunkte zu begegnen, ohne dem Klienten gleichzeitig schon die Zustimmung abzuverlangen, daß er in erster Linie für sich selbst verantwortlich ist. So läßt sich auf die Äußerung: „Wir sind ja alle abhängig von dem, was andere von uns denken" etwa antworten: „Wir machen uns häufig abhängig von der Meinung anderer." In keinem Fall aber sollten irrationale Überzeugungen verstärkt werden. Wenn ein Klient äußert: „Ich bin zu nichts nütze" oder „Ich werde niemals anders handeln können", sollte der Therapeut nicht (unbewußt) mit Zustimmung reagieren, auch nicht mit Zustimmung nonverbaler oder mimischer Art.

Manche Klienten berichten spontan über ihren inneren Monolog, der im Zusammenhang mit dem problematischen Verhalten steht. Solche Äußerungen können sein: „In dem Moment sage ich mir …"; „Ich überlege mir dann, daß …"; „Mir geht dann dieses oder jenes durch den Kopf"; „Da mach' ich mich selber verrückt"; „Ich mache mir die Probleme selbst." Häufig sind aber die handlungsbegleitenden und -steuernden Überzeugungen nur vage zu erkennen. Die Klienten äußern dann etwa: „Ich weiß, manchmal bin ich zu engstirnig"; „Ich kapituliere vor mir selbst"; „Mein Mann sagt immer, du machst dich selber verrückt"; „Ich habe kein dickes Fell"; „Dann gehen mir die Nerven durch"; „Da bin ich ganz zu"; „Ich weiß, manchmal reagiere ich zu empfindlich"; „Manchmal läßt sich das Problem ertragen"; „Ich bin zu weich (labil, nicht robust)"; „Ich habe schwache Nerven"; „Vielleicht liegt es auch an mir". Nicht selten werden die Klienten zu Beginn der Therapie berichten, daß sie sich selbst gegenüber in einer problematischen Situation keinerlei Aussagen machen („Wenn mich mein Mann angreift, empfinde ich nur Ekel, denken tue ich nichts"). In jedem Fall wird der Therapeut den Grad bestimmen können, mit dem der Klient die Bedeutung von Selbstaussagen für sein Verhalten und seine Empfindungen erkennt. Wichtig scheint auch zu ergründen, wie sich die Klienten in den problembeladenen Momenten verhalten. Vermeidet der Klient beispielsweise grundsätzlich ihm unangenehme Situationen aller Art? Was tut die Person, wenn sie sich niedergeschlagen fühlt? Wie verhält sich ein Klient, wenn er in Wut gerät? Schließlich, wie reagiert die Umwelt auf diese Gemütsreaktionen? Solche Fragen erscheinen von Bedeutung, um ein möglichst abgerundetes Bild über viele Aspekte der angeführten Probleme zu erhalten.

Zuletzt kommt dem Therapeuten noch eine weitere wichtige Aufgabe zu, nämlich den Klienten Entscheidungshilfen zu geben, ob sie ihre unangemessenen Empfindungen und Verhaltensweisen ändern oder aber beibehalten wollen. Diese Frage ist längst nicht so klar, wie sie auf den ersten Blick scheinen mag. Nicht selten sind Klagen zu hören wie: ,,So bin ich eben, ich kann mich nicht ändern''; ,,Wenn ich diese Verhaltensweise aufgebe, bin ich nicht mehr ich selbst''; ,,Ich will mich aber aufregen, der andere meint sonst, er könnte alles mit mir machen''. Dabei ist zu beachten, daß bestimmte emotionale Reaktionen und die daraus resultierenden Verhaltensweisen konkrete Vorteile mit sich bringen können. Ein Mann, der ob der vermeintlich provozierenden Taten seiner Umwelt in Wut gerät, wird nicht selten erleben, daß sich andere seinen Wünschen gemäß verhalten, und sei es nur um des lieben Friedens Willen. Die Frau, die mit Depressionen reagiert und Selbstmordgedanken äußert, weil ihr Partner sie verlassen will, kann dadurch möglicherweise bewirken, daß der Partner sich ihr erneut zuwendet. Der Klient kann sich also einer Veränderung seiner unangemessenen Gefühle aus mehrerlei Gründen aktiv widersetzen. Auf einige davon hat der rational-emotive Therapeut sicherlich Einfluß. Falls der Klient trotz aller Nachteile nicht zu einer Veränderung bereit ist, wird die versuchte Einflußnahme kaum von Erfolg gekrönt sein.

Auf dieser frühen Stufe des diagnostischen Prozesses stellt sich dem Therapeuten also die Aufgabe, eine Analyse der Probleme des Klienten vorzunehmen, die damit einhergehenden typischen Gefühlsäußerungen zu erfahren sowie erste Hypothesen über die kognitiven Bewertungen zu bilden. Dabei sollte der Therapeut dem Klienten offen Aufschluß über seine Vorgehensweise geben, etwa mit folgender Formulierung: ,,Wir haben nun recht ausführlich die Situationen und Begebenheiten betrachtet, in welchen Sie Schwierigkeiten und Probleme haben und wie Sie in diesen Fällen empfinden. Es ist dabei auch klar geworden, daß diese Schwierigkeiten nicht nur mit äußeren Ereignissen zu tun haben, und daß Sie sich manchmal irgendwie von Innen her überwältigt fühlen, um es einmal mit Ihren Worten auszudrücken. Sie haben vom inneren Streß gesprochen, davon, daß Sie empfindlich reagieren. Es könnte nun sehr aufschlußreich sein, einmal Ihre Innenwelt genauer unter die Lupe zu nehmen. Meine Überlegung ist die, daß das, was Ihnen in den kritischen Momenten durch den Kopf geht, das, was Sie selbst zu sich sagen, mit Ihren

Problemen zu tun haben könnte. Zuallerest schlage ich daher vor, daß wir uns der Frage zuwenden, wodurch unsere Gefühle und Handlungsweisen beeinflußt werden können."

6. Herausarbeiten des Zusammenhangs von Kognitionen und emotionaler Erregung

Ein nächster wichtiger Schritt ist es, gemeinsam mit dem Klienten in verständlicher Form herauszuarbeiten, wie Gefühle durch den inneren Monolog beeinflußt werden können. Goldfried u. a. (1979) empfehlen, die Bedeutung von Selbstverbalisierungen zunächst losgelöst von den spezifischen Problemen zu beschreiben. Unsere Erfahrung ist, daß es im individuellen Fall durchaus empfehlenswert sein kann, sofort die subjektive Sichtweise der spezifischen Schwierigkeiten anzusprechen, vor allem, wenn der Klient ein recht klares Bild von seiner inneren Welt zu besitzen scheint. Der Therapeut kann dies dadurch überprüfen, daß er entweder die Darstellungen des Klienten aufgreift oder Fragen stellt wie: „Was geht Ihnen durch den Kopf, wenn Sie ...?" Bei der Evozierung von Kognitionen sollte bewußt diese einfache umgangssprachliche Formulierung gewählt werden. Siebert (1979) macht darauf aufmerksam, daß die Verwendung von Vokabeln wie „Gedanken", „denken", „Ideen" oder „Kognitionen" kontraindiziert ist, da die Klienten daraufhin weniger Selbstkommunikationen als vielmehr Theorien über eigenes Denken und Handeln produzierten.

In jedem Fall verlangt das Aufdecken von Selbstverbalisierungen und Überzeugungen ein beträchtliches Maß an Geschick und Übersicht. Wählt der Therapeut den Weg der Vorgabe eines Beispiels, um das theoretische Grundprinzip zu verdeutlichen, eignet sich dazu etwa das einer Verabredung: „Ganz sicherlich haben Sie schon erlebt, daß Sie sich mit einem Bekannten verabredet hatten und dieser zum vereinbarten Termin nicht kam". Der Therapeut kann nun fragen, was dem Klienten in diesem Moment durch den Kopf gegangen ist. Mögliche Selbstkommunikationen könnten sein: „Wo bleibt der nur. Daß der aber nie pünktlich sein kann, wo ich mich so auf den Abend gefreut habe. Alles wird einem vermiest. Das ist mal wieder typisch. Na warte, mit mir kannst Du in Zukunft auch nicht mehr rechnen."

Der Klient wird in einer solchen Situation Wut, Zorn oder Ärger empfunden haben. Er soll zunächst seine entsprechenden Emotionen und Überlegungen darstellen, danach jene, nachdem der Bekannte schließlich doch eintraf und eine plausible Erklärung für sein Zuspätkommen geben konnte.

Folgender Gesprächsausschnitt kann den ersten Schritt bei der Darlegung der Bedeutung von Selbstverbalisierungen noch weiter verdeutlichen (in Anlehnung an Goldfried & Davison, 1979):

Kl.: Mein Problem ist, daß ich ganz nervös und verkrampft werde, wenn ich mit mir unbekannten Personen zu tun habe, dann fange ich automatisch an zu stottern. Das war auch in der Schule früher ähnlich, da habe ich nicht den geringsten Einfluß drauf gehabt. In meinem Bekanntenkreis ist das ganz anders, da habe ich so gut wie nie Probleme mit dem Sprechen.

Th.: Die Tatsache, daß Sie in unterschiedlichen Situationen verschieden reagieren, könnte darauf hinweisen, daß nicht diese Situationen an und für sich ihre Erregung und Unruhe erzeugen, sondern, daß es damit zu tun haben könnte, wie Sie diese Situationen bewerten, welche Bedeutung diese Situationen für Sie haben. Nehmen wir ein Beispiel. Sehen Sie sich einmal diesen Füller an. Macht der Füller Sie nervös?

Kl.: Nein, warum sollte er?

Th.: Warum nicht?

Kl.: Er ist nur ein Gegenstand. Es ist nur ein Füller, der mich absolut kalt läßt.

Th.: Sie meinen, er kann Ihnen nichts anhaben.

Kl.: Bestimmt nicht.

Th.: Wenn ich jetzt stattdessen ein Gewehr in der Hand hielte, was dann?

Kl.: Das wäre mir dann nicht mehr egal. Ich glaube, dann würde ich schon beunruhigt sein.

Th.: Woher kommt diese Beunruhigung.

Kl.: Nun, ein Gewehr kann tatsächlich verletzen, es könnte gefährlich für mich sein.

Th.: Genau. Es ist also weniger das Objekt, in diesem Fall das Gewehr, daß Sie aus der Fassung bringt, sondern Ihr Wissen um die mögliche Gefährlichkeit des Gewehrs im Gegensatz zu dem Schreibutensil Füller. Wenn Sie nie vorher ein Gewehr gesehen hätten, wären Sie dann auch beunruhigt?

Kl.: Wahrscheinlich nicht.

Th.: Es dürfte also einiges dafür sprechen, daß die Gedanken, die Überlegungen, das was wir selbst zu uns in bestimmten Situationen sagen, mit dazu beitragen, wie wir uns fühlen und verhalten.

Es könnte dann ein persönlich bedeutsameres Beispiel herangezogen werden, etwa die Beschreibung zweier Personen, die beide die gleiche Party besuchen wollen. Das Gefühl der einen Person wird als sehr entspannt geschildert, sie freut sich auf den Abend. Die Gedanken dieser Person könnten folgendermaßen aussehen: „Das könnte heute abend eine interessante Gesellschaft werden. Sicherlich wird eine Reihe Leute dort sein, die ich nicht kenne – eine Gelegenheit, neue Bekanntschaften zu knüpfen. Es wird aber auch Gelegenheit sein, Freunde wiederzusehen, die ich mag, und alte Freundschaften wieder aufzufrischen." Anders die zweite Person, die nervös und furchtsam beschrieben wird und die folgendermaßen denken dürfte: „Ich weiß nicht, wieviel Erfolg ich heute abend haben werde. Es werden viele Leute dort sein, die ich nicht kenne, und ich bin mir nicht sicher, ob ich mich richtig verhalten kann und ob ich in den Unterhaltungen eine gutes Bild abgebe. Ich möchte mich nicht zum Narren machen, zumal eine Menge Leute dort sein werden, die wichtig sind" (vgl. Goldfried u. a., 1979, S. 171). Gemeinsam mit dem Klienten kann der Therapeut nun weitere Beispiele aus den unterschiedlichsten Erfahrungs- und Erlebnisbereichen des Klienten sammeln, wobei im individuellen Fall entschieden werden soll, ob die speziellen Probleme des Klienten schon einbezogen sind.

Es ist dabei wichtig, daß der Klient die angebotene Sichtweise nachvollziehen kann, bevor man mit der Analyse der Selbstverbalisierungen fortfährt. Dies kann durchaus längere Zeit in Anspruch nehmen.

Nachdem dem Klienten die Bedeutung von Selbstverbalisierungen für das Zustandekommen von Gefühlsreaktionen aufgezeigt wurde, kann sich der Therapeut der Tatsache zuwenden, daß verschiedene Menschen auf gleichartige Situationen ganz unterschiedlich reagieren können. Auch hier kann es hilfreich sein, zunächst ein allgemeineres Beispiel abzuhandeln. Dem Klienten könnte etwa folgendes, Juli & Engelbrecht-Greve (1978) entnommenes Beispiel dargelegt werden: Es ist elf Uhr abends. Ein Ehemann ist bisher nicht von der Arbeit zurück. Seine Frau ist schon ins Bett gegangen, liegt aber noch wach. Auf diesen Sachverhalt können verschiedene Frauen mit recht unterschiedlichen Gefühlen reagieren, mit Ärger und Wut, Traurigkeit und Betroffenheit, Unbehagen und Besorgnis, Wohlwollen und Verständnis oder mit Angst. Wie kommen diese völlig unterschiedlichen Reaktionen auf das gleiche Ereignis zustande? Sie hängen offensichtlich davon ab, was die einzelnen Personen in dieser Situation sich selbst sagen:

Ehefrau A sagt sich vielleicht: „Dieser unzuverlässige Kerl! Denkt wahrscheinlich gar nicht darüber nach, daß ich hier rumsitze, während er Spaß mit irgendwelchen Kollegen hat. Dem gebe ich es morgen aber."
Ehefrau B denkt: „Er läßt mich immer häufiger allein. Er scheint kein Interesse mehr an mir zu haben. Ich hab den Eindruck, daß unsere Ehe in Gefahr ist. Was kann ich nur tun, um sie zu retten?"
Ehefrau C sagt: „Wo kann er bloß sein? Bestimmt ist ein Unglück passiert, daß er sich nicht meldet. Auch das noch, wo ich doch sowieso schon soviele Sorgen habe."
Ehefrau D denkt etwa: „Wie angenehm das war, mal wieder allein zu sein und ganz in Ruhe ein Buch zu lesen. Mal sehen, was Karl heute abend gemacht hat. Wahrscheinlich hat er auch Spaß gehabt, daß er immer noch nicht zu Hause ist."
Ehefrau E denkt: „Meine Güte, jetzt ist es schon spät. Wahrscheinlich hat er wieder mit Kollegen einen Kneipenbummel gemacht. Bestimmt hat er zuviel getrunken. Männer sind brutal, wenn sie betrunken sind" (vgl. Juli & Engelbrecht-Greve, 1978, S. 195f.).

Anhand der eigenen Erfahrungen des Klienten wird man weiter untermauern können, wie stark die menschlichen Gefühlsreaktionen durch Einstellungen und Gedanken des Individuums zu bestimmten Ereignissen beeinflußt werden. Der Therapeut kann in einem weiteren Schritt den Klienten fragen, ob er sich an ein aktuelles Ereignis erinnert, bei dem er anders als seine nächsten Bezugspersonen reagiert hat, und worauf er diese unterschiedlichen Reaktionen zurückführt. Der Klient wird dann mit hoher Wahrscheinlichkeit anschaulich spezifische und recht verschiedenartige Einstellungen präsentieren können. Weiterhin kann der Therapeut danach forschen, ob und wie sich der Klient, bei gleichem Sachverhalt unter jeweils verschiedenen Bedingungen, anders verhält und nach den Gründen hierfür fragen. K. L., ein an Impotenz leidender 40jähriger Mann hatte zunächst kategorisch abgelehnt, daß er überhaupt einen inneren Monolog führe.

Er sei doch nicht verrückt. An einem mit dem eigentliche Problem nicht direkt zusammenhängenden Sachverhalt konnte er schließlich doch die Wirkung von unterschiedlichen Selbstaussagen auf sein Verhalten nachzeichnen. Als leidenschaftlicher Marathonläufer berichtet er, daß er im Training die besten Zeiten erzielen würde, im Wettkampf aber keine „Leistung" bringen und stets weit hinter seinen Möglichkeiten zurückbleiben würde. Nach einigem hin und her äußerte er plötzlich: „Jetzt wird mir klar worauf sie hinaus wollen. Natürlich, wenn ich für mich alleine trainiere bin ich locker und gelöst. Im Wettkampf ist das aber ganz anders. Am Startplatz schon schätze ich meine Gegner ein und dann geht mir durch den Kopf: ,Gegen die sollst du antreten, die haben bestimmt mehr drauf als du; was ist wenn du hier versagst; wie stehst du dann vor dir und deinen Kameraden da!' Dann bin ich manchmal wie gelähmt und glaube ich schaffe die Strecke nie."

Auf dieser Stufe soll der Klient also zur Erkenntnis gelangen, daß innere Signale in verbaler oder visueller Form eine bedeutsame Rolle für das Verhalten spielen. Dem Individuum wird deutlich werden, wie es durch eine innere Diskussion verschiedene Alternativen und Handlungsmöglichkeiten gegeneinander abwägt und Entscheidungen trifft. Es hat sich als sehr zweckmäßig erwiesen, wenn man die Klienten in gebotener Kürze in Konzepte wie den „inneren Monolog" oder die „innere Sprache" einweist und sie auffordert, bis zur nächsten Sitzung ihre selbstkontrollierenden Gedanken und Impulse ganz allgemein zu beachten.

Bei der Beschreibung und Verdeutlichung des theoretischen Grundprinzips hat sich in der Praxis zudem der Hinweis als nützlich herausgestellt, daß es in vielen Situationen durchaus nicht so zu sein brauche, daß man aktiv umhergeht und sich tatsächlich im wörtlichen Sinne etwas „einredet". Viel wahrscheinlicher dürfe sein, daß der Hergang der Situationsbeurteilung ganz automatisch und unwillkürlich abläuft. Die Klienten werden im Normalfall verschiedene Situationen identifizieren können, in denen sie sich selbst Anweisungen geben und durch verbale Botschaften ihr Verhalten steuern. Damit ist zugleich eine gute Vorbereitung für die Auseinandersetzung und Analyse der inneren Prozesse der Klienten, welche mit ihrem problematischen Verhalten verbunden sind, geschaffen. Der Therapeut kann die Sitzung folgendermaßen beginnen: „Wir haben während der letzten Stunde sehr ausführlich über die Rolle von Gedanken, Vorstellungen und Selbstinstruktionen für unsere Handlungsweisen gesprochen. Sie selbst haben dazu eine Menge Beispiele aus Ihrem eigenen Erfahrungsbereich anführen können. Ich würde nun vorschlagen, die Beteiligung dieser inneren Prozesse an Ihren Problemen zu untersuchen. Mir scheint das aus zweierlei Gründen wichtig, zum einen ist bekannt, daß es in vielen Situationen, vornehmlich in den problematischen, schwer ist, das, was wir selber zu uns sagen, zu erkennen, andererseits aber setzt die angestrebte Veränderung Ihres Problems das Erkennen all seiner Aspekte voraus."

7. Aufdecken des inneren Monologs (Erfassen von B)

Im weiteren Verlauf wird der Therapeut zunehmend auf individuelle irrationale Kognitionen des Klienten achten und sie ihm behutsam zurückmelden. Dazu eignen sich vornehmlich Imaginationen. Der Klient wird aufgefordert, seine Augen zu schließen. Er soll sich dann zuvor angesprochene Problem- und Konfliktsituationen vorstellen, sich in sie hineinversetzen und die dabei „ablaufenden" Gedanken entweder gleichzeitig oder am Ende der Imagination äußern („Was geht Ihnen durch den Kopf, wenn Sie sich jetzt vorstellen, wie Ihr Vater Sie anbrüllt?/Was dachten Sie, als Sie sich eben ausmalten, wie Sie durch die Fahrprüfung fielen?"). Die Nachbefragung zu vorgegebenen Imaginationen kann unserer Erfahrung nach in beträchtlichem Maße von der von Boesch (1977) entwickelten Konnotationsanalyse profitieren. Der Therapeut kann ferner den Klienten fragen, ob er solche Gedanken und Empfindungen schon als Kind hatte, und danach die Entwicklungsgeschichte untersuchen. Wenn auch bislang in der RET hierzu wenig Zeit verwandt wurde, kann die Analyse der Lerngeschichte der Selbstverbalisationen ein wesentlicher Aspekt der therapeutischen Arbeit sein. Der Klient kann sich mit der Frage auseinandersetzen, wie lange er schon ähnliche Gedanken hatte und wie sie entstanden sein könnten.

Eine interessante Variante dieser Imaginationsprozeduren schlagen Feather & Rhoads (1972) vor. Während des Interviews fragt der Therapeut, was im schlimmsten Fall passieren könnte, wenn der Klient sich in der als bedrohlich erlebten Situation befände. Der Befrager sucht nach dem „schlimmsten" imaginierten Bild und forscht nach einer detaillierten Beschreibung dieser Phantasie. Der Klient erfährt auf diese Weise den Unterschied zwischen Realität und Imaginationen und kann so zur Auffassung gelangen, daß diese vorgestellten Bilder eine Rolle bei seinen Schwierigkeiten spielen dürften.

Zweifellos hat der Klient auch früher schon Fehlinterpretationen und negative Selbstaussagen erfolgreich korrigiert, etwa dadurch, daß er sich einschlägige Informationen verschaffte oder den logischen Fehler erkannte, auf dem seine Mißverständnisse beruhten. Es wäre wichtig zu erfahren, mit welchen kognitiven und sonstigen Mechanismen dem Klienten eine eigene Krisenbewältigung gelang. Dadurch, daß der Therapeut vertraute Problemlösungsversuche ernstnimmt, vermag er, auf diesen aufbauend, „Verbesserungsvorschläge" einzubringen, denen der Klient wahrscheinlich eine größere Sympathie entgegenbringt.

Da zunehmend mehr Kliniken und therapeutische Institutionen über die Möglichkeiten der Videoaufzeichnung verfügen, kann die Verhaltensdiagnose über Rollenspiele oder in-vivo-Situationen erstellt werden. Unmittelbar nach der Aufnahme sehen sich Klient und Therapeut die Aufzeichnung der Rollenspiele an und versuchen, die in der konkreten Situation erfahrenen Gedanken und Empfindungen sukzessiv zu rekonstruieren. Den Wert solcher nachträglichen Beschreibungen konnten Laboruntersuchungen von Hollandsworth u. a. (1979) und Meichenbaum (1979) nachhaltig unterstreichen. Wahl (1979) hat ein ähnliches Verfahren zur Erfassung von subjektiven psychologischen Theorien von Lehrern vorgeschlagen. Die dabei auftretenden methodischen Probleme, die sich auch dann zeigen, wenn man die Klienten zum lauten Denken bei der Bearbeitung einer Aufgabe auffordert, werden eingehend von Natsoulas (1970) und Meichenbaum (1979) diskutiert. Bei Kindern erlaubt die Registrierung von spontan auftretenden Selbstkommunikationen während einer Leistungssituation einen recht guten Zugang zu ihren Selbstanweisungen und ihrem kognitiven Stil (vgl. auch Camp & Bash, 1980).

Mit der verstärkten Betrachtung und Analyse von Selbstverbalisationen wuchs auch das Interesse an der psychometrischen Erfassung dieser Intrakommunikationen. In einigen Untersuchungen kamen Selbstverbalisations-Inventare zur Anwendung, die erfolgreich zwischen verschiedenen klinischen und nicht-klinischen Populationen unterscheiden konnten und z. T. Aufklärung über differentialdiagnostische Faktoren erbrachten (Schwartz & Gottman, 1976; Kendall u. a., 1979; Sutton-Simon & Goldfried, 1979, Hollon & Kendall, 1980). Tests für die Erfassung der Problemlösefähigkeit von Erwachsenen, Kindern und Jugendlichen wurden von D'Zurilla & Goldfried (1971), Spivack & Shure (1974), Spivack u. a. (1976) entwickelt. Der Stand der Fragebogendiagnostik therapierelevanter Kognitionen und von intrapersonellen Kommunikationen allgemein ist, gemessen an dem therapeutischen Gewicht, das diese Selbstverbalisationen in vielen Therapien gewonnen haben, dennoch eher als unterentwickelt zu bezeichnen (vgl. Keßler, 1978; Meijers, 1978).

Die von Quitmann u. a. (1974) und Böllner u. a. (1975) vorgenommenen Befragungen Erwachsener, Jugendlicher und psychiatrischer Patienten unterstreichen die Notwendigkeit, problemspezifische Befragungsstrategien zur Erhebung der Selbstverbalisationen eingehender zu erarbeiten. Zur Zeit mangelt es diesen Verfahren, ebenso wie den Inventaren zur Erfassung irrationaler Überzeugungen, denen wir uns weiter unten zuwenden, an den psychometrischen Erfordernissen der Reliabilität und Validität.

Einen wichtigen Beitrag für das Sichtbarmachen von kognitiven Prozessen vermögen die Klienten zu leisten, indem sie sich im Alltag selbst beobachten und mit einem „dritten Ohr" zuhören und festhalten, welche Gedanken, Vorstellungen und Empfindungen sie wahrnehmen, wenn sie sich in den für sie kritischen Situationen befinden. Es liegen umfangreiche und differenzierte Anregungen für die Durchführung solcher Hausaufgaben vor (Bellack & Schwartz, 1976; vgl. auch Schaller, 1980). Es kommt bei der Selbstbeobachtung offensichtlich weniger auf die inhaltlichen Details als auf die Bedingungen ihrer Durchführung an; es sollte gewährleistet sein, daß (1) Zweck und Inhalt der Aufgabe dem Klienten klar sind, (2) der Klient nicht überfordert wird (er sollte nur wenige Aspekte gleichzeitig beobachten, der Zeitaufwand für die Protokollierung müßte gering sein), (3) die Protokollierung mit bereits etablierten Gewohnheiten des Klienten verknüpft wird und (4) gegebenenfalls Fremd- und Selbstverstärkungen für Beobachtung und Registrierung eingesetzt werden (vgl. Siebert, 1979). Auch Meichenbaum (1976a) plädiert dafür, keine allzu ausführlichen Selbstbeobachtungsverfahren einzuführen; er schlägt vor, die Beispiele für negative Selbstaussagen und innere Bilder dann zu registrieren, wenn sie auftreten, oder sie am Ende eines Tages nachträglich zu protokollieren. Ein Grund für eine mögliche Überforderung des Klienten bei der Anleitung zur Selbstbeobachtung liegt darin, daß viele Klienten in der Identifizierung der kritischen Situationen und der individuumspezifischen Reaktionen nicht geschult sind. Schwierigkeiten bei der gewünschten Selbstbeobachtung können sich aus vielerlei, manchmal banalen, aber dennoch ernst zu nehmenden Gründen ergeben. So erschien ein Klient über mehrere Sitzungen mit unausgefüllten Protokollen, obwohl ihm das Prinzip offenkundig klar war. Erst nach einiger Zeit stellte sich heraus, daß er fast panische Angst davor hatte, in den Berichten könnten orthographische Fehler zum Vorschein kommen. In solchen Fällen stellen die Reaktionen des Klienten auf den Therapeuten eine Stichprobe seines gegenwärtigen Verhaltens dar, so wie es sich auch in anderen zwischenmenschlichen Situationen manifestieren mag. Daher sollten sich die allerersten Modifikationsbemühungen gerade auf diese Verhaltensweisen richten, an denen die Behandlung sonst scheitern könnte.

Der Vollständigkeit halber seien noch Methoden genannt, die zum Ziel haben, die Gedanken der Klienten „auf der Stelle" zu erfassen. Klinger (1978) beispielsweise hat einen tragbaren Signalgeber entwickelt, der auf der Basis verschiedener Zeitintervalle über ein Hörgerät Töne an den Klienten weitergibt. Der Klient ist angewiesen, den Gedanken, den er zum Zeitpunkt des Signals erlebt, in ein Buch aufzuschreiben oder ihn anhand von „Thought Sampling Questionnaires" zu bewerten. Ein ähnliches Verfahren haben auch Hurlburt & Sipprelle (1978) u. Hurlburt (1979, 1980) mit Erfolg eingesetzt. Cacioppo u. a. (1979) schlagen eine andere Technik zur Gedankenauflistung vor. Der Klient wird z. B. ermuntert, alle Gedanken aufzuführen, welche er in einem bestimmten Zeitintervall vor einer sozialen Situation erfährt. Im Anschluß daran soll er diese Gedanken als für die Bewältigung der Situation positiv, negativ oder neutral bewerten. Cacioppo & Petty (1981) haben diese Methode ausführlich evaluiert und auch Vorschläge zur Anwendung und Kodierung unterbreitet. Die Selbstbeobachtungsverfahren haben den wichtigen Vorteil, daß sie die Gedanken und Selbstverbalisierungen der Klienten unmittelbar und weniger auf einer retrospektiven Basis erfassen. Sie stellen einen Fortschritt dar, da es nun möglich ist, die allgemeinen Eindrücke von Klienten über ihre Einstellungen mit systematisch erfaßten Daten aus der konkreten Situation zu vergleichen. Allerdings sind sie noch vorwiegend im Erprobungsstadium, aber ihre potentielle Bedeutung für die klinische Praxis ist offenkundig.

Der Therapeut sollte es sich zur Gewohnheit machen, jede Therapiesitzung mit einem Resumée und vor allem mit einer Übereinkunft über die in Angriff zu nehmenden Hausaufgaben abzuschließen. Die effektivste Methode wird sein, wenn Klient und Therapeut gemeinsam festlegen, welche Aufgaben bis zur nächsten Sitzung durchgeführt werden sollten. In der diagnostischen Phase sind dies vornehmlich „kognitive Hausaufgaben", bei denen der Klient, wie beschrieben, Gedanken und Selbstverbalisierungen erfaßt. Mit der Diskussion über die gemachten Erfahrungen oder aufgetretenen Schwierigkeiten beginnt dann auch die folgende Zusammenkunft. Sehr häufig sind die Hausaufgaben anzuleiten, was von einfachen Ermunterungen („Ich bin sicher, daß Sie in der Lage sind, diese Vorschläge in die Tat umzusetzen") bis hin zu vertraglichen Abmachungen reichen kann.

Nicht immer ist für das Aufdecken der Selbstkommunikationen ein ausführliches Vorgehen notwendig. Es kann bei bestimmten Populationen, bei Kindern, Jugendlichen oder schwer gestörten Erwachsenen aber angezeigt sein, das Zusammenwirken von Ereignissen, Kognitionen und Gefühlen bedacht und gründlich zu besprechen. Bernard (1980, S. 3) kommt zu dem Schluß, „... it appears that in order to maximize the likelihood that a client (and therapist) actually discovers irrational words, sentences and beliefs (rather than merely assenting to therapeutic suggestion) and, most importantly, applies the process of self-discovery outside the therapeutic milieu, much of the rational-emotive therapist's time needs to be devoted to this process of self-discovery".

Bei der Durchführung eines Streßbewältigungstrainings an 15 Trainigsgruppen mit koronar Herzkranken machte Seer (1980b) die Erfahrung, daß die Eigenverantwortlichkeit des Patienten am Streßgeschehen zunächst kaum angesprochen werden sollte. Würde von ihm zu schnell eine Änderung etablierter Verhaltensweisen und Einstellungen gefordert, könnte dies zu Ängsten und Abwehrhaltungen und in der Folge zu einem Abbruch der Therapie führen. Young (1974) erachtet es in der Arbeit mit Jugendlichen für wesentlich, daß diese zunächst einmal Gelegenheit haben, ausführlich ihre Sicht der Dinge darzulegen. Erst später sollten die Probleme der Jugendlichen im RET-Stil angegangen werden. Watts u. a. (1973) haben für die Modifikation von wahnhaften Überzeugungshaltungen bei paranoid Schizophrenen ein abgestuftes Behandlungsprogramm entwickelt, bei dem die Klienten auf eine eher sublime Art veranlaßt werden, ihre Wahnüberzeugungen schrittweise in Frage zu stellen. Ein behutsameres Vorgehen fördert die therapeutische Beziehung, führt am ehesten zu gemeinsamen Konzepten und erleichtert das Aufdecken der irrationalen Gedanken.

Bislang war unser Vorschlag für das diagnostische Vorgehen in der RET in vielerlei Hinsicht der Vorgehensweise in der Kognitiven Therapie von Beck (1979) oder den Diagnostikprozeduren in der Kognitiven Verhaltensmodifikation ähnlich. Die RET postuliert nun, daß eine fundamentale Auseinandersetzung mit den unangemessenen Kognitionen, Empfindungen und Verhaltensweisen nicht möglich ist, ohne daß die den Kummer und das Leid generierenden irrationalen Überzeugungen und Lebensphilosophien aufgedeckt, angefochten und schließlich überwunden werden. In der Betonung der These, daß spezifische Selbstverbalisationen lediglich der Ausdruck von Konstrukten über die Welt und die eigene Person sind, unterscheidet sich die RET von anderen verwandten kognitiven Therapiekonzepten. Danach könnte die zugrundeliegende Bedeutung einer Selbstverbalisation und weniger die Selbstverbalisation per se für therapeutische Änderungen wichtig sein, was Ellis (1980b) als den anzustrebenden „philosophic change" in der RET bezeichnet.

Zu diesem Zeitpunkt der gemeinsamen Arbeit wird der Klient dem Erklärungsmodell der RET meistens zustimmen. Spätestens hier ist es notwendig, ihn in das „ABC-Schema" einzuführen. In knapper und vereinfachter Form können seine Grundlagen dargelegt – eine Graphik hat sich hierbei als sehr geeignet erwiesen – und ausführlich die bislang zur Sprache gekommenen Probleme analysiert und in das Schema eingeordnet werden. Der Therapeut trachtet dabei danach, nicht nur aufzuzeigen, daß die emotionale Verwirrung durch inneres Sprechen vermittelt wird, sondern er versucht auch, die irrationalen Überzeugungen herauszufinden, die für diese Verwirrung verantwortlich sind. Dazu stellt er unvollständige Fragen wie: „Wenn dies so ist, das bedeutet was für Sie ...? Und weil das so ist, deshalb ...? Wenn dieses Ereignis eintritt, dann ...? Wenn ihnen dies nicht gelingt, dann ...? Das bedeutet, daß ich ...? Ich frage mich, was das für Sie heißt ...?" Im wesentlichen wird also darauf abgezielt, die antizipierten Konsequenzen bestimmter Ereignisse und Sachverhalte erfassen zu können. Der Therapeut wird hellhörig auf bestimmte Formulierungen achten. Jede Äußerung die ein „Muß' beinhaltet, kann als Hinweis dienen, da hinter diesen Sätzen wahrscheinlich irrationale Forderungen stehen. Eine gewisse Hilfestellung bieten dabei vorgegebene Listen von irrationalen Gedanken, die oft nur in speziellen Teilen für einen spezifischen Klienten relevant sind. Es ist aber davon auszugehen, daß der größte Teil von Klienten folgenden beiden Ideen anhängt:

(1) Anzustrebende und wünschenswerte Dinge, wie Erfolg, Anerkennung, Liebe, Annehmlichkeiten, Gesundheit, Sicherheit und Gerechtigkeit sind *absolut notwendig* um glücklich zu sein und um sich selbst respektieren zu können.
(2) Unangenehme Dinge, wie Fehler, Ablehnung, Kritik, Unannehmlichkeiten, Krankheit, Ungewißheit, Frustrationen und Ungerechtigkeiten sind *schrecklich und nicht zu ertragen;* sie machen das Erlangen eines glücklichen Lebens unmöglich und dürfen unter keinen Umständen vorkommen.

Lembo (1976) gibt einen Überblick über häufige Störungen und mit ihnen verbundene spezifische irrationale Überzeugungen (vgl. Tab. 1).

Tab. 1: Liste irrationaler Überzeugungen (nach Lembo, 1976)

Psychische Beeinträchtigung	Irrationale Überzeugung
Auf sich selbst bezogene *Ängste*	Ich muß erfolgreich, außergewöhnlich, attraktiv und ohne Fehler sein. Ich darf keine Fehler machen, nicht versagen oder abstoßend wirken.
Ängste vor anderen	Ich muß anerkannt und geliebt werden. Andere müssen sich so verhalten wie ich das verlange und mir meine Wünsche erfüllen. Ich darf nicht abgewiesen oder vernachlässigt werden.
Ängste, die mit bestimmten Ereignissen verbunden sind	Die Dinge müssen sich so entwickeln, wie ich das fordere. Ich verlange eine Garantie, Frustrationen, Ungewißheiten und Unglück dürfen mir nicht unterkommen.
Zurückgezogensein, *Selbstunsicherheiten,* Phobien	Ich muß Situationen, in denen ich nicht anerkannt und geliebt werde oder nicht sicher bin und vom Schicksal begünstigt werde, vermeiden bzw. fliehen.
Aufgebrachtsein	Es ist schrecklich und unerträglich, wenn ich versage oder schlecht abschneide, wenn andere mich mißachten oder geringschätzen und wenn die Dinge nicht so laufen, wie es mir paßt.
Gegen sich selbst gerichteten *Ärger*	Ich muß die Dinge so tun, daß sie hundertprozentig stimmen. Ich darf niemals etwas schlecht oder weniger gut erledigen.
Schuldgefühle, Scham, Minderwertigkeit	Ich bin schlecht, da mir die Dinge nicht gelungen sind, so wie ich sie hätte erledigen müssen. Ich bin schlecht, weil ich Dinge tat, die ich nicht hätte tun dürfen.
Selbstbestrafung	Ich verdiene Strafe aufgrund meiner Dummheit oder meiner Schwäche.
Ärger gegenüber anderen	Andere müssen sich so verhalten wie ich das von ihnen verlange. Andere dürfen nichts tun, was ich nicht will.
Feindseligkeit und Gewalttätigkeit gegenüber anderen	Andere sind schlecht, weil sie nicht das geben, was ich fordere. Andere sind verdammenswert, weil sie etwas tun, was ich nicht wünsche. Andere sollten leiden und dafür bezahlen, daß sie mir nicht meinen Willen erfüllen.

Psychische Beeinträchtigung	Irrationale Überzeugung
Widerspenstigkeit, Mangel an Kooperationsbereitschaft, Zurückgezogensein	Die Dinge müssen in meinem Sinne laufen. Ich muß von Leuten fernbleiben, die mich frustrieren oder vernachlässigen.
Ärger, der sich auf Ereignisse und situative Bedingungen bezieht	Die Dinge, die ich verabscheue, dürfen nicht existieren. Die Dinge müssen so liegen wie ich das fordere. Ich darf nicht frustriert oder deprimiert werden.
Trägheit, Verantwortungslosigkeit, niedrige Frustrationstoleranz	Es ist schwierig so lange auszukommen, bis die Dinge korrekt erledigt sind oder unangenehme Angelegenheiten ausgeführt sind. Das Leben muß viel leichter und reicher an Freunden sein, als es tatsächlich ist. Das Leben ist unfair; ich verdiene in jedem Fall ein angenehmeres Auskommen.
Depression	Für mich gibt es keine Hoffnung. Alles ist hoffnungslos und unerträglich. Ich werde niemals in der Lage sein, meine Probleme zu lösen und Glück zu erleben.

Die meisten Listen sind sicherlich nicht vollständig. Sie mögen aber dem Therapeuten Anhaltspunkte und Anleitung geben, nach welchen speziellen irrationalen Überzeugungen er bei den von ihm beobachteten emotionalen und Verhaltensproblemen fahnden könnte.

Empirische Analysen zur Erfassung spezifischer irrationaler Gedanken mit spezifischen Symptomkategorien sind bislang kaum unternommen worden. Haben Depressive andere irrationale Ansichten als Personen mit Zwängen oder Süchten? Ein methodischer Weg zur Abklärung entsprechender Fragen bestünde in der Zuordnung der einzelnen irrationalen Ansichten entweder durch Psychotherapeuten-Experten oder durch die Klientengruppen selbst. Newmark u.a. (1973) entwarfen eine entsprechende Untersuchungsstrategie. Sie legten jeweils 100 Depressiven, Angstneurotikern, Zwangsneurotikern und jeweils 100 Patienten mit soziopathischen, hysterischen, paranoiden und alkoholbezogenen Persönlichkeitsstörungen während ihres Klinikaufenthaltes eine Liste von 11 irrationalen Ansichten zur Beurteilung vor. Etwa 200 klinische Psychologen sagten parallel dazu die Selbstbeurteilung der Klienten voraus. Nachstehende 11 irrationale Einstellungen wurden dabei berücksichtigt:

(1) Es ist notwenig, von jedem Menschen der eigenen Umwelt geliebt und anerkannt zu werden.
(2) Man muß im perfekten Sinne kompetent, situationsangemessen und leistungsfähig sein, um sich selbst wertschätzen zu können.
(3) Manche Leute sind schlecht, sündhaft oder schurkisch und müssen dafür getadelt und bestraft werden.

(4) Es ist eine schreckliche Katastrophe, wenn die Dinge nicht so sind, wie man sie gerne hätte.

(5) Kummer ist durch äußere Umstände bedingt, das Individuum hat keine Kontrolle darüber.

(6) Wegen gefährlicher und angsterregender Dinge muß man sich immer große Sorgen machen und häufig darüber nachgrübeln.

(7) Es ist leichter, Schwierigkeiten und Verantwortungen des Lebens auszuweichen als sich ihnen zu stellen.

(8) Man muß sich nach anderen orientieren und man muß auch jemanden haben, der stärker ist und auf den man sich verlassen kann.

(9) Vergangene Erfahrungen und Ereignisse bestimmen das gegenwärtige Verhalten; die Einflüsse der Vergangenheit können nicht ausgelöscht werden.

(10) Über die Schwierigkeiten und Sorgen anderer Leute soll man sich immer aufregen.

(11) Für jedes Problem gibt es stets eine perfekte Lösung und es ist schon eine Katastrophe, wenn sie nicht gefunden wird.

Die Ergebnisse sind in den Abb. 2 und 3 graphisch umgesetzt. Sie zeigen beispielsweise, daß die depressiven und angstneurotischen Klienten den Ansichten 2, 3, 4, 6, 7 und 9 zustimmten, die Ansichten 10 und 11 ablehnen und die Ansichten 1, 5 und 8 nicht übereinstimmend beurteilten.

	1	2	3	4	5	6	7	8	9	10	11
Depressive Angstneurotiker	±	+	+	+	±	+	+	±	+	−	−
Zwänge	±	+	+	+	±	±	±	−	+	−	±
Soziopath. P.	−	±	−	±	+	−	±	−	±	−	−
Hysterische P.	+	−	+	−	−	−	−	−	+	±	−
Paranoide P.	±	±	+	+	+	+	+	−	+	−	−
Alkoholabh. P.	±	±	±	+	±	±	+	±	+	−	−

+ = Übereinstimmende Zustimmung
− = Übereinstimmende Ablehnung
± = teilweise Zustimmung und Ablehnung

Abb. 2: Klientenbeurteilung irrationaler Kognitionen (nach den Daten von Newmark u. a., 1973).

Die Gesamtresultate von Newmark u.a. machen deutlich, betrachtet man zunächst die Selbstbeurteilung der Klienten, daß bei Depressiven, Angstneurotikern und Personen mit einer paranoiden Persönlichkeit am stärksten einzelne irrationale Gedanken vertreten sind. Dies gilt in gleicher Weise für die Beurteilung durch die Psychotherapeuten. Klienten mit soziopathischen und

	1	2	3	4	5	6	7	8	9	10	11
Depressive Angstneurotiker	±	+	+	+	±	+	+	±	+	−	−
Zwänge	±	+	+	+	±	±	±	−	+	−	+
Soziopath. P.	−	−	−	+	+	−	+	−	±	−	−
Hysterische P.	+	−	+	+	−	−	+	+	±	−	−
Paranoide P.	−	±	+	+	+	+	+	−	+	−	−
Alkoholabh. P.	±	−	−	+	±	−	+	+	+	−	−

Abb. 3: Psychotherapeutenbeurteilung irrationaler Kognitionen (nach den Daten von Newmark u. a., 1973, Zeichenerklärung siehe Abb. 2).

hysterischen Persönlichkeitsstörungen lehnen am stärksten eine Zuordnung irrationaler Ansichten zur eigenen Personen ab, was wiederum von den Therapeuten geteilt wird. Bei Hysterikern und Alkoholkranken besteht die geringste Übereinstimmung zwischen Klienten- und Therapeutenbeurteilung. Analysiert man die Daten weiter, wird offensichtlich, daß sich die irrationalen Ansichten am ehesten bei den neurotischen Kategorien Depression und Angst zeigen, was auch durch eine hohe Übereinstimmung zwischen manifesten Angstmessungen und den Beurteilungen auf Skalen zu irrationeln Gedanken bestätigt wird (MacDonald & Games, 1972). Die Angstkomponente fehlt weitgehend bei den übrigen Problemstellungen, von den paranoiden Patienten abgesehen. Der mangelnde Konsens der Kliniker bei den hysterischen bzw. alkoholabhängigen Klienten dürfte nicht zuletzt auch der Heterogenität dieser Gruppe zuzuschreiben sein.

Die Untersuchung kann sicherlich wenig über die Validität irrationaler Ansichten, also über die Frage, ob die Klienten wirklich das denken, was sie zu denken vorgeben, aussagen. In jedem Falle scheint aber eine stärkere symptomspezifische Analyse der irrationalen Kognitionen notwendig. Die von Ellis (1962a) sowie von anderen Autoren angeführten irrationalen Annahmen sind häufig so extrem formuliert, daß sie nicht selten auf Ablehnung durch die Klienten stoßen, obwohl sie ähnlichen Gedanken nachhängen mögen. Da die irrationalen Annahmen von Ellis (1962a) zudem sehr allgemein gehalten sind, besteht die Gefahr, daß sie sich vom Erfahrungshintergrund und Begriffssystem des Klienten abheben und für diesen nicht nachvollziehbar sind. Ein besserer Weg scheint der, den Klienten systematisch anzuleiten, seine irrationalen Überzeugungen im Zusammenhang mit seinen Problemen selbst herauszufinden. Dazu gehört auch, dem Klienten eine Begriffsbestimmung für die

Bezeichnung ‚irrational' zu geben. Es hat sich als günstig erwiesen, wenn man Formulierungen wie ‚unangemessen', ‚selbstschädigend', ‚negativ', ‚pessimistisch' oder ‚unvernünftig' wählt.

Einige Beispiele für die irrationalen Denkmuster von Klienten sind nachfolgend angeführt:

G. L., ein an sekundären Erektionsstörungen leidender Arbeiter, hatte regelmäßig folgende aktuellen Selbstverbalisationen in der für ihn kritischen Situation: „Ich hätte mal wieder Lust mit der Frau ins Bett zu gehen. Aber ich traue mich nicht etwas zu sagen. Denn ich habe Angst es würde wieder nicht klappen; dann bin ich der Blamierte und komme mir wieder so erbärmlich vor. Ich gehe lieber in den Garten." Darüber hinaus nahm er die nachstehende Bewertung seiner Schwierigkeiten vor: „Jetzt bin ich 40 Jahre alt und das klappt nicht mehr. Für was bin ich denn überhaupt noch da … Wenn ich das nicht mehr hab', wüßt ich nicht mehr für was ich mich noch müd' machen sollte. Wie geht das Sprichwort: Sex ist das Brot des kleinen Mannes. Eines Tages halt ich das nicht mehr aus, dann weiß ich nicht mehr weiter."

C. P., ein 16jähriges suizidgefährdetes Lehrmädchen, reagierte auf Kritik durch ihre Vorgesetzten und Mißerfolg beim anderen Geschlecht mit folgenden Gedanken: „Ich habe immer nur Pech. Alles geht mir daneben. Niemand will von mir etwas wissen. Was soll denn das ganze Leben noch? Es hat doch alles keinen Sinn. Es ist immer wieder dasselbe. Mein ganzes Leben hängt mir zum Hals heraus. Was soll das alles. Ich wäre froh es wäre alles vorbei "

G. T., eine 40jährige an schweren Depressionen leidende Hausfrau, betrachtete ihr weiteres Leben unter folgenden Aspekten: „Ich werde überhaupt nichts mehr fertig bringen, ich kann keine Entscheidungen mehr treffen, ich kann nichts planen, alles geht daneben. Ich glaube, daß ich nichts mehr zustande bringe. Ich bin keine gute Ehefrau und Mutter. Ich bin vollkommen wertlos und zu nichts mehr nütze."

K. K., ein 14jähriger hochintelligenter Junge, hatte einen wie er selbst es bezeichnete „Muß-Lernzwang" entwickelt. Vor und nach Klassenarbeiten gingen ihm folgende irrationalen Überzeugungen durch den Kopf: „Ich muß jetzt einfach jeden Tag mein volles Pensum lernen, denn sonst geht die Arbeit daneben. Man kann nicht ohne Fleiß einen Preis erzwingen. Ich muß einfach alles, was ich schon gelernt habe, immer wieder wiederholen, denn ich habe Angst, die Arbeit zu verbauen. Lege ich zwischen dem Lernen einmal eine Pause ein, so fürchte ich, alles wieder zu vergessen. Ich denke, daß ich nur dann eine gute Leistung erbringe, wenn ich ein bestimmtes Stundensoll an Üben und Lernen hinter mich gebracht habe. Ich darf nicht pausieren oder ausspannen, sondern nur durch ständiges Training kann man etwas erreichen. Wenn man nun mal ein Talent hat, so wäre es ein Frevel gegen sich selbst, dieses Talent nicht nach den extremsten Möglichkeiten zu fördern. Wie hieß der Satz, Formel, Ergebnis usw.? Was werde ich wohl für eine schlechte Note bekommen? Es wird bestimmt eine 5 oder 6! Ich habe dort bestimmt einen Fehler und dort und in diesem Satz und in jenem. Bestimmt habe ich immer die Satzzeichen vergessen! Was werde ich wohl nach einer schlechten Note tun? Ausflippen? Wie steh ich bloß vor den Kameraden da? Dann bin ich deklassiert. Es ist dann da ein Fleck in meiner sonst so weißen Weste. Im schulischen Bereich muß ich einfach perfekt sein. Nach einer schlechten Note bin ich wie ein unmotorisierter

Frachter, keinen Lebenszweck. Dann wird mich niemand mehr bewundern, alle werden mich verhöhnen. Ich werde nur noch mittelmäßig. Wenn das eintritt, weiß ich keinen Ausweg mehr."

D.K., eine 43jährige Hausfrau, geriet in einen inneren Konflikt mit schweren Versagens- und Schuldgefühlen nachdem sie die bereits ausgesprochene Scheidung von ihrem offensichtlich schizophrenen Ehemann widerrufen hatte. Ihre Überlegungen dabei waren: „Als praktizierender Christ würde ich einen kranken und notleidenden Menschen auch nicht alleine lassen, ihm vielmehr helfen, ihn versorgen und pflegen. Wenn ich nun meinen Mann allein lasse, erfülle ich nicht meine Pflicht als Christ, so wie es mein Gewissen verlangt. Deshalb würde ich mich als Versager begreifen, wenn ich nun doch gehen würde, da ich meiner Pflicht als Ehefrau und Mutter nicht genüge getan habe. Im Innersten würde ich mich immer unwohl fühlen und mit mir ins Gericht gehen, nicht alles getan zu haben. Wenn mein Mann kriminell geworden wäre, hätte ich auch zu ihm gehalten. Auch meine Kinder würde ich nie verlassen."

Y.P., ein 14jähriges Mädchen, hat einige Gründe für einen Selbstmordversuch, nachdem eine Freundschaft zu einem Jungen in die Brüche ging, in einem Brief an eine Freundin folgendermaßen dargelegt: „Außerdem, ich habe von den Jungen genug. Du hast's gut, Du hast den Richtigen schon gefunden, doch ich dagegen muß weiter suchen. Aber dieses Wechseln von Junge zu Junge hat mich in letzter Zeit kaputt gemacht (seelisch). Du kannst jetzt ruhig lachen, aber ich meine es furchtbar ernst. Und außerdem, wie Du mir erzähltest, daß M. an Dir Spaß hatte, war es ganz aus, denn das kann ich nicht ertragen. Wie machst Du das, daß sich andere in Dich so unheimlich verknallen. In dieser Beziehung bin ich furchtbar neidisch auf Dich. Aber es ist, glaub ich, nicht Neid sondern Wut, daß ihnen an mir nichts liegt. Was soll ich noch in dieser Welt …"

B.K., ein 40 Jahre alter Angestellter, erlebte die innere Abkehr von seiner Ehefrau folgendermaßen: „Es ist das Schlimmste, was ich ihr antun konnte. Ich fühle mich schuldig an diesem Zustand. Ich habe Angst es ihr zu sagen, weil ich weiß, daß sie mich noch liebt. Ich habe mein Gefühl verloren und würde ihr weiterhin nur etwas vorspielen. Ich weiß, daß wir ein Zusammenleben auf die Dauer nicht ertragen können. Es ist für mich schrecklich zu wissen, von einem Menschen geliebt zu werden, für den ich nichts empfinde. Ich kann ihr unmöglich sagen, was ich empfinde. Ich kann diese Situation nicht ertragen, von Mal zu Mal wird es schlimmer. Wenn ich weggehe, mache ich für sie alles noch schlimmer, dann würde sie ganz zusammenklappen und gesundheitlich vollkommen abbauen."

Das tiefgehende Aufdecken der irrationalen Überzeugungen des Klienten scheint deshalb notwendig, weil sich die nachfolgende Therapie ansonsten lediglich mit oberflächlichen Konzepten beschäftigt und die den Problemen zugrundeliegenden Einstellungen nicht antastet. In Anlehnung an Überlegungen des sowjetischen Psychologen Wygotski, der wesentliche – genetische, strukturelle und funktionelle – Unterschiede zwischen der sog. äußeren (mündlichen oder schriftlichen) Sprache als dem Mittel der Kommunikation mit anderen und der inneren Sprache (‚Kommunikation mit sich selbst') annahm, unterscheidet Bernard (1980) zwischen den relativ leicht zugänglichen verdeckten

Verbalisierungen (covert verbalizations) und der subjektiven, idiosynkratischen Welt der privaten Gedanken (private thoughts): Um in diese innere private Welt vordringen zu können, empfiehlt er eine Technik, welche er ,peeling the onion' genannt hat. In Analogie zu dem Entblättern der Schalen einer Zwiebel soll sich der Therapeut nicht nur mit den nächstliegenden Aspekten und Kognitionen in einer Situation (die vordergründig betrachtet häufig rationalen Charakter hätten) beschäftigen, sondern immer wieder nach den zugrundeliegenden Gedanken forschen.

Falls es Klienten trotzdem schwerfallen sollte, über ihre Kognitionen zu berichten, kann der Therapeut unter Berücksichtigung der Gesamtaspekte des Problems bestimmte Vorschläge formulieren:

,,Nun, ich weiß natürlich nicht genau, was in Ihnen vorgeht, aber wenn Menschen Angst empfinden, geht ihnen häufig folgendes durch den Kopf ...", oder ,,Nach meinen Erfahrungen sagen sich diejenigen, die sehr leicht in Wut oder Zorn geraten, häufig folgendes ...". Natürlich ist es notwendig, diese Vorschläge gemeinsam mit dem Klienten auf ihre Stimmigkeit zu überprüfen, unter anderem durch Fragen wie: ,,Klingt das vertraut für sie?" ,,Könnte es sein, daß sie ähnliche Überlegungen anstellen?"

Zu beachten ist auch, daß Verhalten gewöhnlich durch eine Vielzahl von Aspekten determiniert ist. Der Therapeut sollte sich davor hüten, seine Aufgabe als erledigt anzusehen, wenn er ,C' erfaßt hat und diesem ,C' dann eine irrationale Idee zuordnen konnte. Die emotionale Reaktion kann durchaus das Ergebnis mehrerer irrationaler Überzeugungshaltungen sein, die miteinander interagieren oder eine hierarchische Struktur aufweisen.

Neben der geschickt dirigierenden Gesprächsführung bleiben dem Therapeuten noch andere Möglichkeiten, die Einstellungen des Klienten aufzudecken. So erhält der Therapeut wesentliche Informationen über die Bewertungen von Klienten, wenn er die bisherige Lebensplanung erfaßt und nach der Zukunftsperspektive fragt (vgl. Hoffmann, 1980). Auch können dem Klienten schon auf dieser Stufe der Zusammenarbeit Registrierungs- und Analysebogen in die Hand gegeben werden, die ein einfaches Aufschreiben aber auch die Selbstanalyse der Einstellungen, Empfindungen und Verhaltensweisen verlangen können. Es scheint anfänglich sinnvoll zu sein, relativ einfache, überschaubare Bogen zu geben und die Anforderungen nach und nach zu erhöhen. Viele Klienten kommen nach einiger Zeit von sich aus und fragen nach mehr Material. Eine Gefahr bei manchen dieser Hausaufgaben-Bogen liegt darin, daß die Klienten aufgefordert werden, neben der Protokollierung der irrationalen Gedanken auch schon eine Reanalyse vorzunehmen, noch ehe der Klient hierzu ausführlicher angeleitet wurde. Auf der anderen Seite könnte sich sehr schnell Pessimismus beim Klienten breit machen, wenn er lediglich erfährt, daß und wie er irrational denkt und sich selber hemmt, was häufig zu zusätzlichen Selbstabwertungen beiträgt. Es könnte deshalb wichtig sein, ihn schon auf einer ersten Stufe des Therapieprozesses erfahren zu lassen, daß er etwas gegen sein Problem tun kann, daß er nicht bloß wehrloses Opfer seiner Gedanken ist.

Allerdings ist auch hier Vorsicht geboten. Denn die zugrundeliegenden „mußturbatorischen Forderungen" werden auf dieser Ebene kaum selbständig bearbeitet werden können. Viel eher wird es noch bei einer „Saure-Trauben-Mentalität" bleiben mit vordergründigen Problemlösungsversuchen wie: „Ich weiß, daß auch einmal bessere Zeiten kommen, irgendwie werde ich das Ganze schon verkraften können; so schlimm wird es schon nicht werden; ein Gutes hat die Angelegenheit, denn ich habe daraus gelernt; man muß die Dinge nehmen, wie sie kommen; man kann nicht alles haben; so ist das Leben." Diese rationalisierenden Aussagen haben, ähnlich wie zahllose Sprichwörter, zumeist allenfalls temporäre Wirkung, da es zu keiner grundsätzlichen Auseinandersetzung mit dem irrationalen Denksystem kommt. Dennoch sollte der Wert solcher Selbstverbalisationen nicht unterschätzt werden, da sie den Klienten zum ersten Mal zu Handlungen motivieren können, die er bislang tunlichst vermieden hat.

7.1. Psychometrische Methoden zur Erfassung irrationaler Überzeugungen

Für die Diagnose von irrationalen Einstellungen sind einige Versuche unternommen worden, Fragebogen zu entwickeln, mit denen das Ausmaß solcher Konzepte erfaßt werden soll. Mittlerweile existieren in den USA etwa 15 solcher Studien. Die meisten Items sind entweder unmittelbar von Ellis übernommen worden oder sind mehr oder weniger enge Umschreibungen seiner Formulierungen. Eine ausführliche Darstellung dieser Fragebogen findet sich bei Rausch (1979). Die Anwendung der Verfahren wirft allerdings noch viele Probleme auf. So stellt sich die Frage, ob das Ergebnis, der ‚Rationalitäts-Score' ein homogenes psychologisches Konstrukt darstellt. Wäre es so, könnte erwartet werden, daß eine Person, die an einer bestimmten irrationalen Idee festhält, auch an alle anderen unvernünftigen Überzeugungen glaubt. Da jedoch unterschiedliche Aspekte des belief-Systems unabhängig voneinander oder sogar gegeneinander vorhanden sein können, kann mit Wessler (1976) angenommen werden, daß Rationalität – wie auch das Konstrukt Intelligenz - aus vielen Faktoren besteht, aber nur durch einen Wert ausgedrückt wird. Als „Faktoren" könnten dann die 11 irrationalen Ansichten von Ellis betrachtet werden. Bislang scheint auch noch unklar, was die Fragebogen eigentlich messen. So werden neben allgemeinen Einstellungen hauptsächlich Aspekte des Selbst-Konzepts zu erfassen versucht. Nach Keßler (1978) werden die bisherigen Versuche der Fragebogendiagnostik von irrationalen Gedanken der Problematik nicht gerecht, daß die Probanden sich in vielen Fällen ihrer irrationalen Überzeugungen nicht auf dem Niveau bewußt sind, wie sie in den

Bogen erfaßt werden (vgl. auch Kendall & Korgeski, 1979). In Anbetracht der großen Schwierigkeiten, welche die Bestimmung irrationaler Konzepte mit sich bringen, ziehen DiGiuseppe u. a. (1977) den Schluß, daß die existierenden Skalen psychometrischen Anforderungen kaum genügen. Es wird ein Ziel zukünftiger Forschung bleiben, psychometrisch validere Instrumente zu erarbeiten (vgl. Sutton-Simon, 1981).

7.2. Das Erfassen von sekundären ABC's

In sehr vielen Fällen leiden Klienten nicht nur an einem primären emotionalen Problem (z. B. soziale Ängste), sondern zusätzlich unter sekundären Problemen (z. B. Angst und Beunruhigung vor den sozialen Ängsten). Es ist dann nicht unüblich, von ihnen zu hören, sie seien depressiv, *weil* sie depressiv sind, oder sie fühlten sich ängstlich und beunruhigt, *weil* sie Angst erleben. In der Sprache der RET bedeutet dies: Klienten sehen ihr primäres Problem als ein zweites A, als neues aktivierendes Ereignis und äußern erneut irrationale Gedanken: „Wie schrecklich und furchtbar ist es, eine solche Angst zu haben, das bedeutet, daß ich niemals Freundschaften schließen werde und das könnte ich nicht ertragen" oder „Ich kann nicht einschlafen, weil ich eine solche Angst vor dem Nichteinschlafen habe." Die Beunruhigung durch die Angst vor der Angst oder die Depression über die Depression können vielfach schwerwiegender sein als das primäre Problem, ja dieses ganz überlagern. Walen u. a. (1980) sprechen in diesem Zusammenhang von Symptomstreß. Nach Ellis (1979b) ist es deshalb angezeigt, den Klienten zu helfen, zunächst ihren auf sekundäre Probleme bezogenen Kognitionen auf die Spur zu kommen und sich danach erst den ursprünglichen Ausgangsproblemen zuzuwenden. Dies kann der Therapeut dadurch tun, daß er nach den antizipierten Konsequenzen fragt: „Die Tatsache, daß Sie Angst haben, bedeutet für sie ... ?" „Das Empfinden von Niedergeschlagenheit und Depression erleben Sie als ...?" „Und wenn Sie sich minderwertig und wertlos vorkommen, dann ...?" Insgesamt lassen sich die sekundären ABC's ähnlich wie die der Ausgangsproblematik eruieren. Als eine recht gute Methode hat sich die Frage nach dem zweiten Gewissen herausgestellt: „Sie kennen wahrscheinlich die Waschmittelwerbung, bei der sich das Gewissen einer Frau in Form einer zweiten Person zu Wort meldet. In einem inneren Gespräch wird die Person zu dem Gebrauch eines bestimmten Waschzusatzes ermahnt. Schauen Sie auch manchmal, wenn Sie sich mit ihrem Problem erleben, auf sich und Ihre Schwierigkeiten? Was geht dann in Ihnen vor?"

W.T., eine 27jährige Frau hatte sehr aufgelöst um einen sofortigen Gesprächstermin gebeten. Sie schilderte dann folgende Ausgangsproblematik: Seitdem die Ehe ihrer Eltern vor 9 Jahren geschieden worden war, habe ihr Vater sie ständig bedrängt und von ihr verlangt, daß sie ihm seine offensichtlich wahnhaft beeinträchtigte Sicht für das Auseinanderbrechen der Ehe bestätige. Da sie es schließlich abgelehnt habe, weiter auf ihn einzugehen, habe er sie immer häufiger am Arbeitsplatz aufgesucht, bis zu zehnmal am Tag dort angerufen und in der Öffentlichlichkeit haltlose Beschuldigungen über sie verbreitet. Um diesen Auseinandersetzungen aus dem Wege zu gehen, habe sie mehrfach Arbeitsplatz und Wohnort gewechselt. Der Vater habe sie früher oder später immer wieder ausfindig machen können und ihr bedeutet, daß sie, solange er lebe, keine Ruhe mehr vor ihr bekomme. Schließlich habe sie im Saarland eine neue Heimat gefunden und hier auch geheiratet. Nach zwei Jahren sei ihr Vater ganz plötzlich wieder an ihrem Arbeitsplatz aufgetaucht. Dabei habe er lautstark verkündet, er würde der Geschäftsleitung von ihrem angeblich unsoliden und unmoralischen Lebenswandel berichten und auf diese Weise dafür sorgen, daß sie ihre Stellung verliere. Da dies durch das Gerede ihres Vaters bereits mehrfach der Fall gewesen war, war ihre Sorge nicht unberechtigt, er könne durch seine haltlosen Beschuldigungen auch diesmal Unheil schaffen. W. T. erwartete nun Hilfestellung bei dem Versuch, ihren Vater zwangsweise in eine psychiatrische Klinik einweisen zu lassen. Wir erörterten verschiedene Möglichkeiten, die alle darauf abzielten, die verschiedenen Störversuche des Vaters zunächst zu unterlaufen. Während des Gesprächs gingen wir auch ausführlich auf die Empfindungen W. T.'s ihrem Vater gegenüber und auf die sie begleitenden Selbstverbalisationen ein. W. T. gab an, für ihren Vater nur noch Ablehnung und Haß zu empfinden. Diese starken Gefühlsreaktionen wurden u. a. durch folgende Selbstaussagen hervorgerufen: „Wie kann sich mein Vater nur so mir gegenüber verhalten. Einen Menschen, der es nur darauf abgesehen hat, mich zu ruinieren, kann ich nicht mehr als meinen Vater betrachten; oder er ist krank und dann müßte mich die Gesellschaft vor ihm schützen. Aber das Gegenteil passiert, vielfach glauben ihm andere noch sein Geschwätz. Das macht das Ganze noch viel schlimmer. Ich habe den Glauben an das Gute im Menschen deshalb längst verloren. Ein gestörter Mensch gehört ins Irrenhaus. Ein Vater würde sich seinem Kind gegenüber niemals so verhalten. Ich kann es nicht verstehen und werde es nie begreifen." In diesem Zusammenhang fiel dann die Formulierung: „Ich sehe meinen Vater nicht mehr als normalen Menschen an, vielleicht macht das die Sache noch schlimmer." Diese Auffassung würde sie mit Angst und Unruhe erfüllen. In diesen Momenten ginge ihr dann folgendes durch den Kopf: „Wie kann ich nur meinen leiblichen Vater so ablehnen. Ich erschrecke vor mir selber und empfinde mich als gefühlskalt, da ich doch meinen Vater lieben und respektieren müßte. Gerade ich, zu der er immer am meisten Vertrauen hatte, müßte doch versuchen, ihn zu verstehen anstatt ihn fallen zu lassen. Nach allem was passiert ist, kann ich nicht anders, und das macht mir Angst."

Eine andere, depressive Klientin formulierte folgendes: „Die Tatsache, daß ich hier sitze, Ihre Hilfe brauche und nicht selber fertig werde, bedrückt mich sehr. Damit müßte ich doch fertig werden. Wie kommt es, daß ich wegen solcher Sachen am Boden liege. Andere haben noch viel größere Sorgen und kommen damit zurecht." In Fällen, in denen der Klient sein Problem noch wesentlich unerfreulicher macht als es ohnehin schon sein mag, kann das zweite selbstgeschaffene Problem (Ärger, Wut, Angst, Depression) unter Umständen noch beeinträchtigender sein als das erste.

Die Auseinandersetzung mit der sekundären Problematik ist deshalb wichtig, weil implizit die Frage aufgeworfen wird, ob der Klient sein Problem zunächst einmal als gegeben akzeptieren kann oder nicht. Hier ist für den Therapeuten besondere Vorsicht geboten, da solche Hinweise vom Klienten sehr schnell als Kapitulation oder ungerechtfertigtes Nachgeben begriffen werden könnten. Vielfach setzen Klienten zu Beginn einer Therapie ‚rational' auch mit ‚gefühllos' gleich. Es bleibt ferner zu bezweifeln, ob die Akzeptierung der Symptomatik durch den Klienten so einfach abläuft, wie dies häufig in der Literatur dargestellt wird. Auch die in diesem Zusammenhang vorgenommene Einteilung von Ellis (1980b) in angemessene Emotionen, die von 0–100 reichen, und solchen mit selbstschädigendem Charakter, welche darüber liegen, löst das Problem nur scheinbar. Kriterien für eine solche Unterteilung existieren bislang nicht; was für den einen belastend wirkt, kann für einen anderen wiederum ohne Probleme sein. Für den Klienten bedeutet das Sichabfinden, daß er seine Eigenverantwortlichkeit hinsichtlich seiner Probleme erkennt. Man wird sich diesen ganzen Vorgang als einen Entwicklungsprozeß vorstellen können, der zu Beginn einer Therapie allenfalls eingeleitet werden kann.

In dieser Phase der Zusammenarbeit wird sich der Therapeut bemühen, den Klienten hinsichtlich seiner Problemüberwindung auf größeren Optimismus einzustimmen. Dies gilt besonders für Klienten, die sich, aus welchen Gründen auch immer, sehr pessimistisch geben, was die Möglichkeiten einer Problembewältigung anbelangt. Hier helfen oft Beispiele von früheren Gelegenheiten, bei denen der Klient nicht an eine Änderung glaubte und sich doch verändern konnte. Eine Klientin berichtete in diesem Zusammenhang, daß ihr das Erlernen des Autofahrens am Anfang größte Schwierigkeiten bereitet hätte, so daß sie nahe daran gewesen wäre, bereits nach der 7. Fahrstunde aufzugeben. Die Tatsache, daß sie trotzdem nach 11 Fahrstunden die Fahrprüfung erfolgreich bestanden hatte, ja heute als Taxifahrerin tätig ist, gab ihr Hoffnung, daß sie auch in anderen Situationen ähnlich handeln könne. Auch kann man den Klienten auffordern, über Einstellungen und Sichtweisen zu berichten, die er im Verlaufe seines Lebens geändert oder ganz aufgegeben hat.

7.3. Die Rolle von Gruppen und Partnern bei der Erfassung kognitiver Prozesse

Man kann die kognitiv-funktionale Diagnose auch im Rahmen von Gruppen durchführen. In Gruppen, denen eine ähnliche Problemlage gemeinsam ist, dürfte eine Modellwirkung zu erwarten sein, wenn man die Klienten dazu führt, die Rolle von gedanklichen Vorgängen für das Problemverhalten zu erkennen. Die Erfahrung, daß andere Gruppenmitglieder von gleichen Gedanken und Empfindungen gequält werden und ähnliche innere Dialoge führen, kann ein zusätzlicher Anreiz für die Selbsterforschung und Selbstoffenbarung sein (vgl. auch Ellis, 1969, 1974a, 1979g; Goldfried & Davison, 1979; Meichenbaum, 1979; Keßler & Roth, 1980).

Tab. 2: Beispiele für Interaktionsmuster in einer Partnerschaft (nach Rush u. a., 1980).

Reaktion der Frau			Reaktion des Mannes	
Situation	Emotion	Kognition	Emotion	Kognition
Sie möchte einkaufen. Er willigt ein, beginnt aber mit einer anderen Arbeit	Angst	„Zuerst verspricht er mir mitzugehen, dann läßt er mich links liegen. Er kümmert sich nicht um mich."	Freude	„Ich bin froh, daß sie sich heute gut fühlt. Ich werde diese Arbeit beenden, dann können wir einkaufen gehen."
Sie zieht sich ins Schlafzimmer zurück. Er fährt mit seiner Arbeit fort.	Traurigkeit	„Niemanden interessiert was ich möchte. Ich verdiene es einfach nicht, daß er sich mit mir beschäftigt, da er soviel wichtige Dinge zu tun hat. Ich sollte nicht soviel von ihm verlangen. Ich bin zu selbstsüchtig."	Angst	„Sie bekommt wieder eine ihrer Launen. Was mag sie nur wieder aufgeregt haben! Ich lasse sie besser allein, sonst wird es noch schlimmer."
Er bereitet das Essen vor	Niedergeschlagenheit	„Noch nicht einmal zum Essenkochen braucht er mich. Selbst die Kinder haben meine Anwesenheit nicht bemerkt. Ich bin vollkommen nutzlos für meine Familie."	Ärger	„Wenn sie wieder den ganzen Abend mit einem solchen Gesicht herumläuft, verziehe ich mich."

Rush u. a. (1980) haben darauf hingewiesen, daß vor allem in der Depressionsbehandlung der jeweilige Partner eine wichtige Rolle beim Aufdecken innerer Prozesse spielen kann. Sie plädieren aus diesem Grunde dafür, den Partner von Beginn an einzubeziehen. Häufig könne der Partner dazu beitragen, unangemessene Interaktionen und die damit verbundenen kognitiven Verzerrungen zu identifizieren oder sogar die irrationalen Ansichten zu benennen, auf denen das Klientenverhalten basiert. In der Diagnostikphase sind das Interaktionsmuster und die Wahrnehmungsverzerrungen Hauptgegenstand der Analyse. Zur besseren Verdeutlichung sei ein Beispiel für ein solches Interaktionssystem angemerkt (vgl. Tab. 2).

8. Zielsetzung

Nachdem die Problematik herausgearbeitet wurde, ist es Aufgabe des Therapeuten, dem Klienten bei dessen Entscheidung zu helfen, sich in eine therapeutische Behandlung, und speziell in die vorgeschlagene, zu begeben. Wenn der Klient Interesse an einer derartigen Behandlung zeigt, wird er über die therapeutischen Möglichkeiten und weitere spezifischen Vorgehensweisen des Therapeuten unterrichtet. Auch wird der technische Ablauf verdeutlicht. Dabei sollte der Therapeut im Auge behalten, daß er nicht unbedingt die Person ist, welche dem Klienten am besten helfen kann.

Spätestens zu diesem Zeitpunkt wird der Klient bestimmte Erwartungshaltungen hinsichtlich der RET äußern. Solche Klientenerwartungen werden häufig in Frageform an den Therapeuten gerichtet und drücken das Ausmaß seiner Hoffnung aus: „Glauben Sie, daß das Ganze noch mal etwas wird?" „Wie lange schätzen Sie, wird die ganze Behandlung dauern?" „Mal ehrlich, was halten Sie von der Problematik?" „Ich selbst habe nicht mehr viel Hoffnung, aber wir wollen es noch einmal probieren." Abgesehen von möglichen Reflektionen der in diesen Fragen enthaltenen Kompetenzüberlegungen kann die Antwort enthalten, daß Menschen mit ähnlichen Problemen, wie sie der Klient vorbringt, geholfen werden konnte und daß für bestimmte Schwierigkeiten durchaus berechtigte Hoffnung auf Besserung und Überwindung besteht. Im wesentlichen komme es auf die eigenständige Arbeit des Klienten an dem Problem an, ob Fortschritte erzielt werden oder nicht.

Man könnte geneigt sein zu glauben, die Formulierung konkreter Ziele sei ein natürlicher Prozeß, der sich aus der Problembestimmung und Diagnose zwangsläufig entwickelte. Dem ist häufig nicht so, und gerade hier ist die Gefahr groß, daß der Therapeut an den Interessen des Klienten vorbei handelt. Hinzu kommen die Schwierigkeiten, die der Klient hat, konkrete Ziele für sich selbst zu definieren. Vielfach sind es gerade diese inneren Konflikte und Widersprüche, die einen Menschen veranlaßt haben, sich in Therapie zu begeben. So wird z. B. sehr häufig in Ehetherapien beobachtet, daß die Entscheidung, zusammenzubleiben oder sich zu trennen, für die Partner ein höchst komplexes Problemfeld darstellt, welches sich nicht einfach durch das Festlegen auf eine dieser Alternativen lösen läßt. Hier scheint es angebracht, gemeinsam mit dem Klienten erste, konkrete Ziele anzustreben und die Bestimmung der langfristigen Ziele offenzuhalten.

G. Sch., eine 38jährige Hausfrau kam wegen akuter depressiver Verstimmungen in die Therapie; nachdem ihre beiden minderjährigen Söhne im gleichen Zeitraum durch eigenes Verschulden ihre Arbeitsstelle verloren hatten und vorgaben, von nun an nur noch in den Tag leben zu wollen. Schwierigkeiten zwischen den Eltern und ihren Söhnen bestanden schon lange und es kam immer wieder zu Auseinandersetzungen. Ein erstes Ziel war, die Frau zu einer rationaleren Sicht der aktuellen Ereignisse anzuleiten. Nachdem dies bewirkt werden konnte, war es möglich, sich der allgemeinen Beziehungsproblematik zuzuwenden. Auch in anderen Fällen kann es nützlich sein, konkrete Nahziele anzuvisieren und die langfristigen Ziele offenzulassen (Frank, 1979), denn auch für den Therapeuten wird das Ergebnis der Behandlung eine rationale Alternative zum gegebenen Problem sein, welche er nicht schon im voraus bestimmen kann (vgl. Ellis, 1979b).

Um realistische Ziele zu bestimmen, ist es förderlich, wenn Klient und Therapeut gemeinsam festhalten, was der Klient hinsichtlich seines Problems zu tun gedenkt. Der Therapeut kann Fragen stellen wie: ,,Welches von all den Problemen, die wir aufgedeckt haben, brennt Ihnen am meisten unter den Nägeln?" ,,Sind dies die Probleme, die Sie zuallererst angehen möchten?" Dabei kann der Therapeut auf die Möglichkeiten hinweisen, eine neue Zielbestimmung vorzunehmen, entweder weil der Klient neue Probleme aufwirft oder weil sich die Schwierigkeiten in einem anderen Licht darstellen. Dies alles bedeutet nicht, daß der Therapeut bei der Zielfestsetzung ohne Verantwortung bleibt. Seine Aufgabe ist es, dem Klienten mögliche Positionen und Ziele aufzuzeigen, die Konsequenzen für jede dieser Möglichkeiten abzuschätzen und echte Alternativen und Entscheidungshilfen anzubieten. Wünschenswerte aber abstrakte Ziele, wie Selbstakzeptierung und Selbstverständnis, werden so in konkrete, beobachtbare und registrierbare Ziele umgesetzt. Auch wird deutlich, daß eine gründliche Problembewältigung Änderungen auf zwei Ebenen bedingt, nämlich Denken *und* Verhalten zu beeinflussen.

9. Einige Aspekte des Widerstands im diagnostischen Prozeß

Der Therapeut kann es versäumen, mit dem Widerstand des Klienten zu rechnen und adäquat umzugehen. Da die Frage des Widerstandes in der RET bislang weitgehend unbeachtet geblieben ist, ihr aber vor allem zu Beginn einer therapeutischen Beziehung große Bedeutung zukommt, sei hier auf einige besondere Aspekte hingewiesen. Nicht selten lehnt der Klient die Interpretationen des Therapeuten hinsichtlich seines Problems ab, er widersetzt sich den Versuchen des Therapeuten, Gedanken als irrational anzusehen oder führt diagnostische Hausaufgaben nicht durch, die zu ihrer Offenlegung beitragen könnten. Widerstand kann sich auf vielfältige Weise zeigen. Eine häufig beobachtete Form stellt sicherlich das vorzeitige Beenden eines therapeutischen Kontaktes dar, nicht selten schon nach der ersten Sitzung. Aus diesem Grund kann es für die gemeinsame Arbeit sinnvoll sein, vor allem in den ersten Sitzungen offen darüber zu reden, ob und wie ein Klient sich selbst „aus der Therapie redet" (Kempel, 1973, S. 7). Der Therapeut könnte eine solche Diskussion folgendermaßen einleiten: „Die Entscheidung mich aufzusuchen und Ihre Probleme und Schwierigkeiten darzustellen war sicherlich auch mit Zweifel und Bedenken begleitet, ob Ihnen dadurch wirklich geholfen werden könnte. Sie haben innerlich das Für und Wider abgewogen und sich letztlich dafür entschieden, hierher zu kommen. Sie haben also eine Art innere Diskussion mit sich selbst geführt. Ich nehme an, daß Sie dies immer wieder tun werden, solange wir gemeinsam arbeiten, vor allem aber jetzt zu Beginn unserer Arbeit. Ich möchte Sie ermuntern, mir mitzuteilen, wenn sich bestimmte Änderungen in Ihrer Einstellung zu den Möglichkeiten einer Therapie ergeben, so daß wir offen darüber reden können."

In Fällen, in denen der Klient am Ende der Sitzung ankündigt, die Therapie beenden zu wollen, kann der Therapeut auf die Möglichkeit einer weiteren Stunde hinweisen, bei der die Gründe des Klienten ohne Druck und Überredungsversuche besprochen würden. Wenn der Klient sich dennoch zur Beendigung entschließt, bleibt nur zu sagen, daß es das absolute Recht des Klienten ist, sich in dieser Frage frei zu entscheiden. Es sollte vermieden werden, den Schluß zu ziehen, der Klient sei „noch nicht reif für die Therapie", vielmehr sollte der Therapeut auch die Rolle seiner eigenen Person kritisch überprüfen. Einige Therapeuten sind allzuschnell bereit, dem Klienten, häufig mit dem Hinweis auf die genetische Bedingtheit seiner Schwierigkeiten, die ‚Schuld' an dem langsamen Vorwärtsschreiten in der Therapie oder am Widerstand zuzusprechen (vgl. Protinsky & Maxwell, 1977; Ellis, 1979b).

Allerdings ist auch zu sehen, daß es irrationale Ansichten hinsichtlich des frühzeitigen Abbruchs der Therapie gibt. Nach Kempel (1973) gehören hierzu: (a) „Ich vergeude Ihre Zeit. Andere bedürfen Ihrer Hilfe dringender"; (b) „Die

Umstände sind an meinen Problemen Schuld. Daran kann man nichts ändern, warum soll ich also weitermachen"; (c) „Was ist wenn jemand merkt, daß ich in Behandlung bin"; (d) „Mir kann niemand wirklich helfen." Der Vorschlag, offen und direkt die irrationale Basis des frühzeitigen Beendens einer Therapie aufzudecken, birgt eine Gefahr in sich. Der Therapeut selbst könnte dem irrationalen Glauben nachhängen, daß er von jedem Klienten akzeptiert werden müsse, und daß deren regelmäßige und eifrige Besuche ein klarer Beweis seiner therapeutischen Fähigkeiten sind. Es kann durchaus eine angemessene Reaktion sein, wenn ein Klient die Therapie frühzeitig beendet, nämlich dann, wenn er erkannt hat, daß er auf einen neurotischen Therapeuten getroffen ist.

III. Therapeutische Beeinflussung

Die Veränderung von Kognitionen, Emotionen und Verhaltensweisen ist das Ziel einer jeden therapeutischen Vorgehensweise. Jede Psychotherapie setzt dabei eigene Schwerpunkte, indem sie auf einen Teil des Systems Kognitionen-Emotionen-Verhalten einwirkt, sich aber generalisierende Effekte auf die beiden anderen Teile des Systems verspricht. Es läßt sich die These aufstellen, daß das System zur Synchronizität neigt: Kognitionen, Emotionen und Verhaltensweisen passen zueinander, entweder in einer erwünschten oder unerwünschten Weise. Eine Person mit selbstabwertenden Kognitionen wird entsprechende Verhaltensweisen oder Gefühle zeigen, ein Phobiker der große Menschenansammlungen meidet, wird Ängste erleben und sich etwa sagen, sein Leben sei eine einzige Katastrophe. Gelingt es, das unerwünschte System zu desynchronisieren, wäre ein erster Schritt der Therapie getan. Unter der Desynchronisation könnte das Schaffen von Diskrepanzen verstanden werden, z.B. dadurch, daß Verhaltensweisen aufgebaut werden, die nicht zu den Kognitionen oder Emotionen passen, oder daß dem Klienten Selbstverbalisatio-

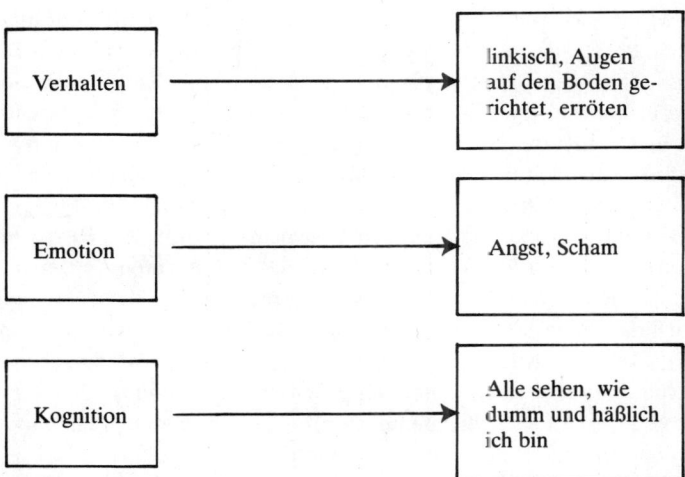

Abb. 4: Synchrones System von Kognitionen, Emotionen und Verhaltensweisen.

nen nahegebracht werden, die den übrigen Teilen seines Systems zunächst entgegenlaufen. Ein System, das auf diese Weise desynchronisiert wurde, dürfte wiederum zur Synchronizität zurückstreben. Die Chance der Therapie liegt darin, diese Resynchronisierung auf eine andere, angepaßtere und für das Individuum günstigere Weise als auf dem Wege einer Wiederkehr zu dem alten Symptom zu erreichen.

Eine Person mit sozialen Hemmungen, die beispielsweise beim Eintreten in ein Lokal errötet, könnte ein festes synchrones System entwickelt haben (vgl. Abb. 4).

Eine Therapie kann eine solche festgefügte Einheit auf unterschiedliche Weise angehen.

Zunächst wäre denkbar, den Verhaltensanteil des Systems zu verändern. Der Klient könnte in einem Verhaltenstraining lernen, mit festem Schritt, geradeausschauend, freundlich lächelnd in ein Lokal einzutreten, wobei er vernehmlich „Guten Abend" sagt und gezielt den Oberkellner nach einem Tisch fragt. Durch das Training wird eine Diskrepanz zwischen dem Verhalten und den begleitenden Ängsten und Selbstabwertungen geschaffen. Diese Diskrepanz regt eine Resynchronisierung an, die entweder auf die Weise geschehen kann, daß der Klient nach einiger Zeit wiederum der „Alte" ist, oder aber seine Emotionen und Kognitionen dem neugelernten Verhalten angleicht. Eine Beeinflussung der emotionalen Zustände, etwa durch eine Entspannungsinstruktion oder durch ein Psychodrama, ist gleichfalls ein Schritt, über eine Desynchronisierung des Systems eine neue und günstigere Synchronisierung einzuleiten. Der Klient kann, etwa dadurch, daß er sich körperlich entspannt, Kontraste zwischen seinem emotionalen Befinden und seinen Kognitionen erfahren. Je häufiger er erlebt, daß er sich ruhig und gelassen fühlt, wenn er einen Raum mit vielen Menschen betritt, desto eher wird er zu einer Anpassung der übrigen Teile des Systems neigen. Ein Klient, der seine Kognitionen beim Eintreten in ein Lokal verändert („die meisten Gäste sind mit sich selbst beschäftigt, selbst wenn einige an mir etwas auszusetzen haben, brauch mich das nicht zu berühren, da es konkret nichts bedeutet") desynchronisiert gleichfalls das alte System. Verhaltensweisen und Gefühle dürften sich anpassen.

Die vorangegangene Annahme zur Desynchronisation und Resynchronisation bleibt natürlich oft nur eine Hoffnung des Therapeuten. In weiten Teilen therapeutischen Handelns ist mehr oder weniger unbekannt, welche Bedingungen den Transfer zwischen den einzelnen Teilen des Systems ausmachen. Dem Wunsch, daß ein Klient etwa seine intrapsychischen Veränderungen im kognitiven oder emotionalen Bereich gleichsam in allen möglichen konkreten Situationen verhaltensmäßig demonstrieren könne, widerspricht eine große Zahl an empirischen Belegen (vgl. z.B. Goldstein u.a., 1979).

Die rational-emotive Psychotherapie bemüht sich daher um eine Einwirkung auf alle drei Anteile des Systems, auf Kognitionen, Emotionen und auf das

Verhalten, sie beinhaltet Disputationstechniken, emotive Strategien und verhaltenstherapeutische Verfahren. Die Fragen, in welcher Weise diese Systemteile miteinander interagieren, welche emotionalen Konditionen etwa die Übernahme von Selbstverbalisationen steuern, unter welchen Bedingungen sich neue rationale Gedanken auch im Verhalten ausdrücken, welche besonderen Aspekte die Resynchronisierung in eine erwünschte Richtung fördern, können auch mit den Thesen der rational-emotiven Therapie nur sehr unzulänglich beantwortet werden. Eine Therapie kann sich sicherlich nicht alleine dadurch als „integrativ" verstehen, daß sie auf vielen Hochzeiten tanzt. Integrativ wäre sie erst dann, wenn es ihr gelänge, die funktionalen Zusammenhänge zwischen den Teilen des Systems und damit die Bedingungen des Transfers so zu beschreiben, daß dieser sich nicht nur irgendwie nebulös einstellt, sondern bis zu einem gewissen Grade vorhergesagt werden könnte. Davon sind aber nicht nur die RET, sondern auch die übrigen Psychotherapien ein gutes Stück entfernt.

Die nachfolgende Darstellung der „kognitiven", „emotiven" und „verhaltensorientierten" Verfahren der RET stehen daher zwangsläufig nebeneinander, ohne daß über ihre funktionale und differentielle Bedeutung viel ausgedrückt werden könnte.

1. Disputationsverfahren zur therapeutischen Einwirkung auf die irrationalen Kognitionen

Die Disputation irrationaler Kognitionen umfaßt im wesentlichen (a) das Aufdecken der Irrationalität der Kognitionen, mit dem Ziel, daß der Klient ihre Irrationalität im allgemeinen, aber auch in seinem spezifischen Fall akzeptiert und (b) in dem Aufzeigen, Hervorheben, Herbeiführen und Verstärken von rationalen, angemessenen Denkmustern. Die RET bietet dazu keine systematische Grundlage. Das Ziel der Therapie ist zwar, den Klienten auf eine didaktisch effektive Weise zu überzeugen, daß er seine ungünstigen Kognitionen verändert und sie durch rationalere ersetzt, aber ein gut Teil der Spezifizierungen der Disputationstechniken fehlt oder ist in der Literatur nur unzulänglich dargestellt. Den meisten Überzeugungsstrategien mangelt es zudem an einer empirischen Grundlage.

Der Schwerpunkt der Disputation ist in den Versuchen zu sehen, den Klienten andere Überzeugungen nahezubringen. Der Klient soll durch eine verbale Beeinflussung „überredet" werden, alternative Denkmuster zu akzeptieren. Das Disputieren ist damit eine Konfrontation zweier Konzepte, wie problematische Situationen gesehen werden können, eine beständige Gegenüberstellung der Ansichten von Therapeut und Klient. Es ist dabei selbstverständlich klar, daß die alternativen Ansichten des Therapeuten nicht widerstandlos akzeptiert werden. Es ist stets damit zu rechnen, daß der Klient sein eigenes Konzept, mit dem er vertraut ist und das ihm trotz seiner ungünstigen Effekte jahrelang plausibel erschien, nicht ohne weiteres gegen das neue und ungewöhnliche des Therapeuten eintauschen wird.

Brehm (1980) hat die Reaktanztheorie im Zusammenhang mit klinischen Problemstellungen betrachtet und dargelegt, daß dann, wenn ein Klient die Absicht des Therapeuten erkennt, ihn zu überreden, die Gefahr groß ist, daß dieses Übermaß an sozialem Druck Reaktanz erzeugt. Der Druck des Therapeuten kann als Einschränkung der eigenen Entscheidungsfreiheit gewertet werden, gegen die sich der Klient wehrt. Insbesondere dann, wenn bereits in einer frühen therapeutischen Phase ein Übermaß an Überredungseifer an den Tag gelegt wird, kann sich dieses als Bumerang erweisen. Mit dem Angebot neuer Freiheiten, die der Therapeut in der Disputation macht, werden alte Freiheiten reduziert. Es sollte daher jede Disputation berücksichtigen, daß es dem Klienten nicht so erscheint, als ob es darum ginge, seine alten Verhaltensmuster radikal zu verändern. Er soll vielmehr den Eindruck haben, daß er jederzeit nochmals eine Kehrtwendung vollziehen kann, notfalls sogar dadurch, daß der Therapeut ihn auffordert, sich seiner alten Denkgewohnheiten wieder zu bedienen. Solange der Klient während der Disputation der Ansicht sein kann, daß er selbst seine von ihm getroffenen Entscheidungen bewirkt hat, oder, anders ausgedrückt, daß er nicht gezwungen wurde, rationaler zu denken, ist die Chance einer Verhaltensänderung größer.

Nachstehend ist ein Versuch unternommen, die wichtigsten Überlegungen zur Disputation in einer etwas systematischeren Weise zusammenzustellen. Die Darstellung umfaßt im ersten Teil den Aspekt des „Aufdeckens" von irrationalen Kognitionen und im zweiten Teil die Disputation von vier typischen Formen irrationaler Kognitionen, nämlich des Katastrophendenkens, der selbstabwertenden Kognitionen, der Mußturbationen und der geringen Frustrationstoleranz. Vielfach sind diese typischen Formen, die durchaus noch zu ergänzen wären, nicht klar voneinander zu trennen, was auch dazu führt, daß sich die entsprechenden Techniken zur Disputation überlappen können.

Die Einteilung orientiert sich an den in der RET am häufigsten genannten Problembereichen. Andere Gliederungen wären durchaus denkbar. So haben O'Connell u.a. (1974) das Personal Belief Inventory (PBI) von Hartman (1968) faktorenanalysiert und vier Faktoren des „negative nonsense" extrahiert: Faktor I: Self-esteem (z.B. „manchmal denke ich, daß ich überhaupt nicht gut bin"), Faktor II: Hyperdependency (z.B. „wenn die Dinge nicht so sind, wie sie sein sollten, ist das eine Katastrophe"), Faktor III: Humanistic (z.B. „auf die meisten Fragen gibt es eine einzige richtige Antwort, wenn man die Fakten kennt"), Faktor IV: External Conformity (z.B. „was andere über Dich denken ist sehr wichtig"). Die Autoren weisen darauf hin, daß diese vier Faktoren mit dem Adlerschen Konzept der humanistischen Identifikation übereinstimmen. Andere Faktorenanalysen mit anderen Irrationalitätsskalen zeigen, daß eine noch weitergehende Untergliederung möglich ist (Trexler & Karst, 1973; Haase u. a., 1979; Lee u. a., 1979). Es wird aber deutlich, daß sich die höchsten Korrelationen mit typischen Problemskalen (z. B. Depression) bei jenen Kategorien auffinden lassen, die unserer nachstehenden Aufgliederung in etwa entsprechen (vgl. Nelson, 1977).

1.1. Aufdecken der Irrationalität

1.1.1. Fakten und Interpretationen: Zum Konzept der Irrationalität

Bevor der Therapeut irrationale Ansichten eines Klienten disputieren kann, sind Vorarbeiten zu leisten. Diese bestehen vor allem darin, dem Klienten den Unterschied zwischen „rational" und „irrational" näher zu bringen. Im großen und ganzen wird dabei zunächst versucht, zwischen „Fakten" einerseits und „Ansichten", „Hypothesen", „Annahmen" andererseits zu differenzieren, bevor man auf den Aspekt der Irrationalität zu sprechen kommt. Beide Schritte, die Unterscheidung zwischen Realität und Hypothesen sowie die zwischen rational und irrational, sind wegen der definitorischen Unsicherheiten auch in der therapeutischen Interaktion oft alles andere als problemlos.

Bisher sind nur wenige Versuche unternommen worden, den Vorgang der Offenlegung irrationalen Denkens zu strukturieren. Einer dieser Ansätze ist die „systematische rationale Restrukturierung" von Goldfried und Mitarbeitern (Goldfried, 1976, 1979; Goldfried & Goldfried, 1977; Goldfried & Davison, 1979; Goldfried u. a., 1979), in der (1) dem Klienten theoretisch vermittelt wird, daß emotionale Reaktionen durch Erwartungen und Selbstverbalisationen beeinflußt werden, (2) die Irrationalität vieler Ansichten und Selbstverbalisationen dargelegt wird, (3) derartige irrationale Ansichten auch für *eigene* unangemessene Gefühle des Klienten verantwortlich gemacht und in der schließlich (4) solche unrealistischen selbstbezogenen Feststellungen verändert werden. Diese Strategie beschreibt zunächst nur eine Approximation an die Veränderung irrationaler Kognitionen, also eher Ziele als Prozeduren, wie die Einzelziele erreichbar sind. Einige Hinweise zu dem Vorgehen bei der Approximation sollen daher nachstehend angeboten werden.

Zunächst soll der Klient seine Kognitionen als psychische Phänomene erkennen und sie nicht ohne weiteres mit der Wirklichkeit gleichsetzen. Der Gedanke „Niemand an meiner Arbeitsstelle mag mich" wird dem Klienten als Realität erscheinen, wenn er genau „weiß", daß seine Kollegen ihn ablehnen; er wird aber diesen Umstand kritischer betrachten, wenn er es nur „vermutet", „glaubt" oder „annimmt".

G.P. (39) litt seit Jahren unter zwangsartigen Verhaltensmustern, bevor sie sich entschloß, eine Therapie zu beginnen. Unter anderem schilderte sie, daß dann, wenn in ihrem Wohnort die Sirene ertönte und sie zu Hause war, sie die nahen Verwandten anrief, um sicherzustellen, daß es bei diesen nicht brenne; war sie selbst nicht zu Hause, etwa beim Einkaufen, nahm sie schnell ein Taxi, um prüfen zu können, ob nicht ihr Haus in Flammen stehe. Hörte sie im Rundfunk in einer Verkehrsdurchsage, daß es auf einer Autobahnstrecke infolge eines Unfalls zu einer Stauung kam, konnte sie in Panik geraten, wenn sie ihren Mann, einen Vertreter, in dieser Gegend vermutete. Bei einem Zusammenstoß zweier Großraumflugzeuge auf Teneriffa war sie tagelang sicher, ihre Mutter unter den Toten zu wissen, obwohl sich diese zu einem Kuraufenthalt nach Ischia verabschiedete.

Bei G.P. führte das Unvermögen, zwischen Realität und Annahmen zu trennen, zu einer erheblichen Beeinträchtigung ihres täglichen Lebens, nicht zuletzt wegen der höhnischen Reaktionen ihrer Umwelt. Für G.P. war die Katastrophe bereits weitgehend Wirklichkeit, wenn sie in ihrem Kopfe ablief, die subjektiven Interpretationen aktivierender Ereignisse waren für sie Realität. Stellen wir dieser Klientin eine andere gegenüber.

I.L. (42) verlor 3 Wochen nach dem Krebstod ihres Mannes auch ihre beiden Kinder, und zwar infolge eines von ihr wegen starken Alkoholkonsums verschuldeten Autounfalls, dem sie selbst nur entstellt und verkrüppelt entging. Seit Monaten leidet sie unter Depressionen. Zweimal versuchte sie sich durch Schlafmittel das Leben zu nehmen.

Was, so könnte gefragt werden, ist hier die objektive und die subjektive Wirklichkeit, was Realität und was Interpretation? Die Depressionen können in Zusammenhang mit den beiden Kognitionen „Ich bin jetzt allein auf der Welt" und „Ich habe das Leben meiner Kinder ausgelöscht" gesehen werden. Beide Kognitionen haben einen hohen Realitätsgehalt, die Interpretationen liegen nahe an dem, was sich tatsächlich abgespielt hat. Wirklichkeit und Annahmen lassen sich aber schwieriger hinsichtlich ihres Übereinstimmens prüfen, wenn die Schlußfolgerungen betrachtet werden, die I.L. anstellt: „Es hat daher keinen Sinn, daß ich weiterlebe" oder „Ich muß mich dafür bestrafen!" Diese sind Kognitionen, die nur mehr schwer an realen Ereignissen gemessen werden können, weil sie sich auf die Zukunft beziehen oder moralische Wertungen enthalten. Je weniger einer Kognition eine tatsächliche überprüfbare Realität entgegensteht, desto stärker muß auf Plausibilitätsannahmen, auf Wahrscheinlichkeitsargumentationen oder Hypothesen anderer Personen, etwa von Experten, zurückgegriffen werden.

Das Ausmaß, mit dem Klienten diesen ersten Schritt der Trennung von Interpretation und Wirklichkeit vollziehen können, ist daher je nach den zu betrachtenden Kognitionen, unterschiedlich einzuschätzen. Sucht man nach den Bedingungen, von denen das Ausmaß abhängig ist, lassen sich nur wenige Aspekte finden. So könnte vermutet werden, daß das Bekanntsein der Wahrscheinlichkeit eines Zusammenhangs zwischen einem aktivierenden Ereignis und den Konsequenzen, also etwa Statistiken und klare Erfahrungswerte, es dem Klienten erleichtert, zwischen der Realität und der eigenen Interpretation dieser Realität zu unterscheiden. So wird ein Klient, der an extremer Flugangst leidet, auch ohne therapeutische Mühe bemerken, daß die Wahrscheinlichkeit von Flugzeugabstürzen, wie sie sich aus Statistiken ablesen läßt, mit seinen eigenen Interpretationen nicht im Einklang steht. Auch die oben erwähnte Klientin, G.P., hat aufgrund vielfacher Überprüfungen Erfahrungswerte sammeln können, die es ihr leichter machen, zwischen Wirklichkeit und Interpretation zu diskriminieren. Daß der flugängstliche Patient trotzdem nicht fliegt und G.P. gegen ihre eigene Erfahrung immer wieder beim Ertönen der Sirene nach Hause fährt, beunruhigt die Klienten selbst; die wahrgenommene Inkongruenz wird zu einer Komponente ihres Leidens.

Andere sind aber trotz faktischer Evidenz nicht in der Lage, ihre Interpretationen als solche zu erkennen. Ein 17jähriger Junge, der nachdem seine Freundin eine zweijährige Beziehung auflösen wollte, eine Überdosis Schlaftabletten nahm, kann es sehr schwer haben, zu sehen, daß die Wirklichkeit darin besteht, daß ein 17jähriger mit extrem hoher Wahrscheinlichkeit noch Chancen haben kann, mit Mädchen in Kontakt zu kommen und glücklich zu werden. Konnten die oben angeführten Klienten bis zu einem gewissen Grade selbst feststellen, daß sie unrealistisch handeln, so ist dies in dem Fall des Liebeskummers nicht ohne weiteres zu erwarten, da das Ereignis als persönliche Apokalypse bewertet wurde. Vor allem dann, wenn die Kognitionen einen selbstabwertenden Charakter haben („Sie hat mich verlassen, weil ich ein Versager bin"), wird der Klient seine Interpretationen schwer überprüfen können, da er sie subjektiv mit der Wirklichkeit deckungsgleich erlebt. Das Leiden, das sich daraus ergibt, entstammt dann weniger dem Gefühl einer von innen kommenden unerklärlichen Bedrohung als dem Gefühl des Versagens, des Nichtmithaltenkönnens, des Nichtgeliebtseins. Gänzlich wird die Diskrimination zwischen Interpretation und Wirklichkeit unterbleiben, wenn es gelungen ist, „Symptome" durch Umdeutung zu kaschieren. Eine Mutter, die seit Jahren beim Anblick des unaufgeräumten Zimmers ihrer Tochter in Panik gerät, wird dieser Reaktion u. U. als besonderen Ausdruck ihrer Tugend Ordnungssinn verstehen. Sie leidet nicht mehr unter ihrem eigenen Verhalten, sondern unter dem ihrer Tochter.

Die subjektive, sich nicht an empirischen Gegebenheiten ausrichtende Interpretation von Erlebnissen und Erfahrungen wird in der RET als eine Komponente der Irrationalität gewertet. Ein alleiniger Hinweis auf die Diskrepanz zwischen den Erfahrungswerten und der subjektiven Interpretation hat allerdings selten eine nachhaltige therapeutische Wirkung, da diese Erfahrungswerte zumeist Wahrscheinlichkeitsaussagen sind, die zumindest eine geringe „Chance" für einen ungünstigen Ausgang lassen. Um den Begriff der Irrationalität therapeutisch nützlich zu machen, ist ein zusätzliches Kriterium notwendig. Dieses ist der Formulierung zu entnehmen, daß eine Reaktion dann rational ist, wenn die Person dadurch effizienter in der Lage ist, mehr von dem zu bekommen, was sie sich vom Leben wünscht, und weniger von dem, was sie sich nicht wünscht (Ellis, 1979b). Das Kriterium enthält zum einen den Hinweis auf Grundmotive (basic values) des Menschen und zum anderen die Formulierung „effizient", die auf Strategien abzielt, diesen Grundmotiven gemäß leben zu können. Ellis sieht die Grundmotive für „fast alle Individuen" gleich. Sie wollen überleben und dabei halbwegs glücklich sein, seien sie allein oder mit anderen zusammen. Dieses Glück versuchen sie durch engere Beziehungen zu ein paar anderen Personen ihrer Umwelt, durch eine einträgliche berufliche Betätigung und durch erholsame ästhetische und kreative Freizeit zu erreichen (Ellis, 1979b). Damit wird ausgedrückt, daß Lernziele vom Therapeuten nicht ausgewählt und dem Klienten eingebleut, sondern, da fast alle Menschen gleiche Ziele haben, lediglich die Methoden, mit denen das Standardziel zu erreichen versucht wird, auf ihre Effizienz hin überprüft werden. Sind die Methoden geeignet, das Ziel zu erreichen, kommt der Mensch seinen Zielen also näher, sind sie rational und konstruktiv.

Hierbei stellt sich natürlich sofort die Frage, welche Kriterien für die Geeignetheit einer Methode gelten können. In der Regel kann der Therapeut sich mit der Annahme begnügen, daß die bisherigen Methoden eines Klienten, infolge ihrer extremen affektiven Nebeneffekte, ungünstig sind und, daß sich solche Vorgehens- und Denkweisen besser eignen, die einen geringeren affektiven Anstrich haben. Damit wird das Ausmaß des emotionalen Reagierens zu einem Kriterium der Rationalität. Starke langdauernde emotionale Reaktionen werden, da sie das Handeln hin zu den gewünschten Lebenszielen stören, behindern, ja blockieren, als irrational gesehen. Es läßt sich also sagen, daß eine Kognition (auch) deswegen irrational ist, weil sie zu starken Emotionen führt, und daß starke Emotionen deswegen irrational sind, weil sie zielgerichtetes Verhalten blockieren. Würde man dem umgekehrten Satz ebenfalls zustimmen (Die Kognition bewirkt starke Affekte und diese blockieren das Verhalten, das erwünscht ist, weil sie irrational sind) ist man in der Nähe zirkulärer und diagnostisch problematischer Definitionen. Frägt der Klient danach, warum er so stark emotional reagiere, könnte ihm geantwortet werden, weil er irrational denke. Frägt er, woraus der Therapeut schlußfolgere, daß er irrational denke, könnte ihm geantwortet werden, weil er so stark emotional reagiere.

Die Definition der Irrationalität ist, berücksichtigt man die genannten Kriterien, offensichtlich nicht zufriedenstellend. Es ist aber zu fragen, wie wichtig eine bis ins Detail gehende Abgrenzung von rational und irrational für das praktische therapeutische Vorgehen ist. Der weitaus überwiegende Teil ungünstiger Kognitionen ist selbstabwertender Natur. Aus weniger bedeutsamen aktivierenden Anlässen heraus werden überzogene Schlußfolgerungen gezogen, die dem Zielerreichen total im Wege stehen. Daß auch Fälle zu konstruieren sind, bei denen die aktivierenden Ereignisse gravierend erscheinen, die daraus gezogenen Schlußfolgerungen nachvollziehbar und die oben aufgeschlüsselten Lebensziele nach einem Zusammentreffen ungünstiger Konstellationen sich allenfalls noch auf dem Teilbereich des Überlebens realisieren lassen, ist unbestritten. Es mag sein, daß eine rational-emotive Therapie solcher Klienten problematisch ist, wenn man sich lediglich auf einen kognitiven Ansatz beschränkt. Da sie aber selten sind, gelten diese Einwände nur für den kleineren Teil der Klientel.

1.1.2. Techniken zum Aufdecken der Irrationalität

Das Aufdecken der Irrationalität ist ein Schritt der Therapie, in den, wie wir gesehen haben, die Unterscheidungen von Realität und Hypothesen (,,Distanzierung"; Beck 1979) und zwischen rational und irrational einzubeziehen sind. Einige therapeutische Techniken, die hierzu günstig sind, sollen im weiteren aufgezeigt werden.

Ein Verfahren, die *Anekdotentechnik*, verlangt von den Klienten, Situationen aus ihrem Leben zu erzählen, aus denen hervorgeht, daß sie sich in der Einschätzung eines Mitmenschen geirrt haben, daß sich beispielsweise anfängliche Zuwendungen oder Abneigungen veränderten. Diese Anekdotentechniken sind dann angezeigt, wenn der Klient zu erkennen gibt, daß er ,,hundertprozentig sicher ist", ,,ganz genau weiß" oder ,,ganz ohne Frage darauf besteht", daß ein Ereignis konstant nur aus einem Blickwinkel betrachtet werden kann. Solche Beispiele können durch selbstbezogene Erfahrungen des Therapeuten oder durch allgemein gesellschaftliche Sinneswandlungen ergänzt werden. So könnte der Therapeut darstellen, daß es auch bei ,,Experten" lange Jahre als feststehend galt, daß die Masturbation zu körperlichen Gebrechen führe, oder daß es ,,todsicher" war, daß Hexen ihre Mitmenschen manipulieren konnten. Auch kann erwähnt werden, daß unbekannte Personen Bewunderer und Kritiker haben, daß Urteile über Adenauer, Konsalik oder die Beatles je nach politischem, literarischem oder musikalischem Geschmack extrem voneinander abweichen können; mithin könne auch das Verhalten des gehaßten Vorgesetzten, des unmöglichen Bruders oder der seelisch-grausamen Tochter von fremden Beobachtern u. U. ganz anders eingeschätzt werden. Hauck (1973, S. 43) gibt ein Beispiel dafür, wie sich der Therapeut äußern könnte, um einer jungen Frau, die durch ihren Freund zurückgewiesen wurde, den Unterschied zwischen ihren Interpretationen und denen anderer Personen darzustellen: ,,Ihr

Freund mag u. U. Ihre politischen Ansichten nicht, aber das heißt doch nicht, daß Ihre Ansichten falsch sind. Ihrem Freund gefällt vielleicht Ihr Aussehen nicht, vielleicht auch nicht Ihr schulterlanges Haar. Wiederum sagt das nichts über Sie, sondern nur etwas über seine Vorurteile. Sie könnten darüber nachdenken, ob er recht hat, und würden dann Ihre Haare abschneiden lassen, aber sie könnten auch denken, daß er da falsch liegt, und lassen ihn ziehen."

Eine weitere Technik ist die sprachliche *Reduktion* der Sicherheit, mit der ein Umstand als Realität gesehen wird. Der Therapeut versucht, die Kognition eines Klienten mit zunehmender Unwahrscheinlichkeit zu formulieren und versichert sich dabei jeweils der Zustimmung des Klienten.

B. K., eine Lehrerin vor der 2. Prüfung, litt an erheblichen Arbeitsschwierigkeiten, die ihr eine systematische Vorbereitung auf das Examen unmöglich machten. In Gedanken hatte sie bereits versagt.

Kl.: Also da mache ich mir nichts vor, ich kann Ihnen schwarz auf weiß geben, daß, wenn der Schulrat (zur Lehrprobe) in den Saal tritt, ich rot anlaufe. Dann ist Sense, aus! Sendepause!

Th.: Sie sagen dies so, als ob Sie hundertprozentig überzeugt seien.

Kl.: Ja so ist das auch.

Th.: Ich frage mich, wie es in Ihren Ohren klingt, wenn ich Ihren Satz so formulieren würde: Ich bin ziemlich sicher, daß ich in der Lehrprobe versagen werde, aber eine ganz kleine Chance sehe ich noch.

Kl.: Na ja, eine winzige würde ich sagen, der müßte blind sein. Na wirklich eine ganz winzige.

Th.: Achten Sie mal auf Ihr Gefühl, wenn ich den Satz so sage: Ich bin mir nicht ganz hundertprozentig sicher, irgendwie sehe ich doch, daß ich noch eine kleine Chance habe.

Kl.: Der Satz klingt ja wie vorhin.

Th.: Und noch ein wenig anders: Sicher bin ich mir nicht, eine Chance könnte ich haben.

Kl.: Vielleicht, vielleicht … schön wärs.

Th.: Eine gewisse Chance räumen Sie sich ein. Denkbar wäre, daß Bekannte oder Kollegen Ihnen noch eine höhere Chance einräumen. Also Sie sehen, daß Sie noch nicht versagt haben. Sie vermuten es nur.

Die Anleitung zum aktiven *Nachfragen* in der Realität ist ebenfalls eine Technik zum Diskriminieren von objektiven und subjektiven Feststellungen.

Dieselbe Klientin, B. K., hat einen dreijährigen Sohn, der von ihr als extrem hyperaktiv geschildert wurde. Bezüglich ihres Erziehungsverhaltens machte sie sich starke Sorgen.

Kl.: Ich bin als Mutter gänzlich ohne Fortune! Da bin ich eine Null. Alles was ich mir so ausdenke, plane, geht schief. Der beste Beweis dafür ist, daß ich ihn wieder geschlagen habe, obwohl ich mir geschworen habe, es nie wieder zu tun.

Th.: Sie spüren eine tiefe Enttäuschung, weil sie sich für eine schlechte Mutter halten.

Kl.: Und schäme mich auch.

Th.: Kennen Sie in Ihrem Bekanntenkreis Mütter, die Sie für besonders gute Erzieher halten?

Kl.: Über uns wohnt eine ... und meine Schwägerin ... da gibts schon eine Menge, die das irgendwie gelassener angehn.

Th.: Bitte fragen Sie doch einmal ein paar von denen, ihre Schwägerin, oder die Frau über Ihnen, ob diese ihr Kind gelegentlich auch mal schlagen. Und vielleicht fragen Sie auch, wie die das finden.

Am Ende einer jeden Technik sollte darauf hingewiesen werden, daß das Ausmaß mit dem unsere Interpretationen als Realität gesehen werden, auch die Qualität der entsprechenden Emotionen bestimmt:

„Wenn Sie *wissen*, daß Sie hundertprozentig versagen, erleben Sie schon Ihre Niederlage im voraus. Ja es wäre dann ja auch sinnlos, daß Sie noch etwas tun. Das muß Sie lähmen, mutlos machen. Ich halte daher solche Gedanken für ihre Ziele ungünstig. Sie verhindern, daß Sie sich mit Energie an die Arbeit machen. Sie bringen Ihnen Angst, Mutlosigkeit und auch Verzweiflung. Sonst nichts."

„Wenn Sie so sicher sind, daß Sie eine schlechte Mutter sind, weil Sie Ihr Kind geschlagen haben, laufen Sie immer mit Schuldgefühlen herum. Es mag sein, daß Sie in der Erziehung dazulernen können, aber wenn Sie annehmen, Sie seien eine Null, ist das ein selbstabwertender Gedanke, er verschafft Ihnen nur Gefühle der Entmutigung. Das hindert Sie daran, eine zufriedenstellende Beziehung zu Ihrem Kind zu bekommen."

Der Klient soll nach diesen therapeutischen Schritten akzeptieren, daß seine Hypothesen und Phantasien nicht zwangsläufig „real" sein müssen. Er soll sehen, daß die meisten Menschen und er selbst, über Belege des Gegenteils oft hinwegsehen, obgleich vielfach die Existenz solcher Belege sehr augenscheinlich ist. Er soll ferner erkennen, daß solche Ansichten unangemessen sind, weil sie starke unangenehme Affekte nach sich ziehen und ihn darin hindern, das angestrebte Ziel erreichen zu können.

Schließlich soll dem Klienten das Gefühl vermittelt werden, daß eine Änderung solcher Denkstile möglich ist. Er soll sehen, daß er nicht alleine, weil es ihm einmal „klargemacht" wurde, bereits in der Lage sein müßte, rational zu denken, sondern daß eine Modifikation seiner Kognitionen längere Zeit in Anspruch nehmen wird (vgl. dazu auch Glasser & Zunin, 1973; Lembo, 1976).

Der Therapeut kann trotz oder auch wegen der Einfachheit seiner Botschaft an den Klienten gerade in dieser frühen Phase der Therapie „auflaufen". Dadurch, daß bereits zu Beginn einer Therapie eigene „Gedanken" für die Mißlichkeiten eines Klienten verantwortlich gemacht werden, können die vielschichtigen Beweggründe, sich in eine Therapie zu begeben, mißachtet werden. Es mag sein, daß der Klient die unausgesprochene konträre Erwartung hat, im Therapeuten einen Verbündeten für seine Auseinandersetzungen mit den ihm feindlich gesonnenen Personen seiner Umwelt zu gewinnen. Es mag ferner sein, daß eine irgendwie geartete Selbsterkenntnis, etwa aus den eigenen Kindheitserlebnissen zu lernen, angestrebt wird, ein Bedürfnis, demgegenüber eine auf die Gegenwart bezogene und auf das irrationale Denken beschränkte Therapie zu dürftig erscheinen könnte. Auch wäre denkbar, daß die Vergebung der Schuld, Trost oder eine intellektuelle Auseinandersetzung erwartet werden (vgl. Boesch, 1981). Daß die RET ihre Effektivität nicht auf die Befriedigung solcher Bedürfnisse zurückführt, braucht nicht zu bedeuten, daß der Therapeut die Erwartungen seiner Klienten übergehen kann. Eine Mißachtung der Beweggründe kann dem Klienten den Eindruck vermitteln, daß er sich nicht so artikulieren kann, wie er es ersehnt hat. Die Gesamtheit der Biographie eines Menschen, der sich zur Therapie entschlossen hat, weist komplexe Erfahrungen, vielschichtige, heterogene Erlebnisse auf, die aber Gefahr laufen, so strukturiert zu werden, daß sie auf Kognitionen rationaler und irrationaler Art sowie auf die Emotionen der Kategorie Angst, Ärger, Depression reduziert werden. Vielfach äußern die Klienten den Wunsch, mehr über sich und ihre persönliche Entwicklung zu erfahren. Sie fragen beispielsweise nach dem Ursprung von irrationalen Überzeugungshaltungen und versuchen ihre Lebensgeschichte entsprechend zu überprüfen. Es stellt sich die ernsthafte Frage, ob der Therapeut dieses Anliegen so einfach übergehen kann, wie dies Ellis (1979b) fordert, und wenn er es tut, ob er nicht fast zwangsläufig mit Widerstand und Ablehnung zu rechnen hat.

1.2. Kognitive Strategien: Disputation

Es ist oft mit geringen Schwierigkeiten verbunden, dem Klienten zu helfen, die Irrationalität seiner Annahmen so aufzudecken, daß er sie akzeptiert. Äußerungen des Klienten wie ,,Ich sehe ein, daß ..." oder ,,Wenn Sie das so betrachten, klingt das natürlich vernünftig ..." werden jedoch zumeist mit einem ,,Aber ..." kombiniert: ,,Aber ich komme nicht darüber hinweg" oder ,,Aber irgendwie hilft mir das nichts, ich denke trotzdem so!" Hier wird deutlich, daß durch das Aufdecken der Irrationalität alleine kein gewaltiger therapeutischer Schritt getan ist. Es stellt lediglich eine Voraussetzung für die eigentliche Disputation seiner Gedanken dar. Erst die Antwort auf die Frage, warum sich der Klient an diese Denkmuster klammert, was es ihm so schwer macht, von den als irrational erkannten Ansichten abzukommen, kann einen Schritt weiterhelfen. Die Disputation sollte mithin auch die Widerstände berücksichtigen, die ein Klient einer angestrebten Verhaltensänderung entgegensetzt; sie ist daher eine in hohem Maße individuell zugeschnittene therapeutische Technik und dürfte, mechanistisch und kochbuchartig angewandt, nicht weit führen.

Maultsby (1975, S. 67) beschreibt den Fall von Mrs. Wilder, die eine Scheidung von ihrem Ehemann beabsichtigte. Bei einem Versuch, ihre Schwierigkeiten durch eine ,,rationale Selbstberatung" anzugehen, blieb die Klientin erfolglos:

Mrs. W.: Ich fühle, daß die rationale Selbstberatung nichts für mich ist. Ich glaube nicht, daß sie in meinem Falle wirkt.
Dr. M.: Und warum?

Mrs. W.: Ich weiß nicht. Wenn ich mir sage, daß es nicht schrecklich ist, daß mein Mann keine Zeit mit mir verbringt, sondern nur unangenehm, und daß ich deswegen keine wertlose Person bin und so, kann ich es einfach nicht glauben.

Der kurze Auszug aus dem Gespräch schildert eine häufige therapeutische Situation. Die Klientin formuliert inhaltlich korrekt eine rationale Kognition, sie ist auch bereit, sich danach zu orientieren, aber sie kann sie offensichtlich nicht in dem Maße akzeptieren, daß sie ihr Verhalten zu beeinflussen vermag; sie „glaubt" nicht daran. Die Antwort des Therapeuten (Dr. M.) ging dahin, der Klientin nahezubringen, daß sie, solange sie *glaube* sie sei wertlos, der Gedanke, sie sei es nicht, ihr als unwahr erscheinen müsse, ähnlich wie der Gedanke, man stehe aufrecht, wenn man in Wirklichkeit sitze. In der Antwort des Therapeuten wird deutlich, daß er annimmt, die Klientin sage sich die rationale Argumentation zwar formelhaft vor, glaube aber nicht daran. Der unzureichende Effekt eines ersten Beeinflussungsversuchs wird dann der Klientin als ungenügende Bemühung ihrer Person um eine rationalere Argumentation dargestellt:

Mrs. W.: Ich habe alles andere versucht, ich meine, es wäre daher besser, wenn ich die Therapie aufgeben und mich scheiden lasse.
Dr. M.: Aber ist es wirklich wahr, daß Sie alles versucht haben?
Mrs. W.: Ich meine schon; bevor ich zu Ihnen kam, war ich schon drei Jahre in psychotherapeutischer Behandlung, ein Jahr in Eheberatung. Alles was ich für meine Bemühungen bekam, waren zwei saftige Rechnungen. Ich weiß wirklich nicht, was ich noch außer der Scheidung versuchen soll.
Dr. M.: Sie können lernen, rational zu denken. Sie haben sich noch nicht richtig bemüht, es zu lernen, und schon wollen Sie aufgeben. Sie sehen es nicht richtig, wenn Sie sagen, Sie hätten schon alles versucht.

Der Mißerfolg der Klientin mit der rationaleren Denkweise wird ihrer mangelnden Lernbereitschaft zugeschrieben. Da sie sich aber immerhin drei Jahre in therapeutischer Behandlung befand, scheint das Signalisieren einer fehlenden Motivation wohl eher inadäquat. Es wäre vielmehr zu überlegen, welche Aspekte der angewandten RET-Technik oder welche Unzulänglichkeiten der Therapeut-Klient-Beziehung es der Frau schwer machen, eine rationalere Argumentation zu akzeptieren. Würde man Klienten mit Kopfschmerzen zur Therapie den Handstand anraten, könnte man bei Wirkungslosigkeit mit der gleichen Logik die Behauptung aufstellen, es sei nicht intensiv genug geübt worden.

Damit ist ein Aspekt angesprochen, der in der RET nicht hinreichende Beachtung gefunden hat. Es ist die Frage, wie es dem Therapeuten gelingt, den Klienten von einer „intellektuellen" zu einer „emotionalen" Einsicht, vereinfacht gesagt, vom „Einsehen" zum „Glauben" zu bewegen? Vor allem werden nur wenige Hinweise dazu gegeben, an welcher Stelle des therapeutischen Prozesses der Klient am ehesten bereit ist, emotionale Einsichten zu gewinnen, also wann es für den Therapeuten günstig ist, mit der Disputation irrationaler Kognitionen einzusetzen. Es dürfte sicherlich nicht die Regel am optimalsten sein, unmittelbar und immer einzugreifen, sobald eine irrationale Feststellung getroffen wird. Auch ist zu fragen, inwieweit ein solcher Schritt von einem intellektuellen zu einem emotionalen Einsehen, um mit Mahoney (1977 a) zu sprechen, ein „kognitiver Klick" darstellt, also eine auffällige und mehr oder weniger plötzliche Wende im Einsehen von Zusammenhängen, wobei die nachfolgenden Maßnahmen, um weiterhin bei Mahoney zu bleiben, lediglich einem sanften Segeln in einer leichten Brise gleichkommen. Goldfried (1979) macht in diesem Zusammenhang auf die Notwendigkeit aufmerksam, zwischen der Sprache und den Kognitionen zu trennen. Der Vorschlag des Therapeuten, eine rationale Argumentation zu übernehmen, wird nur oberflächliche Wirkungen haben, wenn angemessene Erfahrungen („experiental referents") fehlen. Welcher besonderen Art diese Erfahrungen sein müssen und wie sie am ehesten zu bewirken sind, bleibt noch weitgehend offen. In einem gut Teil der Psychotherapien wird insbesondere auf „emotionale" Erfahrungen Bezug genommen, so etwa in der Psychoanalyse oder im Psychodrama. Die Erfahrungen können demnach darin bestehen, daß es dem Therapeuten gelingt, die tatsächlichen irrationalen Denkmuster der Klienten zu „treffen" (z. B. „Ich hasse meinen Mann" obgleich nach außen geäußert wird „Wir haben uns arrangiert"), daß also die neue Kognition lange Zeit sorgfältig zugedeckte Erfahrungen unter Auftreten von Affekten bloßlegt. Die Erfahrung kann wohl aber auch darin bestehen, daß der Klient intellektuelle Einsichten mehr oder weniger mechanisch, z. B. weil er dazu angehalten wird, wiederholt anwendet und Erfolgserlebnisse damit hat. Es würde zu weit gehen, diesen Aspekt hier näher aufzugreifen, aber es dürfte, vor allem auch in der RET, notwendig sein, sich dieser Überlegungen anzunehmen.

Eine weitere Schwierigkeit ist darin zu sehen, daß die ersten Schritte im Prozeß der Einsicht in eigene irrationale Kognitionen von weiteren irrationalen Ansichten gefolgt werden können: „Ich sehe jetzt ein, daß ich blödsinniges Zeug denke, was bin ich doch für ein Idiot". Der Klient beginnt sich für seine eigenen Einsichten zu bestrafen. Ellis (1978 b) sieht in dem Aufzeigen der „rationalen Sensitivität" einen Weg, dem Klienten aus diesem Dilemma zu helfen. Er unterscheidet zwischen dem Aspekt der Wahrnehmung eigener interner Vorgänge („sensitized") und der Verletzbarkeit durch diese („sensitive"). Ein Training in rationaler Sensitivität zielt auf eine Erhöhung der Wahrnehmungsfähigkeit, gleichzeitig aber auch auf eine Verringerung der Verletzbarkeit hin.

1.2.1. Disputation des Katastrophendenkens

1.2.1.1 Funktionen des Katastrophendenkens

Das Katastrophendenken enthält eine Überbewertung möglicher Folgen des eigenen und fremden Verhaltens sowie äußerer Umstände. Da es im wesentlichen eine Vermeidungsfunktion besitzt, hält es sich u. a. auch dadurch aufrecht, daß die Klienten sich von korrigierenden Erfahrungen fernhalten. Ereignisse werden als katastrophal, schrecklich, unmöglich oder scheußlich eingestuft. Ein Flugphobiker steigt nicht in einen Jet, weil er sich u. U. vorstellt, wie erbärmlich er während des Flugs die Kontrolle über sich verlieren könnte und wie unerträglich die Schmerzen in seiner Brust sein werden. Ein Stotterer könnte sich ausmalen, wie eine ganze Gruppe von Personen, vor der er spricht, sich vor Lachen krümmt, wenn er nur den Mund aufmacht, und wie kläglich er nachher dastünde.

Funktional gesehen bauen solche Gedanken Hürden vor gefürchteten Situationen auf. Durch die Vermeidung oder Beendigung aversiver Situationen kommt es zu einer negativen Verstärkung des gedanklichen Repertoires, das zur Vermeidung beigetragen hat. Zum einen werden durch das Katastrophendenken positive Erfahrungen gemacht, die es gleichfalls verstärken können. Ein Student mit Arbeitsschwierigkeiten wird den Ausgang von Prüfungen katastrophieren und sich damit gleichzeitig sagen, daß es ohnehin verlorene Mühe sei, sich noch weiter zu quälen. Er vermeidet damit einerseits mühselige Arbeit und verringert die qualvolle Vorstellung, am Ende würde sich in der Prüfung herausstellen, daß er doch nicht mit seinen Kommilitonen intellektuell konkurrenzfähig sei, gewinnt aber andererseits Zeit für angenehmere Betätigungen. Der Klient wird das Bedürfnis verspüren, seine eigenen Wünsche erfüllen zu können, ohne daß er seine „Kosten" zu erhöhen braucht, die zur Zielerreichung notwendig sind. Zum anderen werden gegenwärtig mögliche positive Erfahrungen aus der Angst heraus vermieden, sie könnten zu Ende gehen. Manch ein Urlauber vermag sich nicht seiner Ferientage zu erfreuen, weil er beständig den Wiederbeginn der Arbeit im Kopf hat. Oft werden nähere oder intime Beziehungen vermieden, weil man das katastrophale Ende im Streit oder Unvermögen antizipiert.

Damit wird deutlich, daß das Katastrophendenken die Unfähigkeit fördert, Probleme anpacken und lösen zu können. Die Nachteile überwiegen, zumindest auf Dauer gesehen, die kurzfristigen Vorteile. Das Katastrophendenken geht überdies oft mit einer geringen Bereitschaft zum Risiko einher. Eine längere Autofahrt, eine Einladung zu einem Abendessen, eine Schiffsreise, ja selbst Kontakte und Gespräche mit Bekannten werden, was die Folgen angeht, so dramatisiert, daß sich letztlich der Bewegungsspielraum auf Minimales beschränkt.

1.2.1.2. Allgemeine Überlegungen zur Disputation des Katastrophendenkens

Der Widerstand des Klienten wird umso stärker sein, je weniger der Therapeut in der Lage ist, den Klienten angstfrei zu bewegen, sich mit dem Einsatz höherer Kosten zu beschäftigen. Hierzu gehört ein hohes Maß an Informationsvermittlungen über den Weg, den der Therapeut einzuschlagen gedenkt, also Informationen über die Veränderung der Affekte über die Kognitionen. Weiterhin bedarf es aber auch einer empathischen Grundhaltung, die das Gefühl des Klienten vermeidet, er pflege solch lächerliche Kognitionen, wie sie kein vernünftiger Mensch je haben könne.

Die Disputationstechniken bezüglich des Katastrophendenkens bestehen im wesentlichen darin, den Klienten durch beharrliches Fragen nach den Konsequenzen zu bewegen, das Ausmaß seiner Befürchtungen zu reduzieren, und ihm damit Möglichkeiten anzubieten, sich in der Realität den gemiedenen Situationen auszusetzen. Hierzu können mehrere Basisstrategien gewählt werden. Eine besteht darin, den Klienten bereits früh mit dem Gegenargument zu konfrontieren, nichts, was einem auf der Welt passieren könne, sei katastrophal, fürchterlich, unerträglich, sondern schlimmstenfalls unangenehm (Ellis & Harper, 1975). Ein anderes Vorgehen versucht den Klienten zu bewegen, einem fortschreitend geringfügiger formulierten Ausmaß an Folgen zuzustimmen. Die therapeutischen Effekte dieser Prozeduren sind gewiß nicht alleine darin zu suchen, daß ein Klient das Ereignis nun nicht mehr „katastrophal" sondern nur noch „unangenehm" tituliert, vielmehr sind sie in der dadurch eingeleiteten Erkenntnis zu sehen, daß die Konsequenzen eines Ereignisse erträglich, manipulierbar und auf die Dauer veränderbar erscheinen. Der Blick wird auf einzelne Konsequenzen eines vom Klienten gravierend bewerteten Faktums und nicht auf das globale Betroffensein gelenkt. So sieht er beispielsweise bei einer Trennung von einem lange geliebten Partner nicht mehr den totalen Verlust allen Lebenssinns, sondern die konkreten Konsequenzen, wie das Alleinewohnen, das Nichtversorgtsein der Kinder, die sexuellen Versagungen oder den Verlust des Gesprächspartners, also einzelne Probleme, für die sich eher Lösungen finden lassen.

Eine mehr oder weniger unabdingbare Voraussetzung für die Disputation des Katastrophendenkens ist darin zu sehen, daß der Therapeut nicht seinerseits die Probleme, die seine Klienten schildern, allgemein oder im speziellen Fall als katastrophal einstuft. Schwerwiegende Ereignisse, von denen Klienten berichten, können durchaus den Therapeuten beeindrucken. Das Mitleiden bei schweren Schicksalsschlägen oder Erkrankungen kann ein Motor der Therapie sein, was durch die Bedeutung der „Empathie" in der psychotherapeutischen Forschung unterstrichen wird. Mitleiden kann aber dann problematisch sein, wenn der Therapeut den Schlußfolgerungen, die der Klient aus seinen

Erlebnissen zieht, zustimmt. In diesem Fall läuft er Gefahr, irrationale Kognitionen nicht in Frage zu stellen, sondern sie zu verstärken:

Kl.: Monika war unser Sonnenschein. Sie war unser Leben (weint) ..... Es hat alles keinen Zweck mehr ..... Was sollen wir denn noch. Ich weiß nicht mehr.
Th.: Sie haben einen unersetzlichen Verlust erlitten. Sie werden aber sehen: Zeit heilt alle Wunden. Oft hilft auch ein Entspannungstraining. Haben Sie darin Erfahrung?

Mit einer solchen Reaktion erklärt sich der Therapeute zum einen mit irrationalen Kognitionen („Es hat alles keinen Zweck mehr") einverstanden und ergänzt seine Intervention unlogischerweise mit einem wohlfeilen Trost, der auch wenig hilfreich erlebt werden dürfte. Selbst wenn dem Therapeuten die Erfahrungen der Klientin als schlimm erscheint, wird er ihr auf die Dauer nur dadurch behilflich sein, wenn sie zu bewegen ist, ihre Ansichten zu überprüfen (vgl. dazu auch Guinagh, 1976).

Das Ereignis, das zumeist als die größte Katastrophe gewertet wird, ist der Tod. Andererseits vermögen nicht wenige Menschen seinem Kommen, sei es unmittelbar absehbar oder nicht, gelassen entgegenzusehen. Die Unterschiede in diesen Erwartungshaltungen und Einschätzungen hängen sicherlich von einer Vielfalt von Bedingungen ab, wie etwa dem Erreichen von Lebenszielen, den Erfahrungen mit dem Sterben anderer, den festgefügten Ansichten zu einem jenseitigen Leben oder dem Versorgtsein von Mitmenschen, die man zurücklassen muß. Es wäre indessen zu einfach, würde man nur solche Fakten als Kriterien für das Ausmaß von Todesängsten heranziehen. Vielmehr dürften weitgehend die Kognitionen über solche Ereignisse ihre Einstufung als unermeßlich, dramatisch und leidvoll bestimmen. Hinton (1977) hat die relative Häufigkeit von schweren Streßerfahrungen Krebskranker an hundert Patienten zu erfassen versucht. Dabei wird deutlich, daß sich die Kognitionen nicht alleine auf die erhöhte Wahrscheinlichkeit des Todes beziehen, sondern auf die Entstellung durch Operationen, den Haarausfall durch die Radiotherapie, die Gesichtskrämpfe oder mögliche Verunstaltungen des Gesichts. Eine andere Quelle der Besorgnisse umfaßt die Ängste um den sozialen Status, vor der veränderten Rolle in der Arbeitswelt, der Abhängigkeit von Hilfestellungen anderer oder der Entfremdung von wichtigen Personen. In all diesen einzelnen Bereichen können irrationale Komponenten das Ausmaß der Ängste und Bedrohungen wesentlich verstärken. Der Therapeut kann einen Beitrag dazu liefern, die körperliche und psychische Integrität krebskranker Personen, ihre Erholungs- und Kompensationsbereitschaft zu fördern, wenn er bemüht ist, irrationale Anteile aufzudecken und zu disputieren. Diese Sätze sind selbstredend leichter geschrieben als in die Tat umgesetzt. Sie mögen hier auch nur ein Beispiel dazu liefern, wie sehr in oft ausweglos erscheinenden Krankheitssituationen der Versuch einer Analyse unterschiedlichster Kognitionen und ihre Disputation notwendig ist. Das alleinige Reduzieren auf die Kognition „Der

Tod ist nahe" könnte eine Indiz dafür sein, daß der Therapeut gleichfalls nur die Ausweglosigkeit der Katastrophe sieht.

Die RET will keine rosigen Rationalisierungen fördern; daß alles auch eine gute Seite habe, ist nicht ihre Botschaft. Ohnehin stehen die Klienten meist nicht vor der Wahl zwischen „guten" und „schlechten" Alternativen, sondern zwischen zwei schlechten. Eltern, deren Kind an Leukämie erkrankt ist, können eine schlechte Alternative wählen, indem sie die Diagnose leugnen, Ärzte kritisieren, fortwährend zusätzliche Diagnosen einholen, den Verlust ihres Kindes bereits lange vor dem Tod betrauern und sich selbst wegen Versäumnissen und Fehlern anklagen (vgl. Mattson, 1972). Sie haben nur noch eine andere schlechte Alternative, eine, die ihnen das Kind nicht erhält, sie aber von den aggressiven und selbstanklagenden Einstellungen weitgehend zu bewahren vermag. Es gibt keine leichten Methoden, einem Klienten nahezubringen, daß diese zweite Alternative für ihn günstiger ist. Schon gar nicht ist eine problemlose Technik denkbar, wenn der Klient selbst mit schweren oder terminalen Erkrankungen zu kämpfen hat (Kavanaugh, 1977; Wortman & Dunkel-Schetter, 1979). Es dürfte die Frage sein „Was können Sie mit dem tun, was Sie *haben?"* (Walen, u.a. 1980, S. 128), die den Klienten einen Weg aus dem irrationalen Nachdenken weisen kann.

1.2.1.3. Einzelne Disputationstechniken

(a) Disputation mit Hilfe von Implikationsstrategien

Implikationsstrategien sind solche, bei denen die katastrophal eingeschätzten Konsequenzen hinsichtlich ihrer tatsächlichen, konkret zu erwartenden Effekte überprüft werden („elegante Lösung" nach Ellis, 1977f.).

Hauck (1966) liefert ein Beispiel einer solchen Vorgehensweise. Er arbeitete mit einem Klienten, der die Ansicht vertrat, Hautkrankheiten zu bekommen, wenn er Tiere oder Plätze, an denen sie sich befunden haben, berühre. Diese Ansicht hatte die seltsamsten Folgeerscheinungen, da der Klient beständig auf der Hut war. Er „wußte" zwar, daß seine Befürchtungen grundlos waren, trotzdem blieb er bei seinen Ängsten. Der Therapeut stellte die Klugheit des Vermeidungsverhaltens in Frage. Der Klient antwortete:

Kl.: Aber wenn ich das tue, was Sie sagen, werde ich krank!
Th.: Das ist richtig. Aber was ist denn daran so schlimm?
Kl.: Ich möchte mir keine Hautkrankheit zuziehen.
Th.: Natürlich wollen Sie nicht krank werden. Wenn Sie krank werden, fühlen Sie sich ja noch elender als Sie es jetzt schon empfinden.
Kl.: Also, warum soll ich mir eine Krankheit zulegen?
Th.: Ich sagte nicht, daß Sie versuchen sollten, eine zu bekommen. Hören Sie vielmehr damit auf, zu versuchen, keine zu bekommen. Sie bemühen sich so sehr darum,

verschont zu bleiben, und machen sich auch darum so viele Gedanken, daß Sie geradezu krank werden, nicht an der Haut, sondern im Kopf.

Kl.: Aber weil ich mir ja Sorgen mache, verhindere ich, daß ich krank werde.
Th.: Nehmen Sie an, Sie werden krank. Was dann?
Kl.: Das wäre schrecklich!
Th.: Warum?
Kl.: Ich müßte wahrscheinlich ins Krankenhaus!
Th.: Vielleicht. Was wäre so schrecklich daran? Sind Sie zuvor schon mal im Krankenhaus behandelt worden?
Kl.: Ja, es mag sein, daß ich dort Spritzen bekomme.
Th.: Richtig, das kann sein. Wie schmerzhaft wäre eine Reihe von Spritzen?
Kl.: Nicht so schlimm, nehme ich an, beim Militär ist mir das zweimal passiert.
Th.: Und Sie haben gesehen, daß die Schmerzen gering waren. Also, Sie berühren ihre krankmachenden Objekte, Sie kommen ins Krankenhaus, werden behandelt. Das ist alles.

Eine der nächsten Interventionen des Klienten war, daß er sich lebensgefährliche Erkrankungen einhandeln könne, Lepra oder Krebs, die tödlich seien, wenn er nicht rechtzeitig behandelt würde.

Kl.: Nehmen Sie an, ich wäre beim Angeln in den kanadischen Wäldern, außerhalb der Reichweite jeglicher Zivilisation. Dann könnte ich sterben, das ist doch so!
Th.: Ja. Sie könnten dann sterben. Aber auch das gibt Ihnen keinen logischen oder berechtigten Grund, sich so aufzuregen.
Kl.: Sie meinen, selbst wenn ich sterben könnte.
Th.: Zunächst ist es ganz unwahrscheinlich, daß Ihnen das passiert, da die Leute, die in die Wälder gehen, wieder zurückkommen. Sollten zufällig Sie jene Ausnahme sein, müßten auch Sie einmal sterben!

Ein anderes Beispiel ist der Therapie einer Dozentin einer Fachhochschule entnommen. Ihre Vorbereitungen der zu haltenden Seminare zogen sich zuletzt so sehr in die Länge, daß sie ihre Freizeit gänzlich opferte.

Th.: Was wäre, wenn Sie sich täglich nur drei Stunden lang vorbereiten würden?
Kl.: Da würde ich das Pensum niemals schaffen.
Th.: Wer würde das merken?
Kl.: Na was glauben Sie, wie schnell sich das bei meinen Kollegen herumspricht. Die Studenten tratschen doch alles weiter. Dann hieße es doch gleich, ich sei unfähig.
Th.: Das Kollegium hielte Sie für unfähig. Ist das richtig?
Kl.: Ja.
Th.: Nehmen wir das doch mal an. Stellen Sie sich vor, wie Sie zwei oder mehr Kollegen tuscheln hören: Die ist unfähig. Ich meine, die Kollegen könnten auch sagen „Schön, daß die auch nichts tut, dann fallen wir nicht so auf", aber nehmen wir trotzdem an, sie sagen „Sie ist verdammt unfähig". Was würde denn das heißen?
Kl.: Ich gehöre dann irgendwie nicht dazu.
Th.: Und weil ich Außenseiter bin ...
Kl.: ... bin ich, bin ich ... einsam.
Th.: Dann haben Sie das Gefühl ohne Bindung zu anderen zu sein. Stellen Sie sich vor, es wäre so. Was würde Ihnen das bedeuten?

Kl.: Das wäre schrecklich.
Th.: Warum?
Kl.: Jeder Mensch benötigt Menschen um sich herum, ohne das kann man nicht leben.
Th.: Können Sie das beweisen? -
Kl.: Beweisen? Ich bin ja kein Psychologe. Ich nehme das mal so an.
Th.: Beweisen Sie, daß Sie ohne nähere Bindung in der Schule schrecklichen und grauenvollen Tagen entgegengehen?
Kl.: So einfach zu beweisen ist das nicht.
Th.: Eben. Sie sagen, das wird schrecklich sein. Aber das ist Ihre Vermutung, es ist eine Annahme, aber mehr auch nicht.

(b) Disputation mit Hilfe der „Katastrophenskala"

„Katastrophenskalen" sollen eine Relativierung von als dramatisch interpretierten Ereignissen erleichtern. Der Therapeut fordert die Klienten auf, sich mögliche persönliche, familiäre oder Umweltkatastrophen auszudenken und auf einer Skala von 0–100 einzustufen. Das eigene Problem des Klienten, z.B. sein gelegentliches Stottern in starken Erregungssituationen, verliert sichtlich an Dramatik, wenn er es auf dieser Skala weit unter der eigenen hypothetischen Verstümmlung bei einem Verkehrsunfall, dem qualvollen Krebstod der Mutter oder dem Non plus ultra der Menschheitsvernichtung im Atomkrieg einstuft (vgl. auch Walen u. a., 1980).

1.2.2. Disputation von selbstabwertenden Kognitionen

Die Selbstabwertung stellt eine zentrale Problematik neurotischer Störungen dar. Es ist ein wesentliches Ziel der RET, dem Klienten zu ermöglichen, von diesen Selbstabwertungen zu einer realistischen Sichtweise der eigenen Person überzugehen. Dieses Ziel hat die RET mit allen anderen kognitiven Therapieansätzen gemein (Beck, 1979; Kovacs & Beck, 1979).

Die negative Selbstbewertung kann sich auf persönliche Defizite beziehen, etwa auf eine geringe Intelligenz oder die eigene Häßlichkeit, sie kann aber auch Werturteile enthalten, die genereller Natur sind, wie z.B. die Zuschreibung von Wertlosigkeit. Im Zusammenhang mit Depressionen spricht Beck (1979) von der „kognitiven Triade" worunter er die Selbstabwertung, die negative Sichtweise der Welt und die negative Sicht der Zukunft subsumiert. Oft sind die drei Teilaspekte der kognitiven Triade eng miteinander verwoben. Inhaltlich werden in ihnen zumeist Themen angesprochen, die dem Klienten wesentliche, existentielle Bereiche seines Lebens betreffen, etwa Karriere, Liebesleben, Gesundheit (vgl. Kovacs & Beck, 1979; Shaw, 1979).

1.2.2.1. Funktion von Selbstabwertungen

Ein therapeutisches Eingreifen in Selbstabwertungsprozesse ist schwierig, wenn deren Funktionen nicht bekannt sind. Selbstabwertungsgedanken sind vielfach bewußt oder leicht bewußt zu machen, schwieriger ist es jedoch, sie modifizieren zu helfen, zumal sich während des Prozesses der Bewußtmachung von selbstabwertenden Kognitionen sekundäre selbstdefätistische Gedanken hinzugesellen: Der Klient beginnt sich deswegen selbst abzuwerten, weil er sich selbst abwertet. Fragt man nach den Funktionen von Selbstabwertungen, so stellt sich auch das Problem, daß die selbstdefätistischen Gedanken beibehalten werden, obgleich sie doch einen offensichtlich aversiven Charakter besitzen.

Selbstabwertungen erfahren gelegentlich von außen eine positive Verstärkung. So besteht etwa die übliche Reaktion der Umwelt auf laut geäußerte Selbstabwertungen in Trost, Mitfühlen, Aufmunterungen, Bestätigungen des Gegenteils, in Zuwendungen allgemein. Das schlimme Bild, das man von sich hat, wird gleichsam nach außen getragen, um es zu testen. Ein Student vor einer Prüfung, der seinen Eltern oder Freunden klagend darlegt, daß er „das Gefühl habe, er schaffe es nie", wird in den Antworten darauf vielfach hören, daß er doch ein guter Student ist, intelligent und kenntnisreich. Leider ist das dadurch aufkommende Gefühl nur kurzfristig erleichternd, ja es ist gerade dieses kurzfristige Sichbesserfühlen, was die selbstdefätistischen Aussagen verstärkt, etwa in dem Sinne von „Sag es bitte noch einmal, daß ich kein Versager bin."

Eine andere Art der Verstärkung ist eher negativer Art. Der Selbstdefätismus kann noch unangenehmere Zustände für einen kurzen Zeitraum beenden. Der Student vor der Prüfung, der sich permanent selbst sagt, daß er es nicht schaffe und daß es ohnehin keinen Sinn habe, produziert sich damit selbst Argumente, die es ihm erleichtern, von mühseligen Vorbereitungen abzulassen. Zwar erlaubt es ihm das schlechte Gewissen selten, sich daraufhin unbeschwert angenehmeren Betätigungen wie Hobbys oder Fernsehen hinzugeben, aber der Zustand des „Herumhängens" und lustlosen Nichtstuns ist offenbar von einer ausreichenden Angenehmheit. Dasselbe Paradigma kann nicht nur auf allgemeine schulische und berufliche Anstrengungen bezogen werden, sondern auch auf Bemühungen, sich selbst zu verändern. Wenn ein Klient von sich behauptet, er sei ein total wertloser Mensch, ist dies eine radikale Formulierung, die eigentlich jede Anstrengung, etwas daran zu ändern, als sinnlos erscheinen läßt.

Ein damit in Beziehung stehender Mechanismus der Selbstabwertung, kann in dem Abwehrverhalten einer Person offenbar werden, die gelobt oder anderweitig hervorgehoben wird. Die Auszeichnung etwa „Ich finde es bewundernswert, wie Sie bereits diesen ersten Auftrag ausgeführt haben" wird nicht mit „Ich sehe das auch so" beantwortet, sondern eher mit „So toll war das doch nicht, die andern machen es ja noch schneller". Auf diese Weise werden Anforderungen an die eigene künftige Leistungsfähigkeit gesenkt.

Thomas (1979) spricht einen weiteren Mechanismus an, bei dem das statistische Konzept der Regression zur Mitte im Vordergrund steht. Hervorragende Leistungen auf einem Gebiet, beispielsweise im Tennis, bei Prüfungen oder sozialen Ereignissen, werden, von der Wahrscheinlichkeit her, aufgrund der Regression zur Mitte, eher von schlechteren gefolgt. Andererseits wird eine sehr miese Leistung, für die sich jemand negativ bewertet, aufgrund der Regression zur Mitte eher von einer besseren gefolgt. Obgleich das Selbstherabsetzen nicht die Ursache für die Verbesserung ist, könnten doch als Folge einer abergläubischen Konditionierung gehäuft Selbstabwertungen auftreten.

Selbstherabsetzungen sind kurzfristig von positiver Wirkung. Auf lange Sicht gesehen zahlen sie sich nicht aus. Die Bewältigung von Selbstherabsetzungen ist daher ein wesentlicher Schritt im therapeutischen Handeln.

1.2.2.2. Spezifische Formen von Selbstabwertungen

(a) Größenvorstellungen

Selbstabwertungen besitzen, so paradox das zunächst auch klingen mag, eine enge Beziehung zu Größenvorstellungen. Der Selbstvorwurf eines Sportlers „Ich bin in jeder Hinsicht eine Niete", etwa nach einem vierten Platz in einem Wettkampf, geht zumeist von erhöhten Ansprüchen an die eigene Leistungsfähigkeit aus. Das eigene Vermögen wird nicht realistisch, als störanfällig, wechselhaft oder mittelmäßig gewertet und akzeptiert, sondern die Erwartungen gehen weit darüber hinaus. Werden sie nicht erfüllt und besteht keine realistische Leistungseinschätzung, bleibt nur die Kognition: „Wenn ich nicht gewonnen habe, habe ich verloren." Korzybski (1933) nennt diese Denkweise „two-valued logic". Die so denkende Person geht darüber hinweg, daß die Ereignisse in unserer Umwelt, unsere Erfahrungen und Leistungen nicht nur in die beiden Schubladen „Entweder" und „Oder" eingeordnet werden können. Abstufungen werden mißachtet (vgl. Payne, 1971). Durch die Entweder-Oder-Logik sind beständig hohe Ansprüche an die eigene Person gestellt, die Person handelt mit vorgefertigten Denkmustern, mit Vorurteilen, die der Realität übergestülpt werden. Da sie diesen irrealen Ansprüchen nicht gerecht werden kann, da negative Erfahrungen nicht ausbleiben, wird die Person beständig auch in ihren Kognitionen bestärkt. Ein Weitsprung eines Hochleistungssportlers unter 8 m ist somit ein deutlicher Beweis dafür, daß er eine Niete ist. Die selbstdefätistische Versagermentalität behindert ihn ihrerseits beim Wettkampf und vermindert damit die Wahrscheinlichkeit, daß ein Sprung über die derzeitige Bestmarke gelingt. Ein Teufelskreis kann den Sportler gefangen halten.

Die gleichzeitig auftretenden oder temporär aufeinanderfolgenden Einstellungen mit selbstdefätistischem und Größencharakter sind ein auffälliges

Merkmal von Depressionen. Nützliche Selbstbeschuldigungen setzen voraus, daß die Person in der Lage ist, die Ursachen der Selbstbeschuldigung unter der eigenen Kontrolle zu haben („Ich hätte mich sorgfältiger auf meine Prüfung vorbereiten müssen!"). Je weniger die Ursache aber de facto kontrollierbar ist, desto stärker nähert sich die Selbstbeschuldigung der Omnipotenz (vgl. Abramson & Sackeim, 1977). Depressive Personen neigen dazu, sich für Ereignisse zu beschuldigen, die gänzlich außerhalb ihrer Kontrollierbarkeit liegen. Eine einleuchtende Erklärung hierfür liegt darin, daß durch die Selbstbeschuldigung eine illusionäre Kontrolle über die Umwelt geschaffen wird (Kelley, 1971; Langer, 1975). Die Illusion könnte als eine Erwartung auf eine persönliche Erfolgswahrscheinlichkeit definiert werden, die unangemessen höher liegt als die objektive Wahrscheinlichkeit vermuten läßt (Langer, 1975).

Das überhöhte Anspruchsniveau ist zumeist von der Angst begleitet, in die bodenlose Mittelmäßigkeit abzusinken. G.K., ein Universitätsdozent sah ein Ziel darin, seine „Lebenstheorie auch noch in 100 Jahren zitiert zu sehen", T.S., ein Bundeswehroffizier, wollte „wie Gordon Pascha in Khartum oder Lawrence von Arabien in Akaba" Soldat und Abenteurer sein. Derartige offen ausgedrückte Größenphantasien sind wahrscheinlich weniger häufig als heimliche und nur unklar formulierte überzogene Lebensziele, die aber dennoch, da sie jenseits des Erreichbaren liegen, ähnliche Frustrationen bewirken können.

Die Versuche des Therapeuten den irrationalen Gedanken, nur bei weitreichender Kompetenz oder außerordentlichsten Befähigungen lebenstüchtig und lebenswert zu sein, anzugehen, stoßen auf vielfältigen Widerstand des Klienten. Das Absinken in die relative Mittelmäßigkeit wird als nicht erträglich angesehen. K.K., ein im zweiten Weltkrieg vertriebener Balte, der nur dann mit seinen Kindern und sich selbst zufrieden sein wollte, wenn er, auch jetzt noch, nach mehr als dreißig Jahren fernab der Heimat, seine Familie als „erdverwachsene Balten mit all ihren hohen Tugenden" erkennen konnte, hat auf die Disputationsversuche des Therapeuten so geantwortet: „Sie wollen mir doch nicht weis machen, daß gerade ich jahrhundertealte Familientraditionen aufgeben soll" (vgl. dazu auch Grieger & Boyd, 1979).

(b) Selektive Erinnerungen

Personen mit Selbstabwertungen lassen diesen einen oft unbegrenzten Spielraum. Eine Reihe von experimentellen Untersuchungen untermauert die Hypothese, daß Beträge vergangener Verstärkungen und Bestrafungen von psychiatrischen Patienten unter- respektive überschätzt werden (De Monbreun & Craighead, 1977; Nelson & Craighead, 1977). Unangenehme Erlebnisse und Erfahrungen der Vergangenheit werden relativ zu den neutralen und angenehmen selektiv erinnert und gewinnen dadurch eine bestimmte Funktion. Die Bemerkungen des Therapeuten „Wie ist es Ihnen in der letzten Woche ergangen?" wird so oft zu einem Startsignal für Hinweise auf Schreckliches, Schlimmes, Nichterträgliches, aber selten für Erinnerungen an kleine Fortschritte oder positive Erfahrungen. Die Vergangenheit erscheint wie mit einem Grauschleier überzogen. Hält der Therapeut den Klienten etwa an, Tagebuch zu führen oder seine Stimmungen und Aktivitäten auf andere Weise zu registrieren, ist oft eine Diskrepanz zwischen den Aufzeichnungen und den späteren negativ getönten Erinnerungen unverkennbar (Kovacs & Beck, 1979).

Der Prozeß der selektiven Erinnerungen endet leicht in selbsterfüllenden neurotischen Prophezeihungen. Eine Person, die sich selbst als „Versager", „feindselig" oder „Angsthase" beschreibt, wird in ihrem Repertoire gerade diejenigen Verhaltensweisen entdecken, die in ihr Selbstbild passen. Da eine versimplifizierende Selbstabwertung in der Regel einfacher ist als die Realität, das Symbol stärker ist als die Fakten, gerät die Person leicht in die Gefahr, sich eher mit dem Symbol zu identifizieren (Ward, 1980).

(c) Globale Bewertungen

Die „Selbstabwertung" kann als ein allgemeiner Begriff für die Zuschreibung negativer Eigenschaften an die eigene Person gesehen werden. Sie reicht von detaillierten eng umgrenzten und oft realistischen Verhaltensbeschreibungen („Heute abend war ich beim Kegeln schlecht") bis hin zu globalen und stets irrationalen Bewertungen der gesamten Person („Ich bin eine Niete"). Die RET versucht beide Aspekte zu trennen. Sie spricht von Leistungs- und Liebeskonfidenz einerseits und von Selbstkonfidenz andererseits (Ellis & Abrahms, 1978). Die Leistungs- und Liebeskonfidenz kann im konditionalen Falle als nützlicher Regulationsmechanismus gesehen werden. Die Kognition: „Ich habe heute bei meinem Chef durch meine gute Vorbereitung der Sitzung einen hervorragenden Eindruck gemacht, ich vertraue darauf, daß es morgen ähnlich geht" fördert die Leistungskonfidenz. Die Liebeskonfidenz könnte durch einen Satz wie „Ich glaube, ich bin ein zärtlicher Liebhaber, das gibt mir Mut, sie heute abend einzuladen" ebenfalls bestärkt werden. In beiden Fällen werden begrenzte positive Schlußfolgerungen aus als positiv empfundenen einzelnen Verhaltenskomponenten gezogen.

Begrenzte negative Schlußfolgerungen sind gleichfalls günstig, da sie zu sinnvollen Verhaltenskorrekturen beitragen können. So würde eine Formulierung wie „Ich bin offensichtlich für das Windsurfen zu unbegabt" alle anderen Wassersportarten von Hochseeangeln bis Tiefseetauchen noch möglich erscheinen lassen. Die Liebes- und Leistungskonfidenz ist hier konditional, abhängig von den eigenen Leistungen und erfahrenen Liebesbeweisen.

Wird jedoch die Selbstkonfidenz von Leistungen und Liebesbeweisen abhängig gemacht, treten zwangsläufig Probleme der Wertschätzung auf, wenn negative Erfahrungen gemacht werden: „Wenn ich durch das Abitur falle, ist das für mich der klare Beweis, daß ich eine Null bin" oder „Weil meine Freundin mit einem anderen geht, heißt das, daß ich nur ein Versager sein kann". Beides sind Selbstabwertungen mit globaler Charakterisierung der gesamten Person aufgrund einzelner Performanzen. Diese Art der Eigenbeurteilung in negativer Richtung (und logischerweise auch in positiver: „Ich bin ein großartiger Mensch, weil mich mein Chef gelobt hat") sind ungünstig, da sie erhebliche Verletzlichkeiten schaffen. Die RET sieht die Selbstkonfidenz nicht als einen Zustand an, den man sich erarbeiten muß, sondern als einen, für den man sich entscheidet: „You achieve self-confidence *not* by accomplishing anything or succeeding at love but by *pure choice*. Your accept yourself merely by *choosing* to accept yourself; you do not require any special *reason* to do so (Ellis & Abrahms, 1978, S. 6). Damit wird das Konzept Selbstkonfidenz natürlich überflüssig. Ellis schlägt daher vor, die Person dazu zu bewegen, zu akzeptieren, daß sie „existiert", verschieden zu bewertende Eigenschaften besitzt und daß sie ihre Existenz akzeptiert, unabhängig von der Qualität dieser Eigenschaften (Ellis, 1976b, 1980b)

1.2.2.3. Einzelne Disputationstechniken

(a) Disputation durch Herausforderung

Die perfektionistische und auf ein hohes Anspruchsniveau bezogene Grundhaltung kann dann, wenn sie zum Lebensziel avancierte, festgefügt und nur noch schwer veränderbar sein. Oft sind daher hartklingende, überzeugte Argumentationen des Therapeuten erforderlich, um die Perfektionismen des Klienten in Frage zu stellen. Dazu können Fragen nach dem Wie und Warum nützlich sein:

– Warum sind Sie eigentlich darauf erpicht, von uns allen abzustechen?
– Wieviel Erfolg hatten Sie eigentlich bislang bei Ihrem zehnjährigen Bestreben nach Vollkommenheit?
– Ich frage mich, was Sie sich sagen müßten, wenn Sie mittelmäßig wären?
– Könnten Sie bitte einmal die besonderen Befähigungen aufzählen, die Sie heimlich in sich vermuten?

Diese und ähnliche Fragen verfolgen das Ziel, den Klienten herauszufordern, ihm dann aber auch zu vermitteln, daß seine bisherige Grundhaltung nicht einträglich war, daß er sich weder seiner Anstrengungen noch Leistungen erfreuen konnte, ja daß er total das Ziel des Glücklichseins und der Freude an den schönen Dingen des Lebens aus den Augen verloren hat (vgl. Grieger & Boyd, 1979).
Der Perfektionismus zeigt sich aber auch in der oft zu beobachtenden Grundhaltung, daß eine Veränderung durch rationaleres Denken sofort und

unmittelbar Effekte zeitigen *müsse,* obgleich dieses andere Denken vielfach noch aus nichts anderem besteht als aus einem oberflächlichen formelhaften Sichvorsagen „rationaler Sätze". Die nichteintretenden Effekte werden dann leicht der Therapietechnik und dem Therapeuten angelastet. Ein therapeutisches Eingehen auf die hier deutlich werdende perfektionistische Einstellung des Klienten ist deshalb wichtig, weil wesentliche Ansichten des Klienten zu seiner Therapie allgemein aufgedeckt werden können, etwa die Annahme, daß die Veränderung der eigenen Person gleichsam durch ein Fingerschnippen vollzogen werden müßte, daß eine Therapie „konsumiert" werden könne und daß sie ohne Antasten liebgewordener Gewohnheiten erfolgreich verlaufen sollte.

(b) Disputation durch Aktivitäten- und Rollenaufzählung
    (Strategie der kleinen Ichs)

Wertet sich der Klient in generalisierender Weise selbst ab, etwa, daß er sich nutzlos oder wertlos findet, daß er sich als Niete oder Versager sieht, kann ihm zunächst bedeutet werden, daß er sich offensichtlich einen „Nullwert" zuschreibt. Er wird dann aber aufgefordert, aufzuzählen, was er, außer einer Null noch ist, und zwar so, daß er seine verschiedenen Rollen schildert: Bruder, Sohn, Ingenieur, Skat- und Fußballspieler, CDU-, ÖTV- und FKK-Anhänger, Foto-, Jogging- und Squashfan. Zu jeder Rolle kann er gefragt werden, wie gut er glaubt, diese ausfüllen zu können. Ziel des Vorgehens ist es, dem Klienten von der Vielfältigkeit und den unterschiedlichen Bewertungen seiner Ichs zu überzeugen. Lazarus (1979b) spricht in diesem Zusammenhang von den „kleinen Ichs". Der Klient soll die Fülle seiner kleinen Ichs sehen und damit das Versagen oder Nichtvorankommen in einem bestimmten Teilbereich, etwa der beruflichen Karriere, in seiner Bedeutung begrenzen.

Selbstabwertungen werden in vielen Fällen durch eine fast ausschließliche Zentrierung auf berufliche Fähigkeiten genährt. Das Ich wird mit dem Beruf, dem Amt, der Ausbildung, dem Gelderwerbs- und Arbeitsstatus gleichgesetzt. Andere Lebensbereiche, Interessen, Betätigungen in der Freizeit und den Mußestunden, Antennen für literarische, musikalische oder religiöse Werte scheinen weit hintangestellt. Der Therapeut sieht sich hier oft gezwungen, gegen eine Norm zu argumentieren, die aufgrund des gesellschaftlichen Trends, Berufsleistung mit Lebensglück identisch zu sehen, übermächtig ist. Sie kann daher oft nur auf lange Sicht und durch beständiges Disputieren unterminiert werden.

Ein Beispiel aus der Therapie eines jungen Automechanikers kann die Versuche verdeutlichen, die Vielzahl der Aktivitäten hervorzuheben.

Kl.: Ich wäre ja auch gern etwas anderes geworden. Unter meinen Bekannten sind einige, die jetzt das Abitur machen. Ich fühle mich da immer so drittklassig.

Th.: Was geht Dir durch den Kopf, wenn Du mit ihnen zusammenbist?
Kl.: Ich sag mir, Du hast es zu nichts gebracht, ich fühle mich dann so ... so schmal. Manchmal träume ich, ich wäre auf einer einsamen Insel im Pazifik. Ich war vorige Woche in dem Film „Die blaue Lagune". Der hat mich wahrscheinlich deswegen so beeindruckt. Ich habe mir die Bilder immer wieder vorgestellt.
Th.: Die beständigen Vergleiche mit Deinen Bekannten haben Dir die Wirklichkeit so vermiest, daß Du Dir schon eine blaue Lagune als Ausweg aus dem ganzen suchst?
Kl.: Ja, weil mir das alles dauernd durch den Kopf geht. Ich mache mich mit dem Abiturgedanken noch ganz krank, richtig verrückt.
Th.: Ich sehe, daß Du Dich für das Kino interessierst. Was treibst Du denn sonst noch?
Kl.: Ich bin in einem Schwimmclub und gehe regelmäßig ins Training.
Th.: Hast Du noch andere Hobbies?
Kl.: Ich sammle Soundtracks ... und bastele an alten Tonbandgeräten herum. Außerdem habe ich ja eine Freundin.
Th.: Wenn ich das richtig sehe, hast Du viele Dinge, die Dich interessieren, Du bist bewandert in der Automechanik, Du bist ein Schwimmsportler, ein Kenner von Filmmusik, Tonbandfan und hast vor allem eine Freundin, alles Dinge, die zeigen, daß Du ein wacher und interessierter Mensch bist. Du sagst Dir aber: ‚Das ist alles unwichtig. Für mich zählt nur das Abitur. Um glücklich zu sein, *muß* ich das Abitur haben!' ...

(c) Disputation durch Differenzierung von Fakten und Meinungen

Die überdeutliche Konfundierung von eigenen Meinungen und Fakten ist ein zentrales Phänomen jeglicher neurotischer Selbstabwertung. Der Vergleich der eigenen Person mit denen des Umfeldes verlockt vielfach zu Selbstabwertungen, die den Fakten nicht standhalten. Eine Unterscheidung zwischen den Meinungen zur eigenen Person und tatsächlichen Fakten ist daher eine wesentliche Disputationsstrategie. So kann der Klient, zunächst an Hand von einfachen Beispielen, diese Differenzierung selbst vornehmen.

Th.: Du vermutest, daß Du aufgrund Deines Äußeren keine Chancen bei den Jungen hast?
Kl.: Ich bin häßlich, das sieht ja jeder.
Th.: (nimmt seine Brille ab) Darf ich Dir die schönste Brille der Welt zeigen.
Kl.: Wieso die schönste?
Th.: Ich finde sie ist ästhetisch kaum zu überbieten.
Kl.: Von dieser Sorte gibt es doch viele.
Th.: Ich sagte, die Brille ist die schönste, genau wie Du sagst, Du seist so häßlich, daß Du niemals Chancen hast.
Kl.: Aber ich habe das von anderen ja auch schon gehört.
Th.: Selbst wenn noch viele andere *meinen*, meine Brille sei ästhetisch unübertrefflich, ist sie es? Wenn manche Deiner Bekannten *meinen*, Du seist häßlich, bist Du es? Was andere Leute meinen, müssen das immer Fakten sein? Und was wir selbst über uns meinen, muß das auch immer tatsächlich so sein?

Solche falschen Schlußfolgerungen können in einer ganzen Reihe von Klientenaussagen gefunden werden. Guinagh (1976) hat einige wichtige zusammenge-

97

stellt, so etwa die „non sequiturs" („Ich habe nicht das Abitur, aus diesem Grund tauge ich nichts") oder die „post hoc ergo propter hoc-Feststellungen", bei denen aus einer Aufeinanderfolge von Ereignissen ein Kausalschluß gezogen wird. Bei all diesen falschen Schlußfolgerungen kann die Frage nach den Beweisen und nach anderen Ursachen und Determinanten eine nützliche Disputationstechnik sein.

Eine besondere Form der Konfundierung von Fakten und Meinungen zeigt sich in der Übergeneralisierung äußerer Ereignisse oder eigener Gefühle, so etwa in der Formulierung „Weil meine Ehe fehlgeschlagen ist, bin ich ein Versager" oder „Der Beweis dafür, daß ich ein Nichts bin, ist die Tatsache, daß ich mich als solcher fühle". Auch hier können der Versuch, Beweise zu erhalten, und die Verdeutlichung des ABC-Schemas günstig sein (vgl. Edelstein, 1976).

(d) Disputation durch Konkretisierung

Die Technik der Konkretisierung verlangt vom Therapeuten eine besondere Beachtung selbstdefätistischer Äußerungen und ein beständiges Eingreifen, wenn sie vom Klienten geäußert werden. Da Selbstabwertungen oft habituell benutzt werden, dient diese Technik dazu, zum einen die besondere Charakteristik und Perpetuierung von Selbstabwertungen durch Wiederholen, Paraphrasieren und Nachfragen deutlich hervorzuheben, und zum anderen, durch Bitten um Konkretisierungen, den Selbstdefätismus zu relativieren.

Kl.: Ich muß Ihnen doch auf den Wecker gehen. So eine miese Figur haben Sie doch bestimmt lange nicht mehr in Therapie gehabt.

Eine solche Äußerung eines Klienten kann etwa durch nachstehende therapeutische Interventionen konkretisiert werden:

– Sie halten sich für eine miese Figur. Worauf stützen Sie dieses Urteil?
– Könnten Sie einmal dieses harte Urteil über sich selbst an Beispielen erläutern?
– Sie fühlen sich ziemlich hoffnungslos, was eine Veränderung Ihrer Person angeht. Wie begründen Sie das?
– Sie haben Angst, daß ich Sie rausschmeißen könnte. Welche Ihrer Eigenschaften, glauben Sie, müßten ein Grund dafür sein?

(e) Disputation durch Analogiebeispiele

Diese Art der Disputation vermittelt dem Klienten die Möglichkeit, an Hand von Beispielen, die der Therapeut vorgibt, die Unmöglichkeit globaler negativer Selbstbewertungen zu erkennen. Zwei solcher Beispiele sollten zur Demonstration ausreichen:

– Der Klient wird aufgefordert, sich einen mit Früchten gefüllten Korb vorzustellen. Darauf fragt der Therapeut, welche Aussagen über den Korb zu machen sind, wenn man zwei verdorbene Äpfel bzw. zwei besonders schöne Früchte aus dem Korb herausnimmt.
– Der Klient soll sich ein Zugabteil mit lauter Nonnen auf einer Pilgerfahrt vorstellen. Unterwegs steigen zwei Bankräuber zu und nach einiger Zeit wieder aus. Auch hier fragt der Therapeut, was über das Zugabteil vor und nach dem Zusteigen der beiden Verbrecher zu sagen ist.

Mit Hilfe dieser Analogien kann dem Klienten vermittelt werden, daß es berechtigt ist, einzelne Eigenschaften der Person, faule und schöne Äpfel, Nonnen und Bankräuber, zu beurteilen, daß aber Schlußfolgerungen auf die Gesamtheit der Person, im Beispiel auf den Korb oder das Zugabteil, nicht sinnvoll sind.

(f) Disputation durch Instruktion

Ellis (1976b) gibt eine Zusammenstellung von Instruktionen, die zur Disputation von Selbstabwertungen nützlich sein können. Die wesentlichsten sind nachstehend zusammengefaßt angeführt:

– Der Therapeut kann betonen, daß die globale Selbstbewertung (self-esteem, self-rating) außerordentliche Fähigkeiten und Talente voraussetzt, und die Frage stellen: „Welche Chance haben Sie, stetig und immer gut zu sein? Wollen Sie tatsächlich dieses ungewöhnliche Niveau erreichen?"
– Es besteht die Möglichkeit auf den Teufelskreis der Selbstabwertung hinzuweisen: „Bei einem ernsten Fehler werten Sie sich ab. Und wenn Sie sich abwerten, neigen Sie dazu, noch mehr Fehler zu machen!"
– Es kann hervorgehoben werden, daß die globale Selbstbewertung dazu dient, andere durch den eigenen Wert zu beeindrucken. Das Bedürfnis, den Beifall anderer zu bekommen, könne zu einem Zwang führen, der das ganze Leben beherrscht: „Was Sie suchen ist Status und nicht Freude" oder: „Sie bemühen sich um Überlegenheit über andere, es mag zwar sein, daß Sie einige überlegene Züge haben, aber Sie wollen eine überlegene *Person* sein, ein Halbgott".
– Überdies kann der Therapeut darlegen, daß in der Selbstbewertung ein Zwang liegt: „Wenn Sie sich global selbstbewerten, haben Sie die Philosophie, daß Sie beweisen müssen, daß Sie gut sind. Da aber immer die Chance nicht allzu hoch ist, unterliegen Sie stets der Gefahr, die gesamte Zeit über angstvoll, verzweifelt, schuldbeladen oder beschämt zu sein".
– Dem Klienten kann deutlich gemacht werden, daß das permanente Streben nach Erfolg und Überlegenheit den Gedanken ‚Was will ich wirklich' nicht

aufkommen läßt. Vieles, was anderweitig interessieren könnte, wird zugedeckt, beispielsweise Musik, Unternehmungen, Wissenschaft.

– Es kann nützlich sein, darzulegen, daß die globale Selbstbewertung selbstzentriert und nicht problemzentriert ist: „Aus diesem Grund lösen Sie viele praktische und wichtige Probleme in Ihrem Leben nicht, sondern sind vielmehr mit einer Nabelschau und der Lösung des Pseudoproblems des Selbstwerts beschäftigt".

– Auch die Rolle der globalen Selbstbewertung bei der Schaffung von Vorurteilen kann disputiert werden. Durch die eigene Selbstbewertung gerät man in Gefahr, auch andere generalisierend zu betrachten und ihnen damit vorurteilsvoll gegenüberzutreten, so etwa verschiedenen Minderheiten.

(g) Disputation durch Schaffen von Dissonanzen

Selbstabwertungen eines Klienten können wichtigen Wertsystemen gegenübergestellt werden, etwa dem Bedürfnis, nicht als dumm und unbegabt zu gelten. Dadurch werden dem Klienten zwei inkompatible Kognitionen vorgehalten, deren Dissonanz er zu modifizieren versuchen dürfte (Harrell u. a., 1980). Einer verheirateten Klientin, die sich als „ganz gewiß unattraktiv, ohne jegliche Ausstrahlung" bezeichnete und dies damit begründete, daß sie niemals von jemandem spontan zu einem sexuellen außerehelichen Abenteuer zu überrumpeln versucht wurde, könnte der Therapeut entgegnen, daß die Grundhaltung, „die Männer müssen meine Wünsche spontan erkennen, sie mir von den Augen ablesen, ohne daß ich sie signalisiere" nicht sehr intelligent sei. Er könnte dazu die Formulierung benutzen: „Sie sind doch zu intelligent um zu glauben ...". Auf diese Weise wird die Selbstabwertung im körperlich-sexuellen Bereich der Werthaltung im Bereich der Begabung gegenübergestellt. Vorausgesetzt, daß der Wunsch, intelligent zu gelten, stabiler ist als die Selbstzuschreibung von Inattraktivität, wird die Klientin die Dissonanz eher durch eine Anpassung ihrer Eigenabwertung zu lösen versuchen.

Ellis (1973 a) benutzt zur Schaffung von Dissonanzen, therapeutische Interventionen wie etwa „Sie können doch nicht *allen Ernstes* ..." oder „Ich frage mich ob Sie wirklich der Meinung sind ...". Diese Formulierungen zielen zwar auf die Einstellungen des Klienten, bergen jedoch die Gefahr in sich, daß der Klient sich selbst, als Person attackiert fühlt.

(h) Disputation mit der „Cognitive Relabeling Technique"
von Ward (1980)

Ward (1980) entwickelte eine Technik, die sich zu Beginn von Gruppentherapien nützlich erwiesen hat, um Selbstabwertungen identifizieren und modifizieren zu können. Zunächst schreiben die Gruppenmitglieder einzeln eine negative

Adjektivliste über sich selbst auf, die, beispielsweise durch Notieren an einer Tafel, den Gruppenmitgliedern gegenseitig bekanntgemacht wird. Zu jeder negativen Feststellung wird dann in einem zweiten Durchgang von jedem Gruppenmitglied eine positive gesucht, mit der erstere zu kompensieren wäre. Beispielsweise könnte die negative Feststellung ,,selbstsüchtig" heißen, die positive demnach etwa ,,selbstlos", oder die negative ,,zu emotional", die positive ,,eisig, kühl". Man wird schnell bemerken, daß die negativen Listen für die Gruppenmitglieder lächerlich wirken, die positiven allerdings nicht minder. Für die Gruppenmitglieder ist es oft eine Überraschung, daß ihre positiven Listen bei den anderen genau so wenig Anklang finden, wie die negativen. In einer dritten Liste (,,lost quality list") schreiben die Mitglieder dann adaptive Qualitäten auf, die zwischen der positiven und negativen auf einem Kontinuum angeordnet werden können. Es sind dies Eigenschaften, die die Gruppenmitglieder bei sich als ,,adaptiv" sehen; zwischen abhängig und unabhängig könnte z. B. die Fähigkeit genannt werden, andere um Hilfe fragen zu können, wenn man Hilfe benötigt, oder zwischen selbstsüchtig und selbstlos die Selbstbehauptung. Ward geht davon aus, daß eine Reihe psychotherapeutischer Verfahren benutzt werden kann, um die drei Listen nutzbringend gegenüberzustellen.

Im Rahmen der RET kann, auch in der Einzeltherapie, dem Klienten mit dieser Technik deutlich gemacht werden, daß seine Kognitionen lediglich an den Enden des Kontinuums anzusiedeln sind, es sind Kognitionen totaler Selbstabwertung oder eines übertriebenen Perfektionismus. Das Niederschreiben der Selbstaussagen kann alleine schon ihren Irrationalismus unterstreichen. Durch die Versuche, adaptive Qualitäten zu entdecken, können die Klienten auf ihr rigides und globales Selbstabwerten aufmerksam gemacht und zu einem flexibleren Bewerten hingeführt werden.

(i) Disputation durch Humor

Ellis selbst pflegt eine drastische und oft sarkastische Sprache, und viele seiner Schüler haben ihm diese abgesehen. Eine Zusammenfassung seiner ,,Sprüche" hat Ellis selbst besorgt (Ellis, 1977 d), dabei sieht er ihre Funktion in erster Linie darin, dem Bierernst neurotischen Denkens entgegenzuwirken.

Ein Klient schildert seine Probleme, Kabinen in öffentlichen Toiletten zu benutzen, da in der Kabine nebenan jemand die Geräusche hören könnte, die er selbst macht. Es ist unschwer vorherzusagen, wie etwa ein Gesprächspsychotherapeut auf eine solche Aussage eines Klienten reagieren würde. Ellis (1977 d, S. 266) tut es auf seine Weise: ,,What do you expect when you sit on the john and make the right noises – that the guy in the next stall will play ,The Star-Spangled Banner'?"

Eine humorvolle Sprache soll den Klienten veranlassen, seine Eigenarten und Denkstile mit Distanz zu betrachten; sie ist indessen gewiß keine therapeutische

Prozedur, wenn der Klient das Gefühl hat, er werde lediglich lächerlich gemacht, auf den Arm genommen und sein Problem als Zielscheibe spöttischer Bemerkungen benutzt.

1.2.3. Disputation von Mußturbationen

Irrationales Denken ist antiempirisch aber auch „mußturbatorisch", d.h. jede als äußerst gravierend erlebte Erfahrung kann einerseits unwahrscheinliche, unzutreffende und stark übertriebene Elemente, andererseits aber auch Vorstellungen enthalten, es *müsse* sein, wie man es fordert (Ellis, 1979c). Ein impotenter junger Mann kann einige antiempirische Ansichten pflegen, etwa „Ich kann mir nicht vorstellen, daß ich mein Problem jemals loswerde" oder „Einer, der wie ich sexuell impotent ist, der ist auch ansonsten im Leben impotent!" Mit dem bereits erwähnten Implikationsverfahren sind solche antiempirischen Kognitionen angehbar. Hinter ihnen stehen jedoch Mußturbationen, die gleichfalls zu disputieren sind, in dem angeführten Beispiel etwa die Ansicht: „Ich muß potent sein, um glücklich sein zu können". Die Disputation zielt dahin, dem Klienten eine Unterscheidung zwischen dem, was unbedingt sein *muß*, und dem, was *wünschenswert* erscheint, nahezubringen. Der Therapeut argumentiert, daß, wenn etwas schön, günstig, wünschenswert oder üblich ist, es noch lange keine absolute Notwendigkeit, kein Gesetz, keine Regel enthält, die das Gegenteil zur totalen Katastrophe macht. Selbst wenn der Klient bis zu seinem Lebensende keinen einzigen Koitus zustande brächte, heißt dies nicht, daß er Zufriedenheit und Glück als Fremdwörter ansehen muß. Es wird versucht zu unterstreichen, daß er gewiß glücklicher sein dürfte, wenn er Erektionen erlebte, aber seine These, daß zum wahren Glück die sexuelle Potenz gehöre, sei nicht aufrechtzuhalten.

K.L. (55), war bis vor einigen Monaten mit einem bekannten Journalisten verheiratet. Nach 20jähriger Ehe kam es zur Trennung, weil der Ehemann eine Liäson mit einem wesentlich jüngeren Mannequin nicht mehr verheimlichte, wie er es mit Wissen und gequälter Duldung seiner Ehefrau 2 Jahre lang tat. Die Trennung, die für beide Partner ambivalent blieb, bewirkte Schlafschwierigkeiten und Depressionen, die K.L. noch zu bewältigen vermochte. Als sie jedoch erfuhr, daß ihr Ehemann beabsichtigte, zusammen mit seiner Freundin einen noch mit ihr selbst geplanten Urlaub in Dubrovnik zu verbringen, verfiel sie in stundenlange Weinkrämpfe, die sich mit dumpfen Inaktivitäten abwechselten.

Eine derartige Konstellation kann durch eine Fülle irrationaler Ansichten „explosiv" werden. K.L. wurde umso depressiver, je stärker sie erkannte, daß eine andere Frau ihre Stelle einnahm, sie ersetzte. Zwei Jahre lang ertrug sie die außereheliche Bindung ihres Mannes, weil dieser die Angelegenheit nach außen vertuschte. Unerträglich war ihr die Liäson, als sie publik wurde; einen

Höhepunkt ihrer Affekte erlebte sie, als sie davon erfuhr, daß die gemeinsamen Erinnerungen an Dubrovnik aus früheren Urlaubsreisen „entweiht" wurden. Sie empfand dabei, daß ihr Ehemann ihr damit demonstrieren wollte, wie wenig ihm diese eheliche Vergangenheit bedeutete. Gleichzeitig wurde die geplante Urlaubsreise zum Zeichen dafür, daß ihr Ehemann nicht nur von „dieser Person eingefangen" wurde, sondern selbst aktiv die Trennung festigte. Sie fühlte sich maßlos gekränkt; gleichzeitig erschien ihr die Zukunft grau, einsam, voller Krankheiten und Hilflosigkeiten.

Die Fallschilderung enthält mehrere als katastrophal eingeschätzte Situationen, vor allem die „Entwürdigung gemeinsamer Erinnerungen" durch die Urlaubsreise und die einsame, kranke Zukunft. Die Kognitionen sind jedoch auch antiempirisch und mußturbatorisch. Es zeugt nicht von besonderem Einfühlungsvermögen des Mannes, daß er seine Geliebte gerade nach Dubrovnik mitzufahren einlud, aber es lassen sich Motive für sein Handeln finden, die nicht durch aktive Herabsetzungen, gemeine Böswilligkeiten oder geringschätzender Wertung früherer gemeinsamer Ferienerinnerungen geprägt sind. Mußturbatorisch sind die Kognitionen deshalb, weil verlangt wird, daß der Ehemann Rücksicht nehmen *muß*, die gemeinsame Vergangenheit bewahren *muß*, sie als einzigartig und nicht wiederholbar betrachten *muß*. Aus der Art dieser Gedanken spricht eine tiefe Verletzung, aber auch eine noch vorhandene Bindung, die zu berücksichtigen ist.

Walen u. a. (1980) nehmen eine Unterscheidung zwischen drei Formen von Mußturbationen vor, zwischen „Ich muß", „Andere müssen" und „Die Welt muß". Ich-muß-Feststellungen sind zumeist auf den eigenen Perfektionismus bezogen. Eigene Schwächen und Fehler, Mißlichkeiten und Defizite werden mit Argusaugen betrachtet und vor anderen zu vertuschen versucht. Situationsangemessene Strebsamkeit und Arbeit an der Verbesserung der eigenen Persönlichkeit ist für solche Leute schwierig, da sie nicht das Bessere, sondern nur das Beste gelten lassen können. Feststellungen von der Art „Andere müssen …" übertragen den Perfektionismus auf Mitmenschen; die Intoleranz prägt den Interaktionsstil. Eingeschlossen ist zumeist der Versuch, andere mit erheblichem Aufwand, zu kontrollieren. Diese Kontrolle kann über die Mitmenschen hinausgehen und die gesamte Umwelt betreffen („Die Welt muß …"), ja Aspekte einschließen, die zu beeinflussen nur noch mit Magie gelänge. Flüche und Ausfälle, die manchen Urlauber unter regenverhangenem Mittelmeer kennzeichnen, könnten solche Kognitionen sicherlich treffend illustrieren.

(a) Disputation durch Herausarbeiten der Mußturbation
    und die anschließende „elegante Lösung"

Ellis & Abrahms (1979, S. 61 ff.) beschreiben den Fall von Janet J., einer 31jährigen Mutter, die nach einer Totaloperation im Krankenhaus lag und, da es ihr nicht gut ging, durch beständiges Klingeln nach den Krankenschwestern ein hohes Maß an Aufmerksamkeit verlangte, damit aber erheblich zur Unruhe auf der Station beitrug. Ihre Mußturbationen sind wie folgt zusammenzufassen: „Das Personal darf mich nicht mit den anderen operierten Frauen zusammenlegen. Es ist total unmöglich, daß die Schwestern nicht sofort kommen, wenn ich sie rufe. Sie müssen kommen, weil ich solche Schmerzen habe."

Ein Ausschnitt aus dem Therapieprotokoll ist nachstehend auszugsweise wiedergegeben; er demonstriert im wesentlichen die „elegante Lösung", oder wie sie Ellis (1980b) nennt, die „preferential RET".

Th.: Warum dürfen die Krankenschwestern Sie nicht mit anderen Patientinnen, die operiert wurden, zusammenlegen?

Kl.: Ich nehme an, daß es keinen Grund gibt, warum Sie es nicht dürfen. Es wäre wahrscheinlich besser, wenn sie es auf andere Weise regeln würden.

Th.: Richtig, sie müssen sich nicht so verhalten, wenngleich es sicherlich schön wäre, wenn sie es täten. Ist es wirklich unmöglich, daß die Schwestern nicht sofort kommen, wenn Sie sie rufen?

Kl.: Nein, vermutlich nicht. Sie haben ja auch Verantwortung für die anderen Patienten. Kämen sie sofort, würden sie den anderen gegenüber unfair sein.

Th.: Ich bin froh, daß Sie das sehen. Die Krankenschwestern sind wahrscheinlich nicht unfair, aber nehmen wir doch mal einen Moment an, sie seien tatsächlich unfair und würden Sie gegenüber anderen Personen benachteiligen. Fragen wir uns doch, warum sie eigentlich nicht unfair sein dürfen? Nur weil Sie Schmerzen haben?

Kl.: Ist es nicht ihre Aufgabe Schmerzen zu lindern?

Th.: Nehmen wir an, es ist so. Aber gibt es ein Gesetz in der Welt, daß sie es müssen? Daß Krankenschwestern unbedingt ihre Arbeit und ihre Pflichten korrekt ausüben? Gibt es ein so formuliertes und verabschiedetes Gesetz?

Kl.: Offensichtlich nicht.

Th.: Was kommt aber für Sie dabei heraus, wenn Sie für sich ein solches Gesetz erfinden?

Kl.: Ah – Wut und Schmerzen im Leib!

Th.: Ja, Sie haben ja schon Ihre Operationsschmerzen und nun verschaffen Sie sich noch zusätzlich selbst andere Schmerzen, Schmerzen vor Zorn. Das ist doch nicht gut oder?

Kl.: Nein.

Th.: Nehmen Sie trotzdem nochmals an, daß die Krankenschwestern Sie vernachlässigen. Warum ist das so schlimm?

Kl.: Ist es nicht ziemlich schrecklich in der Stunde der Not vernachlässigt zu sein?

Th.: Ja, ich nehme an, es ist ziemlich schmerzhaft, ja widerwärtig. Aber sehen Sie es nicht als gänzlich widerwärtig, ja mehr als das an?

Kl.: Vermutlich ja.

Th.: Und ist es wirklich total widerwärtig, wenn man berücksichtigt, daß die Schwestern noch andere Dinge zu tun haben und daß sie gelegentlich ja auch an Ihr Bett kommen? Kann es noch mehr als widerwärtig sein, gleichsam 110 % widerwärtig?

Kl.: Nein, ich sehe, daß es nicht gänzlich widerwärtig ist, natürlich auch nicht 110 %.

Th.: Aber sind Sie nicht dann, wenn Sie so wütend sind überzeugt, daß es 110 % widerwärtig ist?

Kl.: Ich habe so noch nicht darüber nachgedacht, aber Sie haben wahrscheinlich recht, ich denke so.

Th.:	Sie sagen sich, wie können die mich nur auf eine solche Weise behandeln. So, was können Sie als Antwort geben?
Kl.:	Ich nehme an, sie lautet: Die Schwestern können es.
Th.:	Ja, die Leute können einen unfair, ungerecht, ja saumäßig behandeln. Das ist ihre Art. Man braucht sich da nicht sehr zu bemühen, wohl aber dann, wenn Sie fair behandelt werden müßten. Sehen Sie das auch so?
Kl.:	Ja. Aber ich sehe das gewöhnlich unrealistisch.
Th.:	Das ist der Grund, warum Sie sich aufregen. Sie sagen sich: ‚Was für eine unerträgliche Situation'. Aber in welcher Hinsicht ist sie unerträglich?
Kl.:	Wohl in keiner Hinsicht. Obwohl, ich könnte unter Umständen sterben, wenn die Schwestern mich nicht beachten.
Th.:	Nein, Sie würden da nicht sterben. Aber davon abgesehen, könnten Sie überhaupt glücklich sein, wenn die Situation so anhält? Wenn Sie sagen, daß etwas unerträglich ist, sagen Sie gleichzeitig, daß Sie kein Glück mehr erleben werden, so lange diese Situation gegeben ist.
Kl.:	Sie haben recht, als Beispiel könnte ich erwähnen, daß manchmal, wenn die Krankenschwestern eine Viertelstunde auf sich warten ließen, ich sie vergessen hatte, wenn ich mit etwas anderem beschäftigt war. Ich glaube, das ich das aushalten kann. Ich muß es nur irgendwie besser in meinen Kopf bekommen.

Analysiert man diesen Therapieausschnitt, werden zwei Argumentationslinien deutlich. In der ersten bemüht sich der Therapeut, der Klientin nahezubringen, daß die Krankenschwestern deshalb nicht das tun *müssen*, was die Patientin erwartet, weil sie auch andere Verpflichtungen haben. Das Ziel ist, die Interpretation „boshafte Vernachlässigung" zu modifizieren. Die zweite Strategie geht von der tatsächlich anzunehmenden Vernachlässigung durch die Krankenschwestern aus. Die Patientin soll die gelegentlich auftretende inkompetente und ungerechte Behandlung *akzeptieren* und erkennen, daß je größer die Wut ist, desto unwahrscheinlicher eine bessere Betreuung erwartet werden kann. Dieser letzte Disputationsversuch entspricht dem Konzept der „eleganten Lösung".

(b) Disputation durch Betonen der Absurdität

Mußturbationen sind irrationale Annahmen, die auch dadurch disputiert werden können, daß man sie provisorisch als korrekt akzeptiert („Fuß-in-der-Tür-Technik", vgl. Linehan, 1979), daß aber einige „logische" Schlußfolgerungen daraus gezogen werden.

C.S., ein 16jähriger Junge stotterte lediglich im Schulunterricht. Er war der Meinung, er könnte als jemand angesehen werden, der schwächlich, nervös und nicht belastbar ist, wenn er beim Vorlesen eines Texts blockiert. Das Bild, das er von sich selbst während des Stotterns hatte und das er auch bei seinen Klassenkameraden antizipierte, war das eines „Schwächlings": „Ich muß flüssig sprechen können, um nicht als Schwächling angesehen zu werden, um von meinen Kameraden akzeptiert zu werden". Der Therapeut versucht an dieser Mußturbation anzusetzen, indem er diese Annahmen als vorläufig richtig bezeichnet, aber hinzufügt, daß der Klient in diesem Fall nicht nur wie seine Kameraden flüssig sprechen müsse, sondern auch einige andere ihrer Verhaltensmuster zu übernehmen habe. Er müsse folglich, um akzeptiert zu werden, sich so kleiden wie die andern, die Haare im gleichen Schnitt tragen wie es andere tun, trinken, was andere trinken oder solche Bücher lesen und Meinungen vertreten, die anderen gefallen. Es wäre also notwendig sich ganz nach den Klassenkameraden auszurichten. Diese bis ins Extrem und ins Absurde getriebene Anpassung ist in der Regel natürlich für den Klienten kein erstrebenswerter Zustand. Seine entsprechenden Äußerungen können dann von Seiten des Therapeuten noch dadurch unterstrichen werden, daß auf die Tatsache hingewiesen wird, daß es eine einheitliche Meinung und einen homogenen Lebensstil anderer ja gar nicht gibt und daß man daher nicht umhinkommt, gegen die Einstellungen einzelner oder auch mehrerer zu verstoßen (vgl. auch Harrell u. a., 1980).

(c) Disputation durch Kontrastmodelle

Der Therapeut kann sich als Person darstellen, die sich in gleicher Weise wie der Klient fehlerhaft verhält, dann vom Klienten aber verlange, daß dieser die gleiche negative Beurteilung des Verhaltens des Therapeuten vornimmt, wie er sie, auf sich selbst bezogen, ohne größeres Nachdenken immer wieder vollzieht.

Th.: Ich habe den Eindruck, es fällt Ihnen schwer, sich Fehler, die Sie begangen haben, selbst zu verzeihen. Sie sagen sich: ‚Ich muß alles richtig machen‘.
Kl.: Irgendwie ist das schon so. Ich halte mich sofort für einen Schwächling ...
Th.: ... wenn Sie nur einmal danebenliegen. Ich kann Ihnen versichern, daß ich jeden Tag Fehler mache. Gestern abend habe ich beim Zurückstoßen mein Garagentor ramponiert, heute morgen bei Rot die Ampel überfahren, weil ich mit den Gedanken bei meiner Steuererklärung war. Würden Sie mich als einen Schwächling im Straßenverkehr betrachten?
Kl.: Natürlich nicht.
Th.: Ganz offensichtlich machen Sie da aber eine Unterscheidung. Ich darf die Fehler machen und bin kein Schwächling und Sie sind, wenn Sie einen machen, ein Schwächling ersten Grades. Worin liegt da die Logik? Warum muß alles bei Ihnen funktionieren und bei anderen nicht?

(d) Disputation durch Offenlegung der Erwartung
    an den Therapeuten

Eine häufige therapeutische Thematik sind Entscheidungsprobleme vom Charakter Annäherung-Annäherungskonflikt.

K. K., ein 23jähriger Student zog, nachdem er sich mit seinen Eltern zerstritten hatte, zu seiner Freundin, die ihm durch eigene Berufstätigkeit behilflich war, das Studium zu finanzieren. Er war allerdings wegen ihrer „sexuellen Lustlosigkeit“ unzufrieden und beständig auf der Suche nach neuen

Bekanntschaften. In erhebliche Entscheidungskonflikte geriet er, als er eine angehende Studentin kennenlernte, von der er vermutete, sie käme sexuell seinen Wünschen stärker entgegen.

Th.: Ihre alte Freundin hat den Vorteil, daß sie das Geld beibringt, den Nachteil, daß sie Ihnen sexuell nicht so sehr gefällt. Der neuen müßten Sie das Geld bringen, aber sie scheint sexuell attraktiver.
Kl.: Genau.
Th.: Und jetzt erwarten Sie eine perfekte Lösung des Problems.
Kl.: Vielleicht könnten Sie mir sagen, wie die aussieht.
Th.: Kaum. Ich habe keine perfekte Lösung. Es gibt sie auch nicht für Ihre Frage. Sie sagen sich aber: Ich muß mich richtig entscheiden. Ich darf in dieser wichtigen Lebensfrage keinen Fehler machen. Nehmen Sie aber an, Sie stellen nach einiger Zeit fest, es wäre besser gewesen, sich damals anders zu entscheiden. Was würde das denn heißen?

(e) Disputation durch Unterscheidung zwischen Zwang
    und Wahl

Personen, die Mußturbationen anhängen, lassen erkennen, daß sie äußere Zwänge akzeptieren und sie selten in Frage stellen. Formulierungen wie „Aber man muß doch ...", „Jeder Mensch muß ..." unterstreichen, daß wir uns häufig auch dort als Teil des gleichgeschalteten Ganzen erleben, wo wir uns aus freien Stücken entschieden haben, eine bestimmte Verhaltensweise zu zeigen. Der Therapeut kann den Unterschied zwischen Zwang und Wahl deutlich machen, indem er konträr argumentiert:

Kl.: Ich kann nur sagen, daß das meine letzte Chance im Leben ist. Ich muß nach meinem Reinfall im Medizinstudium diese Pharmareferentenprüfung bestehen. Ich muß das nun wirklich.
Th.: Sie *müssen* das keinesfalls. Sie könnten sich statt hinter Ihren Büchern zu quälen, auch im Kino, im Schwimmbad oder in der Disco belustigen. Wenn Sie sich hinter ihre Bücher klemmen, ist das Ihre Entscheidung, Ihre Wahl. Sie fürchten ein Leben in einem Beruf, in dem sich Ihr vergangener Einsatz überflüssig erweist. Deswegen haben Sie sich für den Beruf des Pharmareferenten selbst *entschieden*.

In einem anderen Fall bemängelte ein Vater das beständige Nägelkauen seines Sohnes.

Kl.: Wenn ich den Jungen an seinen Nägeln kauen sehe, greife ich sofort ein. Ich habe das Gefühl, ich muß ihn davon abhalten. Im Grunde muß ich es ja auch, denn sonst nagt er sich die ganzen Finger ab.
Th.: Sie *müssen es nicht*. Sie könnten es beispielsweise auch gänzlich übergehen.
Kl.: Wieso? Als Vater habe ich die Pflicht, den Jungen gesund zu erhalten.
Th.: Sie haben sich jahrelang selbst *entschieden*, bei jedem Nägelkauern einzugreifen, ohne jeglichen Erfolg. Sie könnten sich jetzt auch anders entscheiden, irgendeine andere Methode zu benutzen, vielleicht mit mehr Erfolgsaussichten.

1.2.4. Disputation niedriger Frustrationstoleranzen

Wenn in der Antizipation eines als bedrohlich empfundenen Ereignisses der Selbstwert in Gefahr gesehen wird (z. B. „Wenn ich bei dieser Aufgabe versage, zeigt das klar, was ich für eine Flasche bin") spricht Ellis (1979h) von „ego anxiety". Eine Angstreaktion, die hingegen mit einer geringen Frustrationstoleranz einhergeht („Ich kann es nicht ertragen, mit dieser Person den ganzen Abend zu verbringen") bezeichnet er als „discomfort anxiety". Sie drückt das Unvermögen der Person aus, mit Umständen zurechtzukommen oder gar leben zu können, die als negativ interpretiert werden („Das hält kein Mensch aus", „Wenn ich das noch länger ertragen muß, werde ich verrückt", „Ich kann einfach nicht mehr").

Die niedrige Frustrationstoleranz kann sich in erster Linie zum einen auf die aktivierenden Ereignisse (A) der Umwelt (z. B. das hämische Lachen des Chefs) oder der eigenen körperlichen Vorgänge (Schmerzen), zum anderen auf die eigenen irrationalen Kognitionen (B), insbesondere auf die eigene Symptomatik beziehen (vgl. Kap. IV).

(a) Disputation durch Hinweise auf Toleranzen

Eine Äußerung, die eine geringe Frustrationstoleranz erkennen läßt, kann dadurch ihres irrationalen Gehalts entkleidet werden, daß der Therapeut die möglichen Toleranzresourcen anspricht. Er kann auf vergangene Toleranzen oder auf hypothetische Toleranzen Bezug nehmen. Am Beispiel einer schlafgestörten Klientin sind beide Argumentationen aufzeigbar.

D.M. hatte Monate dauernde Phasen von Einschlafschwierigkeiten. Sie machte es sich zur Gewohnheit, ein Glas Wasser und zwei Schlaftabletten beim Zubettgehen auf ihrem Nachttisch bereitzustellen, sich durch Lektüre abzulenken und, wenn sie nicht einschlafen konnte, die Tabletten zu nehmen. Nur selten schlief sie ohne Einnahme des Präparats ein. Ratschläge des Therapeuten, im Bett nicht zu lesen und, nach einiger Zeit des vergeblichen Wartens auf den Schlaf, für kurze Zeit aufzustehen, fruchteten wenig, da sie vorgab, ihre Ängste sowohl im als auch außerhalb des Betts nicht ertragen zu können: „Das kann sich kein Mensch vorstellen, wie schrecklich die sind, ich halte das einfach nicht aus".

Eine Argumentation des Therapeuten kann ihre vergangenen Verhaltensweisen des „Kämpfens" ansprechen.

Th.: Sie haben, wie Sie sagten, zuweilen gegen Ihre Ängste angekämpft, und sind dann auch eingeschlafen.
Kl.: Ja aber selten, und dann nur, wenn es mir gelungen ist, mich auszutricksen.
Th.: Erzählen Sie mal, wie Sie das angestellt haben.
Kl.: Ich habe mir gesagt, auch wenn Du nicht einschläfst, ist das nicht so schlimm.
Th.: Sie haben da offensichtlich versucht, die tatsächlichen Folgen des Wachliegens zu

bedenken. Wenn Sie bis zum Morgen nicht einschlafen, was würde das denn heißen?

Kl.: Eigentlich nicht viel … Ich wäre im Büro müde gewesen.

Th.: Es hat Ihnen offensichtlich genützt, so zu denken. Ich meine das ist auch gar kein Trick, sondern Sie haben die Folgen realistisch betrachtet.

Eine andere Disputationsmöglichkeit ist hypothetischer Art (vgl. dazu auch Försterling, 1980b):

Th.: Wenn Sie im Bett liegen, sagen Sie sich „Ich halte diese Angst, nicht einschlafen zu können, nicht mehr aus."

Kl.: Ja, ich werde ganz verrückt vor Angst, mein Herz klopft mir bis zum Hals, dann muß ich die Tabletten nehmen.

Th.: Wenn ich Ihnen für jede Nacht, die Sie ohne Tablette verstreichen lassen, 1000 DM geben würde, meinen Sie, Sie könnten Ihre Angst dann aushalten?

Kl.: Ja schon, Sie geben mir das Geld aber nicht.

Th.: Das ist richtig, aber Sie sehen, daß Sie unter veränderten Bedingungen durchaus sich zutrauen würden, Ihre Angst zu ertragen.

(b) Disputation durch Hinweise auf die Zwecklosigkeit der Bemühungen

Geringe Frustrationstoleranzen äußern sich oft in Ärgerreaktionen. Nachstehende Disputation unterstreicht, daß die Bemühungen einer Klientin, ihren offensichtlich sturen, geizigen und aufbrausenden 80jährigen Vater, den sie zu versorgen hatte, „zu verändern", mißlungen waren, was regelmäßig in massiven Ärgerreaktionen mit gegenseitigem heftigen Wortwechsel und Phasen des Schmollens endete.

Kl.: Ich kann ihn schon überhaupt nicht mehr ansehen. Dahin ist das schon gekommen. Ich kann ihn einfach nicht mehr ertragen.

Th.: Wie lange haben Sie ihn denn schon zu verändern versucht?

Kl.: Wie lange …? Das hat meine Mutter schon immer versucht und die starb vor 20 Jahren.

Th.: Da bewegt sich offensichtlich nichts. Glauben Sie, daß Sie den 80jährigen zu guter letzt noch hinbiegen können?

Kl.: Bestimmt nicht.

Th.: Und doch versuchen Sie es unentwegt. Da Sie irgendwie die Hoffnung haben, ihren Vater verändern zu können, achten Sie auf jede Kleinigkeit und ärgern sich darüber. Was würde es für Sie bedeuten, wenn Sie ihn so nehmen wie er ist?

(c) Disputation durch Rollentausch

Es kann sich als nützlich erweisen, im Verlauf der Disputation die Therapeut-Klient-Rollen zu tauschen. Der Therapeut spielt den naiven Klienten, während der Klient die Disputationsaufgaben des Therapeuten übernimmt (Kassinove & DiGiuseppe, 1975).

Ein Beispiel aus Goodman & Maultsby (1978, S. 166) kann die Vorgehensweise des „rational role reversals" oder „role switchings" illustrieren. Es geht dabei um einen Schuljungen, der, so könnte man seine Kognitionen zusammenfassen, infolge einer niedrigen Frustrationstoleranz nicht mehr zur Schule gehen wollte.

Th.: Nehmen wir doch mal an, Du bist der Doktor und ich bin Du. Gehen wir davon aus, ich wollte nicht mehr zur Schule und Du möchtest, daß ich gehe. Was würdest Du mir sagen, damit ich zur Schule gehe?

Kl.: Man muß zur Schule gehen, um zu lernen wie man später arbeitet.

Th.: Ja gut, aber ich muß dazu nicht zur Schule.

Kl.: Es wäre aber besser.

Th.: Das kann schon sein, aber ich mag die Schule nicht und ich will auch nicht gehen.

Kl.: Aber, Du mußt!

Th.: Ich muß nicht. Mein Vater kann mich zwar dafür schlagen, aber ich muß nicht.

Kl.: Sie werden Dich ins Gefängnis stecken, mit Wasser und Brot.

Th.: Ich glaube nicht, daß sie das in meinem Fall tun würden. Egal, ich mag die Schule nicht und ich glaube, daß ich auch nicht gehen muß. Warum soll ich zur Schule gehen und Mathematik pauken? Ich mag nur Fußball.

Kl.: Du mußt wissen, wie es geht, wenn Du einen Beruf haben willst.

Th.: Ja, aber ich mag nur Fußball spielen.

Kl.: Aber wenn es mal mit dem Fußball vorbei ist, was dann?

Th.: Vielleicht werde ich dann Geschäftsmann oder irgendwas.

Kl.: Da wüßtest Du aber nicht, wie man rechnet.

Th.: Dann würde ich vielleicht Medizin studieren.

Kl.: Du warst nicht in der Schule, das geht dann nicht.

Th.: O ich sehe, man lernt einiges in der Schule. Kannst Du mir noch andere Gründe nennen, warum ich gehen sollte?

2. Emotive Strategien in der RET

In der RET finden einige Techniken Anwendung, die unter der Rubrik „emotive Strategien" zusammengefaßt werden. Der Terminus ist alles andere als eindeutig. Es scheint so, daß er als Sammelbegriff für recht heterogene Maßnahmen benutzt wird, für Prozeduren, die weder der typischen Disputation noch den Verhaltenstherapien gleichzusetzen sind. Der Begriff ist auch insofern uneinheitlich, als unter ihm sowohl therapieatmosphärische Gesichtspunkte und Gesprächsstile als auch spezifische Techniken subsumiert sind. Ihr gemeinsamer Nenner ist allenfalls, daß die einzelnen Vorgehensweisen stärker unmittelbar Emotionen ansprechen als es bei den kognitiven und verhaltensorientierten Strategien der Fall ist. Folgt man einer Untergliederung von Ellis (1979c), so sind als „emotiv" nachstehende Maßnahmen zu verstehen: die unbedingte Wertschätzung des Klienten, das Rollenspiel in der Gruppe, das Modellernen, die nachhaltige Verwendung von rationalen Sätzen, die rational-emotiven Vorstellungstechniken, die schamreduzierenden Mutproben und einzelne Auflockerungsübungen. In anderen Darstellungen (z.B. Ellis & Abrahms, 1978) werden Selbstenthüllungs-Verfahren hinzugezählt. Gelegentlich tauchen die Imaginationstechniken auch unter kognitiven Disputationen auf. Da ohnehin keine klaren Indikationsstellungen für die einzelnen Techniken in der RET existieren, ist eine eindeutige Zuordnung auch nicht vordringlich. Überdies kommt ihnen in den allermeisten Fällen lediglich eine ergänzende Rolle zu.

Im folgenden soll auf drei der wesentlichsten Prozeduren etwas näher eingegangen werden, auf die RET in der Gruppe, die schamreduzierenden Mutproben und die rational-emotiven Imaginationstechniken.

2.1. RET in Gruppen

Die Prinzipien der rational-emotiven Therapie werden oft in Gruppen zu vermitteln versucht, wobei dies zum einen ökonomische Aspekte, zum anderen aber vor allem das Nutzbarmachen der Gruppenprozesse beinhaltet. Ellis (1979i) weist auf fünf verschiedene Gruppenformen der RET hin, auf (1) Familiengruppen unter Anleitung eines Therapeuten (vgl. auch McClellan & Stieper, 1977; Ellis 1979g), (2) Gruppen, die sich in kürzeren Abständen, z. B. wöchentlich, treffen (vgl. Lange, 1979), (3) rationale Marathon-Encounter-Gruppen (Ellis, 1969), (4) Demonstrationsworkshops in rationaler Lebensführung mit oft mehr als 100 Zuhörern und (5) Seminarkurse.

Die Durchführung der RET besitzt den Vorteil, daß einige Disputationsstrategien, wie sie zuvor geschildert wurden, mehr oder weniger spontan von einzelnen Gruppenmitgliedern benutzt werden. So kommt es beispielsweise auch ohne Anleitung durch einen Therapeuten relativ rasch zum Rollentausch, da viele Klienten zwar bei sich selbst irrationale Kognitionen nur mühsam erkennen, sie bei andern aber mit Argusaugen wahrnehmen. Ferner bietet sich jedem Gruppenmitglied die Möglichkeit, bei den anderen Teilnehmern nach einer rationalen Disputation die Reduktion von Affekten in deren Äußerungen und Verhaltensweisen feststellen zu können. Auch eignet sich die Gruppe als Demonstration dafür, wie durch bestimmte Aussagen einzelner Mitglieder Affekte bewirkt werden. Einer der wohl wesentlichsten Vorteile der Gruppe ist in der Erkenntnis der Teilnehmer zu sehen, daß sie mit ihren Schwierigkeiten und Denkstilen nicht alleine stehen. Die Selbstverurteilung wegen der eigenen Symptomatik kann dadurch auch ohne größeres Zutun eines Therapeuten reduziert werden. Weiterhin regt das Feedback von anderen zur Korrektur von Selbstabwertungen an; es eignet sich aber auch dazu, im Sinne der eleganten Lösungen, sich, unabhängig von den Meinungen und Normen anderer, akzeptieren zu können. Bezieht man Hausaufgaben und schamreduzierende Mutproben mit ein, kann eine gezielte Verstärkung durch die Gruppe den Fortschritt beschleunigen. Schließlich lernen die Gruppenmitglieder über die eigenen Schwierigkeiten so zu sprechen, daß sie das Risiko der möglichen

Konsequenzen des Bekanntwerdens von zuvor als peinlich, unangenehm oder abwertend erlebten Inhalten immer weniger gravierend einschätzen (vgl. auch Ellis, 1974 a).

Ein Ausschnitt aus einer gruppentherapeutischen Sitzung (Walling, 1975, S. 228 ff.) soll den Interaktionsstil und die Argumentationsweisen deutlich machen. Es handelt sich dabei um eine Selbsthilfegruppe, die sich, in diesem Teil, der Flugangst eines Gruppenmitglieds (Ha) angenommen hat:

Be.: Du sagst, daß das Flugzeug abstürzen könnte. Streng genommen stimmt das. Aber wenn Du Angst hast, bedeutet das, daß Du Dir sagst, daß es *wahrscheinlich* abstürzt. Es wäre gut, zwischen *möglich* und *wahrscheinlich* zu unterscheiden. Wenn Du die Realität um Dich herum betrachtest, ist fast alles möglich … aber das heißt nicht, daß es wahrscheinlich passiert. Wenn Du stets an das Mögliche denkst, machst Du Dir dauernd Angst. Es wäre möglich, daß Du von einem Auto erfaßt wirst, wenn Du über die Straße gehst, aber das heißt doch nicht, daß das jedesmal wahrscheinlich ist.

Fr.: Du kannst auch sehen, daß jeder die Wahrscheinlichkeit von Flugzeugabstürzen übertreibt, weil wir nur dann davon etwas hören, wenn es schiefgegangen ist. Du wirst doch nie eine Schlagzeile lesen wie „Auch heute 500 sichere Starts und Landungen auf unserem Flughafen".

Ha.: Ich sehe, was Ihr meint.

Fr.: Was meinst Du jetzt über Deine Gedanken?

Ha.: Wie wir schon besprochen hatten, glaube ich offensichtlich, es wäre schrecklich zu sterben. Ich weiß, daß jeder irgendwann sterben muß, und ich vermute, bei Flugzeugunglücken geht es ziemlich schnell.

La.: Jetzt kommst Du auf das Sterben zu sprechen. Was Dir schrecklich zu sein scheint, ist vermutlich nicht die Art des Sterbens, schnell oder langsam, sondern, daß Du überhaupt sterben könntest.

Ha.: Ja, ich kann mir zwar sagen, daß die Leute irgendwann sterben, aber ich glaube nicht, daß ich der Sache ruhig entgegensehen könnte ….

Mi.: Soweit wir wissen ist der Tod nur die Abwesenheit des Lebens. Im Grunde wissen wir nicht, wie bewußt er abläuft. Es hat also wenig Sinn, darüber lange nachzudenken.

Ha.: Mag sein, daß meine Flugangst nur die Angst vor dem Unbekannten ist. Das könnte zum Teil so sein. Aber es gibt viele Dinge, von denen Du nichts weißt und vor denen Du Dich nicht fürchtest.

Ha.: Aber ich hätte eine Kontrolle über sie.

Pa.: Nicht wenn sie total unbekannt sind.

Da.: Weißt Du denn, was Dir morgen passieren könnte?

Ha.: Nicht alles. Man kann nicht alles vorhersagen.

Mi.: Bist Du darüber besorgt, daß Du einiges über den morgigen Tag nicht weißt?

Ha.: Nein nicht wirklich.

Be.: Was Dir auf Deinem Flug passieren könnte, ist unbekannt. Was Dir morgen passieren könnte, ist auch unbekannt. Wenn Du rational das eine Problem bewältigst, kannst Du das andere auch.

2.2. Schamreduzierende Mutproben

In den schamreduzierenden Mutproben (shame-attacking exercises) bemüht sich der Therapeut seinen Klienten zu veranlassen, sich aktiv in Situationen zu begeben, die von diesem bislang als peinlich, lächerlich oder beschämend eingestuft wurden. Das Ziel der Übungen soll sein, sich, wenn die Aktionen in die Tat umgesetzt werden, nicht zu schämen, ja in ihnen eine Art Herausforderung oder Abenteuer zu sehen (Ellis, 1979c). Ein Teil der Übungen kann kognitiv-behavioralen Selbstbehauptungsprogrammen entlehnt werden (z.B. Galassi & Galassi, 1977; Jakubowski & Lange, 1978); die Besonderheit der schamreduzierenden Übungen besteht aber weniger darin, eigene Rechte und Bedürfnisse vorzubringen und durchsetzen zu können, als vielmehr sich zuzutrauen, die jenseits des Üblichen, Schicklichen und Normalen eingestuften Handlungen ohne größere Hemmungen auszuführen. Der Klient soll also nicht nur üben, etwa eine berechtigte Reklamation in einem Kaufhaus vorzubringen oder vor einer Gruppe von Zuhörern ein Kurzreferat über den letzten Urlaub zu halten, sondern er kann überdies und insbesondere angehalten werden, sich beispielsweise in den schreiendsten Kleidern, der gewagtesten Schminke oder den auffälligsten Accessoires auf die Straße zu begeben. Für das Treffen in gediegenen Kreisen eignen sich dazu insbesondere kurze Hosen. Auch das Einkaufen heikler Gegenstände wird gerne als Übung benutzt. So schickte beispielsweise Ellis (1979c) seine Klientin Myra in einen Sexshop, sie möge nach diversen Vibratoren fragen. In dieselbe Kategorie gehört die Frage nach Präservativen zu Sonderpreisen. In Geschäften kann auch lauthals angemerkt werden, daß man heimlicher Transvestit sei und sich spezielle Kleidung ansehen möchte. Mitunter wird auch das Ausrufen der Zeit in der nächsten Bahnstation oder in Zugabteilen vorgeschlagen (Walen. u.a., 1980). Selbst so ,,einfache" Übungen, wie jemanden auf der Straße um 50 Pfennige anzubetteln, weil man Hunger habe oder soeben aus dem Gefängnis oder einer Anstalt entlassen worden sei, können ebenso wie das Einkaufen von Schuhen mit durchlöcherten Socken eine beträchtliche Überwindung abverlangen.

Selten wird der Klient auf Anhieb begeistert sein, derart aktiv zu werden. Zur Argumentation kann der Therapeut indessen anführen, daß ,,Scham" zu einem gut Teil eine Orientierung an den Normen anderer darstellt, die oft gar nicht bedeutungsvoll sind, daß sich die Scham damit weithin aus dem Akzeptieren von antizipierten Wertvorstellungen anderer ergeben kann. Er kann überdies deutlich machen, daß schamreduzierende Übungen zwar gelegentlich den Eindruck fördern, man habe ,,nicht mehr alle Tassen im Schrank". Manche Klienten bekommen diesen Satz auch in der Tat zu hören. Solche Mutproben sind aber gerade dazu geeignet, sich in die Disputation der Bedeutung, der tatsächlichen Konsequenzen der eigenen Aktionen und der Meinungen anderer über diese Aktionen hineinzubegeben. Es kann ein Unterschied gemacht werden zwischen einem verrückten, absonderlichen oder ungehemmten Verhalten und der generalisierenden Zuschreibung der Eigenschaften „verrückt" oder „irrsinnig" an die gesamte Person. Vielfach erleben die Klienten, daß die Reaktion der Umwelt ausbleibt oder weit unter dem befürchteten Niveau liegt, daß sie allenfalls amüsiert oder verblüfft ist. Selbst wenn die Leute deutlich konsterniert sind, bedeute dies nicht, daß sich der Klient eine solche Haltung zu eigen machen muß.

Schamreduzierende Übungen sollten selbstverständlich ihre Grenzen haben. Sie liegen dort, wo die möglichen Konsequenzen des Verhaltens ein tatsächlich schädigendes Ausmaß für den Klienten oder andere Personen erreichen können. In keinem Fall sollten solche Übungen zur Bedingung für eine weitere Therapie gemacht werden. Als Faustregel bei der ‚Verschreibung' von Mutproben kann gelten, daß der Therapeut dem Klienten nur solche Übungen vorschlägt, die er auch selbst auszuführen bereit wäre.

2.3. Rational-emotive Imaginationstechniken (REI)

Im Rahmen der RET wurde eine Reihe von Vorstellungsverfahren entwickelt (vgl. z.B. Schwartz, 1980), bei der die Imagination als ein Hilfsmittel für die rationale Restrukturierung Verwendung fand (Maultsby & Ellis, 1974; Ellis & Harper, 1975; Maultsby, 1975). Die Techniken unterscheiden sich eher in Details als in der Grundkonzeption.

In erster Linie läßt sich ein „negatives" von einem „positiven" Vorgehen trennen.

Die negative REI (vgl. Ellis & Harper, 1975) ist im folgenden an einem Beispiel zu einer Sexualproblematik (Ellis, 1979c, S. 85ff.) dargestellt. Dabei sind die Anweisungen des Therapeuten ausführlich, die der Klientin nur knapp in Klammern angeführt:

(1) „Schließen Sie Ihre Augen und stellen Sie sich vor, Sie hätten mit Ihrem Ehemann Geschlechtsverkehr, malen Sie sich aus, wie sie erregt sind, wie die Erregung so stark wird, daß Sie sie gerne durch einen Orgasmus beenden würden. Aber so sehr sie sich auch anstrengen, was Sie auch versuchen, was Sie auch denken, es will Ihnen nicht gelingen; Sie kommen nicht zum Orgasmus. Sie werden hoch erregt, aber Sie haben kein Glück. Eine halbe Stunde lang haben Sie sich so angestrengt, Sie sind ganz erschöpft. Da zeigt Ihnen Ihr Ehemann, daß er genug davon hat. Er ist offensichtlich enttäuscht darüber, daß Sie nicht zum Höhepunkt kamen. Sie selbst sind mächtig frustriert und total erschöpft. Ihr Mann äußert sich kritisch und meint, daß Sie wahrscheinlich niemals einen Orgasmus bekommen werden und daß das auch eine ziemlich schlimme Sache sei. Phantasieren Sie diese Szene so intensiv, daß sie ganz klar wird. Können Sie sich die Szene gut vorstellen?
(ja)

(2) Als Sie sich vorstellten, ganz erregt zu sein und doch nicht weiterzukommen, wie haben Sie sich da gefühlt? Und stellen Sie sich vor, wie enttäuscht Ihr Ehemann ist, was fühlen Sie da?
(Scham, Depression)
(3) Lassen Sie die Scham und die Niedergeschlagenheit auf sich wirken. Erfahren Sie sie ganz klar. Können Sie die Gefühle vollauf empfinden?
(ja)
(4) Halten Sie das intensive Bild fest, Sie versuchen immer noch einen Orgasmus zu bekommen, Sie fühlen sich elend, Ihr Mann ist schrecklich enttäuscht. Halten Sie das Bild – und nun versuchen Sie *nur* noch enttäuscht zu sein, *nur* sorgenvoll, ohne Depression, ohne schweres Schamgefühl, *nur* enttäuscht und sorgenvoll.
(5) Auf welche Weise ist es Ihnen gelungen, Ihre Gefühle zu verändern? Was taten Sie, um die Gefühle zu verändern?"

Diese negative REI-Technik besteht, wie in dem Beispiel gezeigt, in einer Aufeinanderfolge von 5 Schritten:

(1) Vorstellung der angstauslösenden allgemein problematischen Situation;
(2) Exploration der auftretenden Gefühle;
(3) Erfahren und Einwirkenlassen der Gefühle;
(4) Veränderung der unangemessenen Gefühle in angemessene;
(5) Nachexploration der Veränderungsstrategien

Die Prozedur soll mehrfach geübt werden, täglich etwa 10 Minuten, und damit mehr und mehr gewohnheitsmäßig und automatisch ablaufen. Gegebenenfalls kann der Therapeut dem Klienten verdeutlichen, daß das Ziel der gesamten Vorstellungstechnik darin liege, eine Wahlmöglichkeit zwischen den angemessenen Gefühlsreaktionen (Bedauern, Enttäuschung) und den unangemessenen (Depression, Entsetzen) zu schaffen; der Klient soll das neue Reagieren gleichsam wie eine Fremdsprache oder das Fahren in Ländern mit Linksverkehr erlernen, also wie Fertigkeiten, die andere nicht gänzlich ersetzen, sondern nur ergänzen (Maultsby, 1975, 1979).

Schwartz (1980) schlägt eine Variante der negativen REI, die „skalierte" REI vor. In ihr werden die Stufen (3) und (4) schrittweise vollzogen. Der Klient bestimmt dabei einen Pegel für die problematische Situation auf der Skala von 0–100. Danach wird er aufgefordert, zunächst bei (3) einen *höheren* Ausprägungsgrad der unangenehmen Gefühle anzustreben und danach, bei (4), einen entsprechend niedrigeren Ausprägungsgrad herbeizuführen. Diese Verfahrensweise ist insbesondere dann anzuraten, wenn es dem Klienten schwerfällt, sich vor Augen zu halten, wie er seine Empfindungen in der Imagination verändern könne.

In der positiven REI (Ellis & Harper, 1975; Lipsky u. a., 1980) stellt sich der Klient (1) eine angstregende oder sonstwie problematische Situation vor, wird dann (2) aufgefordert, seine diesbezüglichen irrationalen Gedanken herauszuhören, (3) disputiert sie rational mit zuvor eingeübten positiven Überlegungen und führt so ein Gefühl der Ruhe herbei; schließlich bildet er (4) eine erneute Vorstellung, wie er mit dem rational eingeübten Denken die problematische Situation in den Griff bekommt, sie meistert.

Am Beispiel eines sprechängstlichen Klienten kann die Technik näher erläutert werden:

(1) Sie haben mir erzählt, daß Sie übermorgen ein Kurzreferat in der Volkshochschule halten wollen. Ich weiß, daß Sie große Angst davor haben.
(ja)
Schließen Sie nun Ihre Augen und stellen Sie sich auf dem Podium vor, wie Sie Ihr Manuskript herausziehen, das Publikum betrachten und zu sprechen beginnen. Malen Sie sich dabei aus, wie Sie Angst haben, wie Ihnen die Knie zittern und Sie am liebsten davonlaufen würden, wie sie total mutlos sind, sich elend und klein fühlen. Können Sie sich das so recht vorstellen?
(ja)
(2) Und nun versuchen Sie auf Ihre Gedanken zu achten, die Ihnen durch den Kopf gehen. „Ich darf nicht versagen. Ich darf in keinem Fall kritisiert werden. Ich werde das garantiert nicht überstehen. – Was denken bloß die Leute von mir. Die ganze Zeit hatten die eine gute Meinung von mir und nun erleben Sie die große Überraschung, daß ich eigentlich eine Niete bin". Versuchten Sie Gedanken klar zu sehen? Können Sie das?
(ja)
(3) Und nun stellen Sie sich vor, wie Sie diese Gedanken angreifen können. Stellen Sie sich vor, wie Sie zu sich sagen: „Ich muß es nicht als eine Katastrophe sehen, wenn andere merken, daß ich nicht so kompetent sprechen kann. Selbst wenn ich mein Referat abbrechen müßte, könnte ich das ertragen. Der schlimmste Fall also wäre auszuhalten. Wenn ich versage, was ja noch gar nicht sicher ist, weil ich in der Vergangenheit ähnliche Situationen halbwegs überstanden habe, so heißt das allenfalls, daß ich ein schwacher Redner vor Gruppen bin, aber es ist in keinem Fall ein Beleg dafür, daß ich eine Niete, ein Versager bin...."
(4) Wenn Sie sich nun vorstellen, wie Sie diese Sätze zu sich sagen, malen Sie sich auch aus, wie Sie auf das Pult steigen, Ihr Manuskript herausziehen, Sie sind leicht aufgeregt, sehen aber mit diesen Gedanken der kommenden Viertelstunde gelassener entgegen. Versuchen Sie so lange die entsprechenden Gedanken zu halten, bis Sie das Gefühl haben, daß Sie ruhig sprechen könnten, ohne größere Aufregung.

Unter demselben Terminus „positive imagery" ist bei Walen u. a. (1980) ein modifiziertes Vorgehen dargestellt. Dabei würde sich der sprechängstliche Klient vorstellen, wie er auf das Podium steigt, sich sicher und ruhig fühlt, wie er langsam und klar spricht, nicht zu ängstlich ist, ziemlich laut redet und häufig die Zuhörer freundlich anschaut. Dann fragt der Therapeut: „Was würden Sie zu sich sagen müssen, damit dieses Bild in Ihnen auftaucht?" Daraufhin erhält der Klient Gelegenheit, zuvor durchgesprochene Disputationen in Form rationaler Gedanken zu äußern.

Der besonderen Form der REI nach Maultsby (1975) geht eine Kurzentspannung voraus. Der Klient atmet langsam tief ein und rasch aus, bei letzterem denkt er das Reizwort „Ruhe". Am Ende des Ausatmungsvorgangs hält er den

Atem 10 Sekunden lang an und wiederholt das Ein- und Ausatmen in der gleichen Weise zwei bis drei Minuten lang, bzw. so lange, bis er sich entspannt fühlt. Die problematische Situation stellt er sich in einer „korrigierten" Weise vor, d.h. er sieht die Situation wie in einem Film ablaufend, sich selbst aber rational denkend und die angemessenen Gefühle empfindend. Diese korrigierte Sicht der problematischen Situation ist bei Maultsby (1975) zuvor in einer „rationalen Selbstanalyse" (RSA) eingeübt worden.

Ähnlichkeiten mit den genannten Verfahren weisen Techniken auf, die unter dem Begriff „coping imagery" zusammengefaßt werden können (vgl. z.B. Weissberg, 1977; Hodges u.a., 1979). In diesen ist oft das kognitive Restrukturieren weniger stark betont als das aktive Bewältigen durch zielgerichtetes Handeln. Ein Beispiel aus Hodges u.a. (S. 185) mag das Vorgehen verdeutlichen: „Stellen Sie sich vor, daß der Dozent die kommende Prüfung in einer Vorbesprechung behandelt (Pause). Sie achten darauf, welche Anhaltspunkte für Sie wichtig sein könnten (Pause). Stellen Sie sich vor, wie Sie sich Notizen machen und vorplanen, was Sie alles lernen müssen. Fühlen Sie sich erleichtert bei dem Gedanken, daß Sie wissen, was Sie zu lernen haben (Pause). Stellen Sie sich vor, daß Sie den Arbeitsaufwand bestimmen, der notwendig ist und wie Sie sich entsprechend einrichten. Sie fühlen sich bei dem Gedanken gut, daß Sie Ihrem Plan folgen". In dem Beispiel werden die Unterschiede zu der rational-emotiven Imagination offensichtlich. Die Bewältigungsanweisungen orientieren sich nicht an den irrationalen Ideen des Klienten, sondern an allgemein für günstig gehaltenen Vorgehensweisen in der Vorbereitung einer gefürchteten Situation. Sie sind zudem eher Hinweise darauf, wie der Klient sich in den vorgestellten Szenen zu verhalten hat, weniger, wie er anders denken könnte. Andere Arten der coping imagery betonen allerdings ebenfalls das veränderte Denken, berücksichtigen indessen auch eher Denkstile, die mehr oder weniger als günstig vorgegeben sind (Meichenbaum, 1979; Linehan, 1979).

Eine besondere Variante der rational-emotiven Imagination ist ihre Kombination mit der Hypnose (Tosi, 1974; Gwynne u.a., 1978). Das Verfahren („Rational Stage Directed Hypnotherapy", RSDH) beginnt mit einer hypnotischen Induktion. Ist der Klient entspannt, wird er gebeten, sich eine zuvor bestimmte selbstabwertende Situation mit ihren spezifischen Komponenten (ABC) vorzustellen. Besonders betont werden der negative Affekt, die Unfähigkeit effektiv zu reagieren und die begleitenden irrationalen Kognitionen. Durch Bemerkungen wie „Achten Sie darauf, wie schrecklich Sie sich fühlen, wie Ihnen alles aus der Kontrolle gerät" wird der unangenehme Zustand noch intensiviert. Dann soll der Klient das Imaginieren der Szene beenden, und der Therapeut schlägt rationale Kognitionen vor. Daraufhin wird die Szene wiederum imaginiert, nun aber mit dem rationalen Denken und der Vorstellung effektiverer Verhaltensweisen. Diese Szene wird durch Hinweise des Therapeuten auf die günstigen Auswirkungen des neuen Denkens ergänzt. Anleitungen zur Verwendung hypnotischer Entspannungstechniken werden in leicht erlernbarer Form bei Stokvis (1955) und Goldfried & Davison (1979) gegeben (vgl. dazu auch Spanos & Barber, 1976).

Einige Schwierigkeiten können den Ablauf rational-emotiver Imaginationsverfahren stören. Es sind ähnliche Probleme, wie sie auch in anderen Therapieverfahren mit Vorstellungstechniken (vgl. Shorr, 1974; Singer, 1978; Singer & Pope, 1978; McMahon & Hastrup, 1980) auftreten.

Eines dieser Probleme betrifft die Rolle der Vorstellungsfähigkeit, des Ausmaßes, mit dem eine klare Imagination gebildet werden kann. Das Vermögen, plastische Vorstellungsbilder hervorrufen zu können, wird zumeist als hilfreich, jedoch nicht als unbedingt notwendig erachtet, um die REI durchführen zu können. Im allgemeinen dürfte überdies den Aussagen eines Klienten zu der Plastizität seiner Vorstellungsbilder nur zurückhaltend zu begegnen sein, da die persönlichen Kriterien der „Klarheit" sehr voneinander abweichen können. Auch ist anzunehmen, daß die Klarheit relativ deutlichen Schwankungen unterliegt. Es ist daher auch nicht sicher, inwieweit eine der Therapie vorausgehende Diagnostik der Imaginationsfähigkeit (McCullough & Powell, 1972; Tondo & Cautela, 1974; Hiscock, 1978; vgl. Keßler, 1978) oder ein Vortraining des Imaginationsvermögens (Danaher & Thoresen, 1972; Rehm, 1973) wesentlich zu den Effekten der Technik beitragen können. Wichtiger scheint zu sein, daß Therapeut und Klient zusammenarbeiten, um die Ursachen mangelnder oder deutlich schwankender Vorstellungsfähigkeiten zu erfassen, da diese für den Therapieablauf nützliche Hinweise liefern. So könnten etwa Vorstellungsunfähigkeiten auf einer ungünstigen therapeutischen Beziehung beruhen: Der Klient kann seine Augen nicht mehr schließen, weil er dem Therapeuten nicht traut. Der Therapeut mag auch mit seinen allzuoft vorgegebenen Szenen den Klienten langweilen (vgl. Cautela & McCullough, 1978).

Eine andere Frage betrifft das Gefühlsoptimum in einer problematischen Situation, konkret ausgedrückt: Welches Ausmaß an Angstreduktion ist günstig, um ein angestrebtes Ziel zu erreichen? Mahoney & Avener (1977) stellten beispielsweise in einer korrelativen Studie fest, daß erfolgreiche amerikanische Turner vor einem Wettkampf mehr Ängste empfanden als weniger erfolgreiche, aber im Wettkampf stärker an Ängsten verloren. Die Autoren sind der Meinung, daß ein optimales Spannungsniveau vorhanden sein sollte, um eine angestrebte Leistung in einer erwünschten Weise zu erbringen.

Die Überlegung kann auf die REI-Technik insoweit übertragen werden, als auch hier nach dem Spannungsniveau zu fragen ist, das im individuellen und spezifischen Fall für die Problembewältigung förderlich ist. Die Frage kann erweitert werden, und zwar läßt sich vermuten, daß eine Imagination mehrerer Modalitäten des Spannungsgeschehens u.U. günstiger sein könnte als die alleinige Fokussierung auf das affektive und kognitive Geschehen. Die Mitbeachtung offen beobachtbarer Verhaltensweisen oder von Körperempfindungen hat sich vielfach als nützlich erwiesen (Lang, 1977; Morgan, 1978). Auch die Kontrollierbarkeit der Imaginationen, also das Ausmaß, mit dem der Klient in der Lage ist, entsprechend der Anweisungen oder eigener Absichten, die Bilder zu verändern, ist ein Aspekt, der kritisch zu betrachten ist. Die Aufforderungen, etwa in der positiven REI, sich vorzustellen, wie man in der Lage ist, eine zuvor gemiedene oder problematische Situation zu meistern, wird nicht in jedem Fall ohne weiteres befolgt werden können, was Untersuchungen aus der Sportpsychologie unterstreichen (Corbin, 1972). In diesem Zusammenhang ist auch nach den Auswirkungen zu fragen, die coping- und mastery-Imaginationen haben. Es ist anzunehmen, daß coping-Imaginationen, also solche, in denen die eigene Meisterung der problematischen Situationen noch unfertig ist, günstiger sind als mastery-Imaginationen, in denen man quasi als strahlender Held die in der Vergangenheit schwierigen Situationen im Griff hat. Es dürfte wahrscheinlich sein, daß coping-Imaginationen eine höhere Kontrollierbarkeit besitzen, aber ob sie letztlich einen besseren Transfer in reale Situationen bewirken, bleibt dahingestellt (vgl. Mahoney, 1979).

Insgesamt gesehen kann die REI eine nützliche Technik sein, wenn es dem Therapeuten gelingt, dem Klienten zu vermitteln, daß er seine Bilder und Gedanken, sowohl die kognitiven Inhalte als auch die begleitenden Verhaltens-, affektiven und organischen Komponenten selbständig kontrollieren kann. Der Klient soll sich nicht mehr als das Opfer seiner Gedanken, Bilder und Gefühle wahrnehmen, er soll lernen, daß seine Bilder sein Fehlverhalten steuern. Er soll lernen, sie in ihren gesamten Facetten zu erkennen, und sich in der Lage sehen, Einfluß auf sie auszuüben (vgl. auch Meichenbaum, 1978).

3. Verhaltensorientierte Methoden in der RET

Einer der Kernsätze der RET besagt, daß sich Individuen nur dann grundlegend ändern, wenn einer rationalen Neubewertung selbstschädigender Lebensphilosophien auch aktive Handlungen gegen derartige Einstellungen folgen. Den Klienten anzuleiten, die in der Therapie erarbeiteten neuen Überzeugungen und Fertigkeiten mehr und mehr selbständig auch in den 167 therapiefreien Stunden der Woche zu praktizieren, bleibt wesentliches Ziel der RET. Um dies zu erreichen, bedient sie sich auch offener Verhaltensübungen in den Therapiesitzungen und in den natürlichen Situationen. Der Therapeut sieht seine Aufgabe darin, dem Klienten Möglichkeiten für neue Verhaltensmuster und Erfahrungen zu vermitteln, die in der Therapie eingeübt und später dem Klienten nach und nach übertragen werden. Gemeinsam mit dem Klienten plant der Therapeut

„Hausaufgaben", welche die Fähigkeit des Klienten zur Selbsteinschätzung und Selbststeuerung weit über das Ende der Therapie steigern helfen.

Ein gut Teil der hierbei angewandten Methoden hat die RET von der Verhaltenstherapie übernommen, selbst wenn Ellis zu Recht für sich in Anspruch nimmt, schon zu Beginn der fünfziger Jahre verhaltensorientierte Strategien, beispielsweise in der Sexualberatung, eingesetzt zu haben, noch bevor die Verhaltenstherapie ihre stürmische Entwicklung genommen hat. In ihren auf Verhaltensänderung bezogenen Anteilen betrachtet Ellis heute die RET synonym mit den neueren Entwicklungen in der Verhaltenstherapie.

Im folgenden soll ein Überblick über die in der RET zur Anwendung kommenden Verhaltensstrategien gegeben werden. Es wird gleichzeitig versucht, die RET-spezifischen Aspekte herauszuarbeiten. Bei den vorgeschlagenen Verfahren und Materialien steht vor allem deren Praxisbezug sowie die relativ einfache Anwendung und die leichte Verfügbarkeit im Vordergrund, außerdem das Bemühen, im wesentlichen auf deutschsprachige oder ins Deutsche übertragene Anleitungen zurückzugreifen.

3.1. Verhaltensübungen und Training von Fertigkeiten

Unter „Verhaltensübungen" versteht man die Simulation von realen Lebenssituationen im Behandlungszimmer. Auch in der RET ist ihr Ziel das Training des Klienten in neuen und effektiven Verhaltensweisen. Verhaltensübungen sind wertvolle Hilfen vor allem dann, wenn es darum geht, Verhaltensdefizite abzubauen und soziale Fertigkeiten zu schulen. Sie werden am häufigsten bei Klienten eingesetzt, die Schwierigkeiten haben, sich selbst zu behaupten. Zumeist werden daher die Begriffe ‚Selbstsicherheitstraining' und ‚Verhaltensübung' auch synonym verwandt. Verhaltensübungsverfahren als Mittel zum Training von Fertigkeiten kommen darüber hinaus bei Partner- und Kommunikationsproblemen, bei mangelhaft entwickelter Kontaktfähigkeit und bei sexuellen Schwierigkeiten zum Einsatz. Sie sind wichtiger Bestandteil von Elternanleitungsprogrammen und bei der Ausbildung von Gruppenleitern für Freizeiten. Die Möglichkeiten für ihre Anwendung scheinen fast unbegrenzt. Schon heute sind Ausbildungsprogramme ohne die Verwendung von Simulation und Verhaltensübungen kaum vorstellbar.

Die große Bedeutung von Verfahren zur Einübung von sozialen Fertigkeiten und Problemlösestrategien für die Rehabilitation psychisch Kranker wird nachhaltig von Hoellen & Keßler (1979) unterstrichen. Ein besonderes Verhaltensübungsverfahren stellt das Rollenspiel dar. Die Anwendung dieser Methode bei Selbstunsicherheitsproblemen wird ausführlich und mit vielen praktischen Beispielen von Wendlandt & Hoefert (1976), Alberti & Emmons (1977), Fensterheim & Baer (1977), Flowers (1977), Booraem u.a. (1979),

Feldhege & Krauthan (1979) sowie Schindler u. a. (1980) dargestellt. Leitfäden, die mehr auf die Einübung von Kontaktfähigkeit und Kommunikation sowie auf die Anleitung zum sozialen Lernen allgemein ausgerichtet sind, wurden z. B. von Schwäbisch & Siems (1974), Mandel u. a. (1975) und Berlin (1975) entwickelt. Es läßt sich heute sagen, daß mit diesen Übungsverfahren selbstsicheres und sozial kompetentes Verhalten aufgebaut werden kann.

Neben diesen offenen Rollenspiel-Verfahren können zuweilen auch kognitive Übungen notwendig werden. Einige Daten weisen darauf hin, daß die verdeckte Übung ebenso effektiv wie offenes Rollenspielen selbstsicheres Verhalten bewirken kann (McFall & Twentyman, 1973). Um dem Therapeut die Möglichkeit zu geben, die Angemessenheit der Reaktion zu erfassen und korrigierend einzugreifen, sollte der Klient angehalten werden, ständig zu verbalisieren, was in seiner Vorstellung abläuft. Nach Ellis (1979h) können solche Trainingsverfahren, die am Verhalten unmittelbar ansetzen, bewirken, daß eine Person neben neuen Verhaltensweisen auch neue Überzeugungen annimmt. Da die Übungen aber am Punkt A in der ABC-Kette ansetzen, dürfte ihr Erfolg nur temporär sein, wenn nicht auch die mußturbatorischen Ideologien, die hinter diesen unangemessenen Verhaltensweisen stehen, konsequent angegangen werden. In einer Untersuchung von Schwartz & Gottman (1976) ergaben sich z. B. Hinweise darauf, daß viele selbstunsichere Personen ebensogut wie selbstsichere wissen, wie sie in Situationen reagieren könnten, in denen es darum geht, sich selbst ins Spiel zu bringen. Sie machen sich jedoch Sorgen darüber, daß andere sie ablehnen werden, wenn sie sich selbst behaupten (vgl. Cacioppo u. a., 1979; Mandel & Shranger, 1980). Die Vielfalt von Erscheinungsformen bei sozialen Ängsten wurde auch von Glasgow & Arkowitz (1975) aufgezeigt. Die wichtigsten Unterscheidungsmerkmale zwischen Männern, die häufig Verabredungen treffen und solchen, die das selten tun, waren nicht in irgendwelchen Beeinträchtigungen in den sozialen Fähigkeiten zu suchen, sondern in den negativen Selbstaussagen, mit denen die sozial ängstlichen Individuen sich selbst hemmten. Interessanterweise scheint bei Frauen mit geringerer Neigung, auf Verabredungen einzugehen, ein Defizit in sozialen Fertigkeiten eine größere Rolle zu spielen (vgl. auch Liss-Levinson u. a. 1975).

Es dürfte also günstig sein, selbstsicheres Verhalten so aufzubauen, daß die Eigenart der Beeinträchtigung sorgfältig untersucht und das Verhaltenstraining gegebenenfalls durch kognitive Modifikationsverfahren ergänzt wird (vgl. Alden & Safran, 1978; Hammen u. a., 1980). Eine geeignete Strategie besteht darin, die Einstellung zu vermitteln, daß es ein gutes Recht eines jeden ist, Bedürfnisse und Wünsche zu äußern, daß es aber auch keine Katastrophe darstellt, abgelehnt zu werden. Schließlich kann man, um mit Davison & Neale (1979) zu sprechen, die Früchte der Selbstbehauptung nur dann genießen, wenn man das Risiko eingeht, von anderen abgelehnt zu werden.

Eine ausschließlich auf *Verhaltens*änderung bezogene Therapie wird von Ellis (1977f., 1980b) als die „inelegante" Form der RET bezeichnet. Kommt beispielsweise ein Mann zur Therapie, der unfähig ist, eine Erektion zu erlangen, so wäre durch entsprechende kognitive und vor allem verhaltensorientierte Verfahren, wie die Sensate-Focus-Technik, ein adäquates sexuelles Funktionieren unter Umständen schnell bewirkt (vgl. Keßler & Hoellen, 1980). In der eleganten Form der RET würde hingegen versucht, diesem Mann auch aufzuzeigen, daß, selbst wenn er niemals mehr seine volle Potenz erreichte, dies zwar sehr unbefriedigend wäre, aber nicht ‚schrecklich' und ‚fürchterlich', daß er sich auch im impotenten Zustand akzeptieren kann, unabhängig davon, was andere von ihm denken würden, und daß es schließlich keine Vorschrift gibt, sexuell erfolgreich sein zu *müssen* (vgl. Kap. IV.2). Die elegante Form der RET hat zum Ziel, den Klienten anzuleiten, seine fundamentalen, die Störung generierenden Philosophien über Sexualität oder andere Aspekte des menschlichen Erlebens durch angemessenere Überzeugungen zu ersetzen.

Da jedoch, auch nach eigenem Bekunden von Ellis (1977f., 1980b), die inelegante Form der RET, die neben den verhaltensorientierten Verfahren natürlich auch kognitive und emotive Strategien einschließt, weit häufiger praktiziert wird als die elegante Version, welche womöglich nur bei einem kleinen Klientenkreis einsetzbar ist, sollte sich auch in der RET kein Therapeut scheuen, das volle Repertoire der verhaltenstherapeutischen Methoden zum Einsatz zu bringen.

3.2. Angstbewältigung

Ellis (1979h, j, 1980a) unterscheidet 2 Hauptformen der Angst – ‚discomfort anxiety' (DA) und ‚ego anxiety' (EA). DA wird als der Zustand emotionaler Angespanntheit definiert, der dann auftritt, wenn Individuen glauben, daß (1) ihr Wohlbefinden oder Leben in Gefahr ist, (2) sie das, was sie erlangen möchten, auch bekommen sollten oder müßten und (3) es schrecklich oder katastrophal ist, wenn sie das, was sie glauben erlangen zu müssen, nicht bekommen. EA wird als emotionale Anspannung einer Person gesehen, die glaubt, daß (1) ihr Selbst oder persönlicher Wert bedroht wird, (2) sie sich immerzu als kompetent erweisen muß und/oder von anderen anerkannt werden sollte und (3) es schrecklich und katastrophal ist, wenn sie sich nicht perfekt verhält und/oder ihr die Anerkennung durch andere, auf die sie glaubt Anspruch zu haben, versagt bleibt.

Während „ego anxiety" eine oft dramatische und tiefgehende Empfindung ist und von Gefühlen tiefer Niedergeschlagenheit, Scham, Schuld und Insuffizienz begleitet wird, scheint die häufigere „discomfort anxiety" weniger dramatische Formen anzunehmen. Vor allem als Reaktion auf unangenehme oder bedrohliche erlebte Situationen werden discomfort anxieties erlebt; sie sind deshalb ein Hauptcharakteristikum phobischer Symptome. Die EA betrifft die ganze Person und ist weniger mit spezifischen Stimuli einer Situation verbunden. Die nach Raimy (1975) sehr häufig vorkommende Phrenophobie, die Angst ,verrückt' zu werden, ist ein Beispiel für solche Empfindungen.

Obwohl beide Angstformen bei fast allen Individuen anzutreffen sind und bei bestimmten Symptomen, wie der Depression, eng miteinander verwoben scheinen, betrachtet Ellis (1979h, 1980a) die beiden Konstrukte als zwei verschiedene Reaktionsweisen. Er vermutet, daß einige Individuen aufgrund ihrer EA, andere infolge der DA Kummer erleiden. Menschen mit kombinierten DA-EA-Zuständen sind offenbar am schwersten gestört, haben größere Schwierigkeiten sich zu ändern und laufen mithin Gefahr, in geringerem Maße von einer Psychotherapie zu profitieren.

DA-Zustände sind nach Ellis (1979h, 1980a) vielfach Kennzeichen extrem geringer Frustrationstoleranzen. Falls es in der Therapie gelingen sollte, diese Individuen dazu zu bringen, Unannehmlichkeiten zu erdulden, sie lediglich als unbefriedigend aber nicht als unerträglich anzusehen, haben sie eine größere Chance, ihre Symptome zu überwinden. Ellis glaubt ferner, daß eine Anzahl von Verhaltenstherapien, vor allem die in-vivo-Desensibilisierung und die Reiz-überflutungstherapie, auf DA-Zustände abzielt. Aus diesem Grund plädiert er für die Anwendung dieser Verfahren bei schweren Phobikern und zwangsneurotischen Personen und zieht sie graduellen oder imaginativen Methoden vor. Er spricht sich also für eine direkte Konfrontation des ängstlichen oder zwanghaften Individuums mit den als gefährlich oder bedrohlich erlebten Situationen und Reizen aus. Nach seinem Verständnis sind Methoden, welche den Klienten schrittweise an die problematische Situation heranführen, sogar kontraindiziert, weil sie den Klienten vermittelten, daß ihre Ängste langsam, leicht und in erträglichem Maße abgebaut werden *müßten*.

Die Auffassung von Ellis steht hier im Einklang mit Befunden aus der klinischen Praxis über die Fliegel (1978), Bartling u. a. (1979) und Bartling u. a. (1980b) berichten. Dabei wurden einige spezifische Aspekte eines Intensivtrainings bei schweren Phobikern untersucht. In einer dieser Studien wird die Wirksamkeit eines abgestuften und eines unmittelbaren Vorgehens verglichen. Während beim abgestuften Vorgehen der Klient schrittweise immer komplexere und schwerere Stituationen übt, wird er beim unmittelbaren Vorgehen sogleich mit den am stärksten angstauslösenden Situationen konfrontiert, sozusagen ,,ins kalte Wasser geworfen". Acht Monate nach Therapieende zeigte sich eine günstigere Wirkung für die Gruppe, die unmittelbar den Angstreizen ausgesetzt wurde. Die Autoren unterstreichen, daß die während der Therapie erlernten neuen Kognitionen bei beiden Gruppen unterschiedlich sind: So scheint ein graduelles Vorgehen eher mit künftigen neuen Vermeidungstendenzen einherzugehen: (,,Diese Aufgabe kann ich ja auch noch später üben"); die

Konfrontation hingegen bewirkt ein ‚Ausleben' der Ängste, und in diesem Zusammenhang eher Überlegungen, welche sich auf die eigenen Kompetenzen beziehen („So wie du diese Aufgabe geschafft hast, so wird es auch bei den anderen klappen"). Die Autoren schlagen deshalb vor, in der Behandlung von Angstreaktionen eine unmittelbare Konfrontation mit starken angstauslösenden Situationen zu wählen, die zwar vor der Therapie zu größeren Erwartungsängsten führten, andererseits jedoch während des Therapieverlaufs die Klienten einer niedrigeren emotionalen Belastung aussetzen (vgl. Bartling u.a., 1979).

Das von Ellis bei Phobikern favorisierte Verfahren gehört zur Gruppe der *Reizüberflutungsmethoden*. Unter diesem Sammelbegriff (vgl. auch Olsen, 1980) werden divergierende Vorgehensweisen zusammengefaßt. Ullrich & Ullrich de Muynck (1974) verwendeten die Einteilung in die drei Gruppen (1) Implosion, Flooding und Reizüberflutung, (2) Habituationstraining, Expositionstherapie und (3) graduierte Annäherung. Im Falle (1) erfolgt die Stimulusdarbietung nur in der Vorstellung, bei (2) kombiniert in der Vorstellung und in der Realität und bei (3) ausschließlich in der Realität. In der Praxis findet man aber sehr häufig eine Kombination dieser verschiedenen Interventionen, die dann folgende Gemeinsamkeiten aufweisen: (a) direkte Konfrontation mit den angstauslösenden Objekten oder Situationen (in der Realität oder in der Vorstellung); (b) eine im Vergleich zu anderen Verfahren lange Darbietungsdauer; (c) ein relativ striktes Verhindern von Vermeidungsverhalten oder Fluchtreaktionen. Neuere empirische Befunde (Emmelkamp u.a., 1978; Fliegel, 1979; Kallinke u.a., 1979; Bartling u.a., 1980b) deuten auf eine Überlegenheit der in-vivo-Konfrontation hin. Sie unterstreichen die Notwendigkeit einer konzentrierten Übung nicht unter zwei Stunden pro Sitzung sowie das unbedingte Verbleiben in der Situation bis zum deutlichen Nachlassen der Angst. Diese Resultate machen klar, daß Verfahren der Reizüberflutung oder des Habituationstrainings eine wirksame Methode zur Behandlung von spezifischen Ängsten, Agoraphobien, multiple Ängsten und Zwangsneurosen sein können. Eine besondere Effektivität wurde durch die Kombination dieser Strategien mit kognitiven Restrukturierungsverfahren erzielt (Fliegel, 1978).

Die Angstbehandlung mit Reizüberflutung gliedert sich in vier aufeinander aufbauende Phasen: (1) diagnostische Vorphase, (2) kognitive Vorbereitung, (3) Intensivtraining, (4) Selbstkontrolle. An einem konkreten Fallbeispiel soll die Vorgehensweise eingehender erläutert werden.

Frau B., eine 26 Jahre alte, ledige Angestellte litt seit 7 Jahren unter schweren Phobien. Enge Räume, viele Menschen, Kaufhäuser, Warten und Schlangenstehen führten bei ihr zu Herzrasen, Schwindelgefühlen, Schweißausbrüchen und panischen Ängsten. Alle täglichen Unternehmungen, die sie alleine und selbständig durchführen wollte, wurden mit den Jahren zu einer immer häufigeren Qual. Ihre Gedanken kreisten um die Befürchtung, es könne etwas Schreckliches passieren, sie könne ohnmächtig werden und umfallen und niemand, der ihr helfen könne, sei in der Nähe. Mit der Zeit stellte Frau B.

nahezu alle sozialen Aktivitäten ein, was dazu führte, daß sie sich extrem isolierte und sich in ihrer Freizeit stets zu Hause aufhielt. Allein die tägliche Fahrt zur Arbeitsstätte war möglich, nur hier konnte sie sich relativ frei bewegen. Am Feierabend kehrte sie sofort wieder in die elterliche Wohnung zurück. Einige Versuche, gegen ihre Ängste anzugehen, blieben ohne Erfolg und haben Frau B. schließlich ganz resignieren lassen. Das Ergebnis vieler Arztbesuche waren zumeist allgemeine Ratschläge wie „sich nicht verrückt zu machen" sowie die Verschreibung von Medikamenten. Beides sah Frau B. aber nicht als die Lösung des Problems und erzeugte auch im übrigen keine Wirkung. In einer Fernsehsendung hatte sie zufällig von verschiedenen psychologischen Behandlungsformen bei Ängsten gehört. Da sie bei dem in dieser Sendung dargestellten Fall von Claustro- und Agoraphobie viele Parallelen zu ihrem eigenen Erleben entdeckte, gab sie sich, wie sie sagte, „die letzte Chance" einer psychotherapeutischen Behandlung.

In der (1) *diagnostischen Vorphase* wurde versucht, die Entstehungsgeschichte des Symptoms aufzuzeigen, angstauslösende Bedingungen zu identifizieren und die Vermeidungsstrategien der Klientin zu erfassen. Es stellte sich heraus, daß die Ängste ihren Anfang nahmen, als Frau B. an einem sehr heißen Tag im Büro einen Schwächeanfall erlitten hatte und für 2 Wochen krank geschrieben wurde. Danach sei alles anders gewesen als zuvor. Immer mehr Situationen seien kritisch geworden. Schon bevor sie eine Aktivität (Einkaufen, Ausgehen etc.) in Angriff genommen habe, seien große Erwartungsängste aufgetreten, die in den entsprechenden Momenten dann auch tatsächlich sehr stark geworden seien. Sie habe sich dann schnell einen sicheren Platz gesucht, wonach es ihr schlagartig besser geworden sei. Auch die Fahrt zur Arbeitsstätte und der Aufenthalt dort seien ihr am Anfang sehr schwer gefallen, da sie aber ,gezwungen' war, für ihren materiellen Unterhalt zu sorgen, habe sie sich im Laufe der Zeit arrangiert. Dafür weitete sich die Angst immer mehr aus bis hin zur fast völligen Einschränkung der Bewegungsfreiheit.

Besonderen Wert wurde auf die Erfassung der Selbstverbalisierungen gelegt, um mehr über kognitive Flucht- und Vermeidungsstrategien zu erfahren. Ein Beispiel hierfür mögen die von der Klientin in ein Formblatt eingetragenen negativen Selbstaussagen vor einem vorgesehenen Abendspaziergang sein. „Hoffentlich wird mir nicht schlecht. Ich werde bestimmt schwindlig und mein Herz beginnt garantiert zu rasen. Dann bekomme ich weiche Knie und kann keinen Schritt mehr gehen. Ich bin allein. Es ist niemand da der mir hilft." Auch stimmte sie den beiden von Ellis (1962a) formulierten irrationalen Überzeugungen zu: „Es ist leichter, bestimmten Schwierigkeiten auszuweichen, als sich ihnen zu stellen" und „Die eigene Vergangenheit hat entscheidenden Einfluß auf unser gegenwärtiges Verhalten, das was sich früher einmal auf unser Leben auswirkte, muß dies auch weiterhin tun".

Eine wichtige Grundlage für die Therapie stellt die (2) *kognitive Vorbereitung* dar. Mit Frau B. wurde die Entstehung und Aufrechterhaltung ihrer Ängste anhand von populärwissenschaftlichen Artikeln und des Selbsthilfebuches ‚Angst überwinden' von Hennenhofer & Heil (1975) besprochen. In einem weiteren Schritt sollte die Klientin lernen, ihre Ängste einzuschätzen, um das Ausmaß an Angst, das sie zu bestimmten Zeiten und in besonderen Situationen hat, mitteilen bzw. Veränderungen der Intensität der Angst registrieren zu können. Hierzu wurde eine von Wolpe & Lazarus (1966) vorgeschlagene Technik, die subjektive Angstskala gewählt. Die Klientin wurde aufgefordert, an eine sichere, entspannte Situation zu denken, der sie einen Wert von 0 zu geben hatte. Am Anschluß daran sollte sie sich eine erschreckende Begebenheit ausmalen, die dem Wert 100 gleichkäme. Nachdem so der Skalenbereich für das Angstniveau definiert war, konnte die Klientin mit Hilfe der subjektiven Angstskala weitere angstbesetzte Situationen einordnen. Sie wurde angeleitet, diese Zuordnung auch außerhalb der Therapie zu praktizieren.

Meichenbaum (1979) hat die Rolle von Selbstverbalisationen bei verschiedenen Verhaltensstörungen, u.a. phobischen Reaktionen, untersucht. Dabei betont er die angstaufrechterhaltende Wirkung solcher Selbstaussagen. Mit ihnen werden vielfach unerwünschte, aversive Situationen oder Reaktionen antizipiert, was weitere Vermeidungsreaktionen bedingt. Es erscheint sinnvoll, diese aufrechterhaltende Wirkung durch Gegenverbalisierung abzubauen. Auf dem Hintergrund dieser Überlegungen wurde die Klientin angeleitet, eine kognitive Restrukturierung der in vielen Situationen unrealistischen Einschätzung von Gefahren und Bedrohungen vorzunehmen. Ein Beispiel hierzu bot ein bevorstehender Zahnarztbesuch.

Negative Selbstaussagen:
,,Es tut bestimmt wieder arg weh. Und dann dieser unangenehme Geruch. Hoffentlich wird mir nicht wieder schlecht. Ich bekomme garantiert feuchte Hände, weiche Knie und das Herz beginnt zu rasen. Ich werde ganz hilflos sein."

Positive Selbstaussagen:
,,Die Zahnbehandlung ist dringend erforderlich. Ich war ja schon öfter beim Zahnarzt und habe es überlebt. Es tut zwar weh, aber es ist auszuhalten. Ich bin bestimmt nicht die Einzige, die diesen Geruch nicht mag. Wenn mir schlecht wird, so wird mir schon irgendwie geholfen werden."

Ziel dieser Übungen war der Aufbau von Selbstaussagen, die situationsannähernde Inhalte haben und den Klienten bereit zum Angsterleben machen. Werden die Selbstinstruktionen (z. B. ,,Ich werde in das Geschäft gehen, dann werde ich mich in die Lebensmittelabteilung begeben") auch in der realen Situation verbalisiert, helfen sie Vermeidungsgedanken zu verhindern und ermöglichen eine realistischere Situationswahrnehmung. Es empfiehlt sich solche alternativen Selbstverbalisationen in der Vorphase der Therapie einzuüben, damit sie in den kritischen Momenten auch präsent sind. Eine in die Tiefe gehende Analyse möglicher irrationaler Überzeugungen schien nicht erforderlich. Sutton-Simon & Goldfried (1979) weisen darauf hin, daß die situationsspezifischen Formen der Angst, im Gegensatz zu umfassenden frei flottierenden Angstreaktionen, eher mit negativen Selbstaussagen einhergehen als mit irrationalen Gedanken.

Solchermaßen vorbereitet folgte das (3) *Intensivtraining.* Es orientierte sich an dem Grundgedanken, in möglichst vielen angstauslösenden Situationen gemeinsam mit der Klientin zu trainieren. Für das Training mit Frau B. war eine Woche veranschlagt, bei täglich 3–4 Stunden systematischem Arbeiten. Frau B. hatte sich dazu eigens Urlaub genommen.

Der Hausarzt hatte auf Anforderung eine ärztliche Unbedenklichkeitsbescheinigung ausgestellt, außerdem war zwischen der Klientin und dem Therapeuten ein Vertrag über die Verbindlichkeit der Therapie geschlossen worden. Jeder Therapietag begann mit einer morgendlichen Vorbesprechung. Dabei wurden die zu erfüllenden Aufgaben durchgesprochen, Möglichkeiten ihrer Bewältigung in Gedanken durchgegangen, etwaige Schwierigkeiten zur Sprache gebracht und alternative Bewertungen und Reaktionsmöglichkeiten anhand des ABCDE Schemas ins Auge gefaßt. Außerdem wurden mögliche situationsspezifische Selbstverbalisationen angesprochen. Exemplarisch sollen hier zwei Situationen ausführlicher geschildert werden:

– Therapeut und Klientin trafen sich frühmorgens am Bahnhof, um in der Zeit des größten Berufsverkehrs mit dem üblicherweise vollbesetzten Zug in eine 50 km entfernte größere Stadt zu fahren. Dabei wurden getrennte Abteils gewählt; Frau B. nahm im Raucherabteil Platz. Die Fahrt verlief ohne nennenswerte Schwierigkeiten.

Am Ziel angekommen hatte Frau B. die Aufgabe, sich mitten in den Haupteingang des Bahnhofs zu stellen und die Vielzahl von Personen an sich vorbeigleiten zu lassen. Hier setzte sie etwa folgende situationsspezifische Selbstaussagen ein: „Ich werde jetzt durch die Bahnhofshalle gehen und mich in den Haupteingang stellen. Ich werde beobachten wie die Menschen rechts und links an mir vorbeigehen. Einige werden sogar direkt auf mich zukommen. Wenn ich dann stehen bleibe, werden sie mir ausweichen. Es werden sehr viele Menschen sein, denn es ist Berufsverkehr. Anfangs werde ich vielleicht ein mulmiges Gefühl bekommen, das aber sicherlich auszuhalten sein wird".

Der Therapeut hielt sich bei dieser Übung, die etwa 1 Std. dauerte, ganz im Hintergrund. Danach gab Frau B. an, daß ihr das Ausharren in der Situation anfangs sehr schwer gefallen sei und einen subjektiven Angstwert von 90–100 erreicht habe, daß es nach einer Weile aber immer besser gegangen sei und unangenehme Empfindungen schließlich ganz verschwunden seien. Die Heimfahrt bereitete dann keine Schwierigkeiten mehr.

– Der 5. Tag stellte die Hauptanforderungen an die Klientin. Gemeinsam mit dem Therapeuten fuhr die Klientin zur Hauptverkehrszeit mit dem Auto über die stark befahrene Autobahn zu einer Messeveranstaltung. War dies allein schon eine hohe Anforderung an die Klientin, da sie diese Strecke noch nie gefahren war und überhaupt nur zwischen Arbeitsplatz und Wohnung verkehrte, brachte der Messebesuch neue Prüfungen. Auf sehr beengtem Gebiet waren rund 30 000 Menschen versammelt. Der Gang durch die Messehallen erschien der Klientin dann auch als eine harte Prüfung, vor allem der Besuch des Messestandes einer Rundfunkanstalt, wo Klientin und Therapeut mitten in einer dicht gedrängten Menge standen. Bei extrem warmer Witterung konnte die Klientin nur mit leichtem Zwang dazu angehalten werden, in der Situation zu verharren. Dennoch blieb sie schließlich 80 Minuten an ihrem Platz und als die Halle verlassen wurde, hatte sie die Ängste „nahezu bei 0" eingeordnet. Später nahm die Klientin noch verschiedene Aufgaben eigenständig in Angriff, so daß schließlich Fahrten im Aufzug eines großen Kaufhauses, die Tage zuvor noch als ,unmöglich' betrachtet wurden, bald abgebrochen werden konnten, da sich kein Anzeichen von Angst mehr zeigte.

Nachdem so alle Angstbereiche erfolgreich eingeübt waren, schien es möglich, zur (4) *Selbstkontrolle* des Verhaltens überzugehen. Die Fortschritte bei der Bewältigung der Ängste sollten stabilisert und die Klientin unabhängig von therapeutischer Hilfe werden. Gemeinsam wurde ein Plan für weitere Übungen erarbeitet. Eine dieser Übungen beschrieb Frau B. folgendermaßen: „Meine Mutter, meine Schwester und ich machten einen Einkaufsbummel. Zum Schluß wollten wir in ein Restaurant. Unter einem Vorwand ließ ich die beiden zuerst hineingehen. Ich wartete ein paar Minuten, ehe ich das Lokal betrat. Ich ging auf ihren Tisch zu und setzte mich. Im Gegensatz zu früher, bereitete es mir keine Schwierigkeiten den Raum zu durchqueren, obwohl das Lokal besetzt war". Die Fortschritte stabilisierten sich in der folgenden Zeit. Frau B. verbrachte zum erstenmal in ihrem Leben einen – wie sie sagte – gelungenen Urlaub in den Bergen. Der gute Ausgang der Therapie soll natürlich nicht über Schwierigkeiten im Verlauf der Behandlung und besonders in der Intensivphase hinwegtäuschen. Dennoch kann offensichtlich ein gezielt geplantes Habituationstraining schwere Ängste in relativ kurzer Zeit abbauen helfen.

Bei bestimmten klinischen Gruppen, beispielsweise bei Kindern, wird man weniger dramatische Formen des Angstabbaus wählen können. Auch in der RET wird hier auf die *Systematische Desensibilisierung* (SD) zurückgegriffen, von der mittlerweile auch mit RET-Prinzipien angereicherte Formen entwickelt wurden. Eine Variation der Desensibilisierungsprozedur in einem RET-Rahmen ist die rational-verhaltensorientierte Desensibilisierungsform von Knaus (1975). Parallel zur Verhaltenshierarchie entwickelt der Therapeut eine Rangfolge irrationaler Überzeugungen. Der Klient wird angeleitet, jeweils ein Item dieser Rangfolge in Frage zu stellen und dann das entsprechende Item auf der Verhaltensseite in der Vorstellung zu bewältigen. Später wendet der Klient diese Strategie auch in realen Lebenssituationen an. Diese Vorgehensweise hat den Vorteil, daß in der Therapie sowohl die Verhaltensebene als auch ihre kognitiven Aspekte gleichzeitig berücksichtigt werden. Auf ähnlichen Überlegungen basiert die rational-emotive Problemsimulations-Technik von Knaus & Wessler (1976). Ein alkoholabhängiger Klient, der angibt nach dem ersten Schluck nicht mehr mit dem Trinken aufhören zu können, wird aufgefordert, ein Glas Alkohol während der Therapie zu trinken; ein sozial ängstlicher Mensch wird angehalten, vom Therapiezimmer aus eine bestimmte Person anzurufen. Unter Anleitung des Therapeuten setzt sich der Klient mit seinen unangemessenen Kognitionen auseinander, während er gleichzeitig beeinträchtigende Gefühlsreaktionen erfährt.

Es scheint sich, insgesamt gesehen, zu bestätigen, daß eine Kombination von Systematischer Desensibilisierung und kognitiver Restrukturierung den einzelnen Komponenten überlegen ist (vgl. Barrios & Shigetomi, 1980; Butollo, 1980; Newman & Brand, 1980; Woodward & Jones, 1980), allerdings ist bei Einzelanwendung der Techniken die Systematische Desensibilisierung eher unterlegen (Kanter, 1976; Malkiewich & Merluzzi, 1980).

Integraler Bestandteil vieler Trainingsprogramme zum Angstabbau sind *Entspannungsübungen* (vgl. z. B. Florin, 1978; Vaitl, 1978; Kleinsorge, 1980; Keßler & Roth, 1980; King, 1980), die auch die RET empfiehlt. Ellis (1980 a) gesteht diesen Methoden, wie vielen anderen Verfahren, allerdings nur temporär lindernde und keine grundlegende Wirkung zu. Die Klienten würden durch Entspannung nicht dazu gebracht, den philosophischen Kern ihrer Ängste zu entdecken. Entspannungsprozeduren hätten eigentlich nur bei situationsspezifischen und deshalb häufig weniger schweren Ängsten größere Wirkungen. Die Praxis scheint Ellis hierbei Recht zu geben. Die Anzahl der Personen, die beispielsweise Kurse über das Autogene Training besucht haben, dürfte mittlerweile sehr hoch sein. Die Wirkung solcher Entspannungsprogramme scheint hinter ihrer beträchtlichen Beliebtheit jedoch weit herzuhinken. Wenn Entspannungsprozeduren in einen therapeutischen Rahmen integriert sind, dürfte ihre Effizienz größer sein. Diese Beobachtungen machten auch Goldfried & Davison (1979, S. 121): „Wir fanden es oft angebracht, gleichzeitig mit der Anwendung der rationalen Umstrukturierung Entspannungsübungen einzuführen, vor allem dann, wenn der Klient generell ängstlich ist oder wenn er versucht, seine internen Sätze in Situationen umzustrukturieren, die hochgradig angstbesetzt sind".

3.3. Selbstregulationstechniken

Verschiedene Verfahren der Selbstregulation haben eine häufige Anwendung im Rahmen der RET gefunden.

Bei der sog. *Selbstverstärkung* werden selbsterteilte Belohnungen von einem erwünschten Verhalten abhängig gemacht. Die Systematik der Selbstveränderung, das Regeleinhalten, wird immer wieder betont. Die Wirkungslosigkeit vieler guter Vorsätze zum Abnehmen, Einstellen des Rauchens oder Trinkens läßt sich u. a. durch Nichtbeachten der Verhaltensregeln erklären. Sobald aber ein Klient Annehmlichkeiten tatsächlich davon abhängig macht, ob er zuvor ein bestimmtes erwünschtes Verhalten (Kontakte initiieren, Rauchen einstellen) ausgeübt hat, sind die Erfolgschancen höher. Als Alternative zur Selbstbelohnung wird das *Premack-Prinzip* diskutiert, bei dem ein Verhalten mit hoher Auftretenswahrscheinlichkeit von einem Verhalten mit geringerer Wahrscheinlichkeit abhängig gemacht wird. Entscheidend dabei ist, daß der Klient sich (vertraglich) verpflichtet, zuerst das gewünschte Zielverhalten (z. B. Kontrolle übermäßigen Essens) zu zeigen, bevor er die Verhaltensweisen mit hoher Auftretenswahrscheinlichkeit (Telefonieren, Fernsehen) durchführt.

Daneben wird in der RET auch die Selbstkontrollstrategie von Homme (1965) eingesetzt, die darin besteht, ,,coverants" (Gedanken, Vorstellungen, Selbstverbalisierungen), die mit dem Problemverhalten unvereinbar sind, vor Verhaltensweisen mit hoher Auftretenswahrscheinlichkeit einzuschieben. Bei der Anwendung dieser *Coverant-Kontrolle* wird der Klient zunächst aufgefordert, eine Liste verbaler Beschreibungen für negative Aspekte einer bestimmten Verhaltensweise (Rauchen, übermäßiges Essen) aufzustellen. Solche Beschreibungen könnten etwa sein ,,Rauchen führt zu Lungenkrebs", oder ,,Wenn ich zuviel esse, ereilt mich ein Herzinfarkt". Danach wählt der Klient eine oder mehrere Verhaltensweisen aus, die er täglich mit hoher Wahrscheinlichkeit ausführt. Jedesmal bevor er eine dieser Tätigkeiten ausübt, soll er eine der Feststellungen der Liste verdeckt verbalisieren.

Eine weitere auch in der RET häufig praktizierte Selbstkontrolltechnik besteht darin, die Reizbedingungen des Problemverhaltens zu ändern. Diese Methode wurde mit Erfolg bei einer Reihe von Verhaltensproblemen angewandt, so z. B. bei der Kontrolle übermäßigen Essens, bei der Reduzierung des Rauchens, bei der Therapie von Lern- und Arbeitsstörungen und bei der Lösung von Partnerproblemen (Marholin & Touchette, 1979). In der Praxis sieht die Stimuluskontrolle zumeist so aus, daß die Bedingungen, unter denen das Auftreten des Problemverhaltens erlaubt ist, mehr und mehr eingeengt werden. Die Strategie der Stimuluskontrolle bei Programmen zur Reduzierung übermäßigen Essens besteht etwa darin, Nahrungszubereitung und Nahrungsaufnahme von allen anderen Tätigkeiten zu trennen und nur noch an einem fest umschriebenen Ort (einem bestimmten Platz in der Küche) zuzulassen.

Nicht alle Klienten finden sich ohne weiteres bereit, die Techniken der Selbstregulation zu lernen und sie unter verschiedensten Bedingungen anzuwenden. Für diese Klienten (Ellis nennt sie liebevoll D.C.'s – difficult customers) schlägt die RET die Anwendung von Bestrafungs- bzw. Selbstbestrafungstechniken zur Reduktion des problematischen Verhaltens vor. In Programmen zur Reduzierung des Rauchens etwa wird der Klient angehalten, bei einem Bekannten 50 DM zu deponieren, die er verliert, wenn er einen bestimmten Zigarettenkonsum in einem definierten Zeitraum übersteigt. Spürbare Strafen können zuweilen ein letztes Mittel sein, den Klienten dazu zu bewegen, eine Handlung auszuführen, die ihm aus irgendwelchen Gründen schwerfällt. Ein 17jähriger junger Mann war durch nichts zu bewegen, im Tanzkurs seine jeweilige Partnerin anzusprechen und mit ihr ein Gespräch zu führen. Obwohl er im Rollenspiel erstaunliche Fähigkeiten bewies, und auch eine kognitive Restrukturierung die Situation für ihn keineswegs als gefährlich erscheinen ließ, kam es mehrere Wochen lang zu keinem Fortschritt. Erst als der Therapeut den Jungen anhalten konnte, 20 DM zu hinterlegen, die im Fall, daß er sich auch das nächste Mal nicht trauen würde, einbehalten werden sollten, stellte sich der gewünschte Erfolg ein.

Die Anwendung von selbstregulierenden Strategien kann genauso wirksam sein wie die therapeutenkontrollierter Verfahren. Hinsichtlich der Effizienz bestehen allerdings zwischen den einzelnen Klienten große Unterschiede; Nachuntersuchungen ergeben nicht selten deutliche Rückfälle. Dies legt nahe, daß der Einsatz der Selbstregulationstechniken im umfassenden RET-Rahmen erfolgen sollte.

Kognitiv-verhaltenstherapeutische Selbstregulationsstrategien unter Einschluß von RET-Prinzipien werden vor allem bei Galassi & Galassi (1977) und Jakubowski & Lange (1978) dargestellt.

3.4. Hausaufgaben und Verhaltensanweisungen

Die Selbstregulationsstrategien folgen dem Leitsatz, daß kein signifikanter Lernfortschritt ohne aktive Eigenbeteiligung des Klienten zustande kommt. Beratung und Therapie werden als Vorgang verstanden, bei dem der Klient seine eigenen Fähigkeiten auszubauen lernt. Was der Klient schließlich außerhalb der Therapiestunde praktiziert, dürfte von gleicher, wenn nicht größerer Wichtigkeit sein wie das, was innerhalb der Sitzung geschieht (vgl. Cross u. a., 1980). Hausaufgaben und Verhaltensanleitungen bilden für den Klienten eine gute Möglichkeit, seine Fähigkeiten zu trainieren. Seit ihren Anfängen hat die RET ihre Klienten ermutigt, Verhaltensweisen und neue Überzeugungen, die währen der Therapiestunde erworben wurden, wann immer möglich, zu praktizieren. Auch andere Therapierichtungen geben

Übungsanweisungen, um Transfer und Generalisierung zu fördern. Aus dem systematischen Einsatz von Hausaufgaben im Rahmen von Beratung und Psychotherapie ziehen Shelton & Ackerman (1978, S. 18) folgenden Schluß: „Das wesentliche Merkmal der Psychotherapie sind Interventionen, die den Klienten strategisch einbeziehen und auf direktive Weise ermutigend wirken. Effektive Psychotherapie wird demnach den Klienten zur Selbstbeobachtung und zu eigenständigen Verhaltensübungen unter der aktiven Anleitung des Therapeuten veranlassen. Auf diese Weise erlangt die zwischenzeitliche Einübung durch den Klienten die gleiche Bedeutung wie der Verlauf der eigentlichen Therapiesitzung. Als ideales Mittel zur Einübung der während der Psychotherapie gelernten Fähigkeiten bietet sich das an, was wir .... mit Hausaufgaben bezeichnet haben." Nach Shelton & Ackerman (1978) sollte der Therapeut durch steuerndes Eingreifen in den Verlauf der Therapiestunden sicherstellen, daß die Anweisungen für die Hausaufgaben vor Ende der Sitzung exakt niedergeschrieben werden. Es sei sinnvoll, zusammengefaßte Anweisungen für die Hausaufgaben zweifach anzufertigen, damit beide Teile über den gleichen Text verfügen. Die Autoren legen auch eine formale Struktur von Hausaufgaben vor, die eine oder mehrere der folgenden Anweisungen enthält:

1. „Was ist zu tun? ‚Lesen, üben, beobachten, sagen, zählen Sie ...'
2. In welchem Umfang ist etwas zu tun? ‚Reden Sie dreimal über ...; verbringen Sie dreißig Minuten dreimal mit ...; machen Sie vier Komplimente pro Tag ...; schreiben Sie eine Liste von mindestens zehn ...;'
3. Worüber ist zu berichten? ‚Zählen Sie und berichten Sie die Zahl der Komplimente; bei jedem Erfolg notieren Sie ein – auf dem Diagramm; wann immer Ihnen dieser Gedanke kommt, schreiben Sie ein – auf ...;'
4. Wer oder was ist mitzubringen? ‚Bringen Sie Ihre Liste, das Diagramm, die Karten, Ihre Ehefrau ... mit zum nächsten Termin.'
5. Welche Kontingenz ist herzustellen? ‚Rufen Sie für den nächsten Termin dann an, wenn Sie ... getan haben; für jede Aktivität, die Sie unternehmen, wird ein Dollar Rabatt abgezogen; jede Minute, die Sie mit – verbringen, wird Ihnen – sparen; für jede nicht erledigte Hausaufgabe wird Ihnen ein Zehntel der hinterlegten Kaution gepfändet" (S.22).

Shelton & Ackerman (1978) diskutierten auch ausführlich die Art der Vermittlung der Hausaufgaben durch den Therapeuten. Sie haben eine Vielzahl von praktischen Vorschlägen bei einer Reihe von klinischen Symptomen wie Depression, Angstbewältigung, Zwangsneurosen und sexuellen Störungen zusammengestellt und erörtern darüber hinaus Gegenindikationen für Verhaltensanweisungen.

RET-spezifisch sind die sog. *kognitiven Hausaufgaben*, die vor allem zu Beginn einer Therapie eine wichtige Rolle spielen, und deren Durchführung den meisten Klienten auch frühzeitig angetragen wird. Um den Klienten zu helfen, diese Hausaufgaben konsequent zu erledigen, sind in der RET verschiedene Arbeitsbogen entwickelt worden. Sie sollen mindestens einmal in der Woche, manchmal auch jeden Tag, ausgefüllt werden und die Dinge betreffen, die dem Klienten am meisten zu schaffen machen. Maultsby (1971, 1975) veranlaßt seine Klienten, wichtige Ereignisse im Leben niederzuschreiben, dazu einen Bericht über die damit verbundenen Selbstaussagen und Emotionen anzufertigen und schließlich eine rationale Analyse der gesamten Situation durchzuführen.

Eine ähnliche Strategie hat sich in dem von uns benutzten „Leitfaden zu rationalem Denken" niedergeschlagen (s. Abb. 5). Auf Seite 1 wird in kurzen Stichworten die ABCDE-Theorie der RET dargelegt. Diesem Schema folgend, soll der Klient auf Seite 2 nun zu einem Ereignis (A) die Selbstaussagen und Überzeugungen (B) sowie die Gefühle (C) festhalten. Im Anschluß daran soll er die geäußerten Gedanken nacheinander in Fragesätzen formulieren (D) und diese Fragestellungen unter kognitiven Aspekten und auf der Verhaltensebene analysieren (E).

A ... Ereignis ...
  etwas geschieht

B ... Gedanken ...
  Selbstaussagen
  Die Dinge, die Ihnen durch den Kopf gehen.
  Das was Sie zu sich selbst sagen.

C ... Gefühle ...
  ... emotionale Reaktionen ...
  Empfindungen

um diese Situation zu überwinden, versuchen Sie

D ... „B" in Frage stellen, ... anfechten
  nach dem ‚Warum' fragen (bitte in Frageform)

E ... Beantworten und analysieren Sie das Warum (D) mit rationalen Argumenten und logischen Neubewertungen. Welche Konsequenzen ziehen Sie daraus? Was tun Sie?

Abb. 5a: Leitfaden zum rationalen Denken, Seite 1.

Ellis (1979c) hat einen noch ausführlicheren Bogen entwickelt, in dem ebenfalls die grundlegende Theorie der RET graphisch verdeutlicht wird. Dieser Bogen, der auch zur Selbsthilfe dient, findet sich in Auszügen bei Ellis & Grieger (1979) in deutscher Übersetzung. Eine modifizierte Form dieses Selbsthilfeformulars liefert Hoffmann (1980). Schließlich mag es der Klient hilfreich finden, wenn er

A (Ereignis)

....
....
....

B (Gedanken, Selbstaussagen)

....
....
....

C (Gefühle)

....
....
....

D (B in Frage stellen)

....
....
....

E (rationale Analyse)
   neue Bewertung von A   Was ist zu tun?

   ....
   ....
   ....
   ....

Abb. 5b: Leitfaden zu rationalem Denken, Seite 2.

anhand eines Fragenkatalogs seine Probleme analysieren kann. Ein solches Inventar stellt die „Disputing Irrational Beliefs (DIBS)"-Technik von Ellis (1974c) dar. In Anlehnung hieran entwarf Lembo (1976) seine „Refute A Major Irrational Thought (RAMIT)"-Strategie. Der Klient soll sich täglich 10 Minuten lang mit folgenden Fragen befassen und diese auch schriftlich festhalten:

(1) Welche wesentliche irrationale Überzeugung möchte ich widerlegen und aus der Welt schaffen?
(2) Was spricht dafür, daß diese Überzeugung falsch ist?
(3) Wenn das von uns Gewünschte nicht eintritt oder das Unerwünschte sich ereignet, was könnte mir im schlimmsten Fall passieren?
(4) Falls sich die Dinge nicht zu meinen Gunsten entwickeln sollten, welche befriedigenden Aktivitäten könnte ich dennoch unternehmen, ohne mir Probleme zu schaffen?

Nach Mahoney (1977a) kann die Wiederholung einer Selbstaussage eine erleichternde Funktion beim Einstellungsänderungsprozeß erfüllen. Die RET hat deshalb kleine Karten entwickelt, welche die wesentlichen irrationalen

Überzeugungen und ihre Infragestellung enthalten (vgl. Lembo, 1976). Der Klient wird aufgefordert, diese Karten mehrmals am Tage zu studieren. Natürlich lassen sich solche Karten auch auf die besonderen Probleme des Klienten abgestimmt erstellen. Gleiches gilt für die ‚coping statements' zur Bewältigung von für das Individuum schwierigen oder problembehafteten Situationen. Diese an sich selbst gerichteten Aussagen nehmen in der RET und besonders in den Verfahren der Kognitiven Verhaltenstherapie einen breiten Raum ein. Ihre Bedeutung bei der Behandlung einer Vielzahl von Problemen kann als gesichert gelten (vgl. Meichenbaum, 1979; Meichenbaum & Goodman, 1979). In der Therapie lernen Klienten zunächst, sich selbst zu beobachten und ihre unangemessenen Selbstverbalisationen als Hinweis für den Einsatz von zuvor eingeübten, auf Problemlösung hinzielenden Selbstaussagen zu erkennen. Meichenbaum (1979) spricht in diesem Zusammenhang von einem coping-Modell der Therapie, bei welchem der Klient immer besser lernt, problemlösende Selbstaussagen eigenständig einzusetzen. Folgende Darstellung aus einer Alkoholikertherapie (Pannwitz, 1980, S. 148) vermag das Prinzip anschaulich zu verdeutlichen:

„Therapeut führt die Übung mit Cotherapeuten (oder Patienten) vor, indem er etwa zu dem langsam herumgehenden (oder zu sitzendem Cotherapeuten, der zuvor in entspanntem Zustand versetzt wird und Zeichen gegeben hat, daß er entspannt ist) *langsam* sagt: „Ich gehe an einem heißen Sommertag spazieren. Die Sonne brennt auf mein Gesicht. Meine Gesichtshaut ist ganz warm … Meine Beine sind ganz schwer … Meine Füße drücken in den engen, staubigen Schuhen … Mein Hemd ist unter meinen Achseln naßgeschwitzt und klebrig … Von meiner Stirn rinnen Schweißperlen über meine Wangen und meinen Hals unter meinen Hemdkragen … Mein Hemdkragen scheuert und juckt am Hals … Meine Lippen sind trocken und spröde … meine Mundhöhle ist warm und trocken … Meine Zunge schmeckt salzigen Schweiß … Ich bin müde und schlaff … und durstig … ich gehe auf dem knirschenden weichen Kies eines Gartenlokals zu einem Holzstuhl … ich setze mich … Strecke meine Beine von mir weg … lasse die Arme locker fallen und atme lang aus … Ich denke an ein großes kühles Bier … Der Speichel läuft mir im Mund zusammen … mich überkommt eine Gier nach Bier … ich werde unruhig … ich habe Angst … und ich bin wütend auf mich … weil ich an Bier denke … Obwohl ich keinen Alkohol mehr trinken will … geht es wieder los? Kommt es wieder über mich? Sind alle meine Mühen und guten Absichten vergeblich?

Ich gebe mir einen energischen Ruck! Ich richte mich auf und konzentriere mich scharf! Ich bin hellwach! Ich habe Durst und denke an Bier! Ich wundere mich darüber nicht! Ich habe immer bei Durst Bier getrunken! Es ist völlig normal, daß mir jetzt bei Durst automatisch Bier einfällt, obwohl ich kein Bier mehr trinken will. Ich kann mir das erklären! Diese Kopplung von Bierverlangen bei Durst bedeutet nicht, daß meine Abstinenzvorsätze schon wieder nachlassen. Ich kann mir dieses plötzliche Verlangen erklären. Ich bin dem nicht hilflos ausgeliefert. Ich weiß, daß das Verlangen nach Bier nachläßt, daß es aufhört, wenn ich den Durst mit Wasser lösche! Ich bestelle ein Glas mit frischem, kühlem Mineralwasser. Die Kohlensäureperlen prickeln an meiner Nase. Ich kühle meinen Mund mit dem Wasser und genieße es in ruhigen langsamen Schlucken. Tiefe Ruhe und Zufriedenheit ist in mir. Ich lenke mich. Ich bin nicht ausgeliefert. Ich freue mich richtig über mich. Ich freue mich auf den Rest des Tages."

Natürlich stellt all das, was bisher dargelegt wurde, Anforderungen an den Klienten. Der Therapeut aber wird dem Klienten aufzeigen können, daß er weder über Tricks noch über einen magischen Segen verfügt, ihn von seinen Problemen zu befreien, ja daß es letztendlich harter Arbeit bedarf, seine selbstzerstörerischen Denk- und Verhaltensmuster zu durchbrechen.

3.5. Bibliotherapie

Eine wichtige Hilfe während des gesamten Diagnose- und Therapieprozesses können schriftliche Materialien, Bücher, Kassetten etc. sein, welche schon frühzeitig in den Behandlungsrahmen mit einbezogen werden können. In den USA sind diese Verfahren unter dem Namen Bibliotherapie recht bekannt und werden häufig verwandt (vgl. Ellis, 1978c; Glasgow & Rosen, 1978). Ellis selbst hat eine stattliche Anzahl von Selbsthilfebüchern veröffentlicht; sie spielen eine wesentliche Rolle in der RET. Diese Materialien bieten schon in der Anfangsphase einer Therapie eine praktische Auseinandersetzung mit irrationalen Überzeugungshaltungen. Im deutschen Sprachraum gibt es einige Selbstmodifikationsprogramme, die u. E. aber oft viel zu umfassend sind und kaum auf die Bedürfnisse vieler Klienten zugeschnitten sein dürften. Folgende übersetzte deutschsprachige Anleitungs- und Selbsthilfebücher versuchen RET-Prinzipien zu vermitteln: Dyer (1977, 1979); Diekstra (1979); Maultsby u. a. (1978); Lazarus & Fay (1979).

Da viele Klienten sehr günstig auf die Bibliotherapie reagieren und durch die Lektüre häufig kostbare Therapiezeit eingespart werden kann, bietet sich hier ein breites Betätigungsfeld für Praktiker an.

IV. Einige Anwendungsmöglichkeiten

Im folgenden sind einige ausgewählte Bereiche der Anwendung der RET angerissen, denen in der Literatur, relativ zu anderen, weniger Bedeutung zugemessen wurde. Es sind dies die Therapie koronarer Herzerkrankungen, sexueller Probleme, des Stotterns und von Symptomen bei Kindern. Nach einer kürzlichen Aufstellung von Zettle & Hayes (1980) über 16 therapieexperimentelle Studien mit der RET sind mit Ausnahme einer Untersuchung zum Stottern auf diese Weise nur Sprech-, Prüfungs- und Sozialängste bearbeitet worden. Die leichte Zugänglichkeit zu Probanden mit diesen Symptombildern, zumeist Studenten, mag eine Erklärung hierfür sein. Wenn solche und andere „gängige" Probleme im folgenden nicht näher ausgeführt werden, geschieht es aus den Gründen, daß an anderer Stelle bereits ausführlich darüber berichtet wurde und daß auch Anreize zum Einsatz der RET in bislang eher randständigen Problembereichen gegeben werden sollen.

Hinweisen zu traditionellen Anwendungsbereichen der RET und ähnlichen Therapiekonzepten finden sich, bezogen auf soziale Ängste, außer bei Zettle & Hayes (1980) auch bei Lembo (1977), Goldfried (1979), Linehan (1979), Groffmann u. a. (1980). Hinsichtlich der Depressionen liefern Hauck (1973), Rush u. a. (1975), Hollon & Beck (1979), Beck u. a. (1980) und de Jong u. a. (1980) eingehende Darstellungen. RET-Konzepte bei Ärger und Aggressionen handeln Hauck (1974), Novaco (1975, 1979), Siebert (1979), Hamberger & Lohr (1980) und Verres & Sobez (1980) ab.

1. Koronare Herzerkrankungen

Das Ausmaß, mit dem körperliche Erkrankungen mit den Strategien der rational-emotiven Therapie angegangen wurden, scheint nicht groß zu sein. Was die sekundäre Symptomatik von Erkrankungen angeht, also die Bewertung der Folgen von Krankheiten, ist offensichtlich, daß die RET als Bewältigungsverfahren günstig wirken kann (Ellis & Abrahms, 1978). Es stellt sich aber auch die Frage, ob mit Hilfe rational-emotiver Techniken spezifische Erkrankungen nicht nur hinsichtlich ihrer Auswirkungen, sondern auch der determinierenden

Bedingungen zu behandeln sind. Neben der Behandlung von Migränezuständen (Huber & Huber, 1979; Lake u.a., 1979) können vor allem Herzinfarkte als Beispiel dienen, diese Frage näher zu untersuchen.

In ihrem „sozialmedizinischen Krankheitsmodell" ordnen Schäfer & Blohmke (1975) Faktoren der Krankheitspathogenese in ein vielstufiges System ein, in dessen obersten Ebenen die Faktoren herausgestrichen werden, die das traditionelle Suchen nach Ursachen des Herzinfarkts repräsentieren: Es sind dies die primären Risikofaktoren erster Ordnung (etwa Übergewicht, Rauchen), zweiter Ordnung (z.B. Blutfett, Blutzucker) und dritter Ordnung (z.B. Vasokonstriktion). Die vorausgehenden Ebenen, in denen sich die aus beruflichen und sozialen Bedrängnissen ergebenden Ängste, Sorgen und Unzufriedenheiten einordnen lassen, bieten für eine Berücksichtigung irrationaler Kognitionen hinreichend Platz, ja irrationale Überzeugungen könnten ein nützliches Glied bei der Erklärung koronarer Herzerkrankungen sein (vgl. dazu auch Reinert & Wittling, 1980). Vor allem ist zu bedenken, daß ungünstige äußere Lebensbedingungen erst dann eine pathogene Wirkung gewinnen, wenn sie auf eine bestimmte Weise bewertet werden (Lipowski, 1977; Ursin u.a., 1978; Pittner & Houston, 1980).

Das Verhaltensmuster, das am meisten im Zusammenhang mit koronaren Herzerkrankungen gebracht wird, ist das sog. Typ A-Verhalten (Rosenman & Friedman, 1977; Sparacino, 1979). Es umfaßt Charakteristiken von Personen, die als Risikofaktoren betrachtet werden: u.a. starkes Leistungsstreben, Konkurrenzdenken, Zeitdruckprobleme und aggressive Haltungen. Die Zusammenhänge dieses Reaktionstyps mit koronaren Erkrankungen scheint belegt zu sein (Jenkins, 1977). Der wettbewerbs- und leistungsorientierte Lebensstil ist allerdings therapeutisch schwierig anzugehen, da er wie kein anderer bereits von Kind auf durch tradierte Erziehungs-, Schul- und Berufssysteme permanent verstärkt wird; seine Rolle bei der Genese von koronaren Herzerkrankungen ist aber so offensichtlich, daß eine Suche nach therapeutischen Einwirkungsmöglichkeiten unabdingbar ist. Der besondere Aspekt des Typ A-Lebensstils liegt darin, daß das Individuum in ihm zumeist nichts Pathologisches zu entdecken vermag, sich also schwertut, angebotene therapeutische Ratschläge, zumal sie prophylaktisch gemeint sind, aufzugreifen. So lange ein überwiegender Teil der Gesellschaft die unter Typ A subsumierten Eigenschaften anstrebt, wird es den einzelnen eher ängstigen, wenn von ihm Abweichungen verlangt werden. Gerade hier dürfte ein kritischer Punkt aller therapeutischen Maßnahmen liegen. Es sollte gleichsam ein Verstärkerausgleich für den einzelnen und seine Familie geschaffen werden (Roskies, 1980). Auch ist Rosenman & Friedman (1977) beizupflichten, wenn sie unterstreichen, daß das Typ A-Verhalten so lange nicht verändert werden kann, bis dem Individuum ein gewisses Niveau eines philosophischen Bewußtseins seiner gesamten Lebensstruktur nahegebracht werden kann: „This awareness should lead them to recognize perhaps for the first time, that they had been falsely attributing many of their past successes to a behavior pattern which has not truly advanced their socioeconomic career. Indeed, such a pattern may have done just the opposite" (S. 325). Die Typ A-Verhaltensmuster sind jedoch auch unter dem Gesichtspunkt zu sehen, daß sie in erheblichem Maße eine Reaktion auf den Druck darstellen, der aus der Umwelt auf das Individuum ausgeübt wird. So lange einerseits ein „neues philosophisches Bewußtsein" nur schwer zu erreichen ist und andererseits kaum erwartet werden kann, daß die gesamte Gesellschaft ein Aha-Erlebnis erfährt, das den äußeren Druck wesentlich mindert, ist aus therapeutischer Sicht nach Wegen zu suchen, wie das Ausmaß des Stresses ohne allzu radikale Umstellungen beeinflußt werden kann.

Die RET scheint hierzu durchaus Beiträge liefern zu können. Glass (1977) umschreibt die Typ A-Charakteristik als einen speziellen Bewältigungsstil bei Ängsten vor Kontrollverlusten, der sich durch immer stärkere Anstrengungen auszeichne, die Kontrolle aufrechtzuhalten oder wiederzugewinnen. Er trete bei Personen auf, die einen besonderen Wert auf die Kontrolle der Umwelt legen und sich durch eine Fülle von Ereignissen – die teilweise gar nicht kontrollierbar sind – bedroht fühlen. Seer (1980 a) stellte aufgrund eigener Beobachtungen die Hypothesen auf, daß in der Genese des Herzinfarkts irrationale Überzeugungen einen festen Platz haben. Er geht davon aus, daß (1) potentielle Herzinfarktpatienten ein extremes Kontrollbedürfnis aufweisen, alles alleine machen wollen und damit die Vorstellung pflegen, daß die Bedingungen unter denen sie leben und arbeiten, so sein *müssen*, wie sie es gerne hätten. Seer sieht (2) in den Patienten die Überzeugung gefestigt, keine Fehler machen zu dürfen, hart und gewissenhaft auf dieses Ziel hin arbeiten zu müssen und (3) daher auch respektiert und akzeptiert werden zu müssen. Der Autor glaubt, daß kognitive Therapien mit solche Patienten nicht leicht durchführbar sind, weil sich der Leidensdruck für sie nicht aus den psychischen Belastungen ergibt.

Die therapeutischen Maßnahmen könnten sich auf das Typ A-Verhalten konzentrieren, ohne dessen Hintergrund näher zu beleuchten. Eine solche Vorgehensweise ist das Streß-Management-Programm (Suinn, 1975; Suinn & Bloom, 1978), das im wesentlichen in einer Konditionierung von Entspannungsreaktionen an streßauslösende Reize besteht. Mit diesem Training haben auch andere Verhaltenstherapieprogramme (z.B. Juli & Brenner, 1977) gemeinsam, daß sie sich um eine eher symptomatische Therapie bemühen und die Bedingungen, die das Typ A-Verhalten determinieren, weitgehend außer acht lassen (vgl. Kulick u.a., 1980), wenngleich natürlich diesen Techniken durchaus aktive Bewältigungscharakteristiken zugesprochen werden können und sie sich mit anderen Therapieansätzen, z.B. kognitiven, günstig kombinieren lassen (Roskies u.a., 1978).

Ein Teil der determinierenden Bedingungen könnte durch eine rationale Analyse und Disputation erfaßt werden. Um diesen Aspekt hat sich die therapieexperimentelle Untersuchung von Jenni & Wollersheim (1979) bemüht. Die Autoren verwandten alternativ zu einem Streß-Management-Training eine rational-emotive Vorgehensweise, die leider nicht ausführlich beschrieben ist. Die Ergebnisse zeigen, daß bei Patienten, die zuvor die höchsten Typ A-Verhaltenswerte hatten, das rational-emotive Vorgehen dem Streß-Management-Training und einer Wartelisten-Gruppe, gemessen an Typ A-Selbstwahrnehmungsdaten, überlegen war. Physiologische Werte (Cholesterin, Blutdruck) wurden durch keine Behandlungsform beeinflußt. Die Autoren werten ihren kognitiven Ansatz als eine effektive Methode, Einfluß auf das Typ A-Verhalten zu nehmen. Einschränkend muß jedoch hinzugefügt werden, daß nur die Klienten, die im Vortest die höchsten Typ A-Werte aufwiesen, von dieser Therapie mehr als von dem Streß-Management-Programm profitierten. Auch in dem Behandlungspaket von Rosenman & Friedman (1977) sind Elemente der kognitiven Restrukturierung zu finden. Insgesamt gesehen dürften die bisherigen empirischen Belege für die Wirkung kognitiver und rational-emotiver Verfahren nicht ausreichen, um sichere Aussagen machen zu können.

Seer (1980b) entwickelte ein „Streßbewältigungstraining SBT" das eine durchstrukturierte Abfolge kognitiv-behavioraler Strategien enthält und das in 8 Stunden kurmäßig angewandt wird. Neben Sensibilisierungsübungen, Gedankenstopp-Techniken, Rollenspielen und verdeckten Übungen wird auch eine kognitive Restrukturierung von fünf „Streßgedanken" durchgeführt. Es sind dies (1) Schwarzmalerei und Hilflosigkeit (,,Das geht bestimmt schief"), (2) Besorgnis um die Kritik der anderen (,,Ich werde dumm dastehen"), (3) Angst vor körperlichen Beschwerden (,,Ich werde Herzklopfen bekommen"), (4) Selbstvorwürfe (,,Ich bin unfähig, ich kann nichts"), (5) Selbstüberforderung (,,Ich muß immer für meinen Betrieb da sein, auf mich ist 100 %iger Verlaß"). In einer vergleichenden Therapiestudie überprüfte Seer (1980b) bei Patienten mit gesichertem Herzinfarkt und Gefäßerkrankungen das SBT. Er stellte es einem Entspannungsprogramm und einer unbehandelten Kontrollgruppe gegenüber. Vorläufige Ergebnisse unterstreichen die größere Effektivität des SBT sowohl hinsichtlich der Sensibilisierung für Anzeichen psychophysischer Überforderung, für die Veränderung im Streßkonzept als auch hinsichtlich der Blutdruckwerte, der Entspannungsgefühle und der Einstellung zum Leistungsverhalten. Mangelnde Selbstbehauptungsanzeichen und soziale Ängste wurden allerdings durch das SBT nicht beeinflußt. Andererseits blieb auch das Entspannungsprogramm in Teilbereichen nicht ohne deutliche Wirkung, z.B. berichteten die Patienten dieses Trainings von geringeren Herzbeschwerden. Der Autor schlägt daher vor, beide Komponenten, SBT und Entspannung, zu kombinieren und auch präventiv einzusetzen.

2. Sexuelle Störungen

Die Durchsicht der Literatur zur Sexualtherapie (vgl. z.B. die Zusammenfassungen von Schmidt & Arentewicz, 1978 und Keßler & Hoellen, 1980) erweckt nicht gerade den Eindruck einer Überfülle an effektiven Therapiemethoden, sieht man von unkritisch-euphorischen Erfolgsmitteilungen ab. Dabei fällt aber auch auf, daß die Fachliteratur reich an normschaffenden Hinweisen ist. Diese werden zu einem Teil aus moralischen Erwägungen, zum anderen aber auch aus funktionalen Überlegungen ohne empirischen Rückhalt gegeben. So sind es oft die Fachleute selbst, die mancher Irrationalität Vorschub leisten. Vielfach wird beckmesserisch zwischem „gutem" und „schlechtem" Sex unterschieden oder der Koitus als die einzig „normale" sexuelle Befriedigung gesehen. In der Folge werden die Normen, die dem späteren Klienten bereits früh in seiner Kindheit durch Erziehungs- und Umwelteinflüsse vermittelt werden, in den Sexualtherapien allzuoft nicht hinreichend in Frage gestellt.

Partnerschaften mit sexuellen Problemen haben eine Lebensgeschichte hinter sich, die durch (a) vorpartnerschaftliche neurotische oder psychotische Probleme, (b) zusätzliche Schwierigkeiten, eine gesunde Paarbeziehung aufzubauen und (c) durch vorpartnerschaftliche sexuelle Störungen, zumeist verbunden mit fehlenden Kenntnissen über sexuelle Interaktionen, gekennzeichnet ist. Zum Zeitpunkt der Therapie sind daher oft emotionale und sexuelle Schwierigkeiten gemeinsam vorhanden, Probleme, denen der Therapeut auch gleichermaßen begegnen sollte (Ellis, 1973c). Die rational-emotive Therapie im sexuellen Bereich bemüht sich daher, neben einer adäquaten Kenntnisvermittlung, darum, „... eine Einstellung gegenüber Sexualität, Liebe und Ehe zu schaffen, die sich durch generelle Offenheit, Experimentierfreudigkeit, Individualität und Rationalität auszeichnet" also dem Klienten zu ermöglichen, sich von selbstschädigenden, mythischen und abergläubischen Einstellungen zu lösen (Ellis, 1979f, S. 168). Zu letzteren gehören manche psychoanalytischen Formulierungen, mit denen versucht wird, die Wege einer Frau, ihre Sexualität zum Ausdruck zu bringen, zu sanktionieren, oder der Sexualität schlechthin den Beigeschmack einer zu kanalisierenden gefährlichen Kraft zu geben. Lo Piccolo & Heiman (1977) machen deutlich, daß die Wirkung der Freudschen Theorie auf Personen, die Hilfe bei sexuellen Problemen suchen, einen verheerenden Einfluß haben kann. Sie beklagen, daß viele Frauen als Ergebnis der therapeutischen Sicht ihrer Person Minderwertigkeitsgefühle entwickeln, sich in die zugeschriebene Rolle der „second rate substitutes" für Männer einfügen. Die Autoren befürchten weiterhin, daß weibliche Klienten, die die psychoanalytische Botschaft ernst nehmen, Gefühle der Schuld, Scham und Angst erst recht entwickelten. Offenbar haben die psychoanalytischen Thesen zur Sexualität, zumindest in diesem Bereich, jene Stellungsgräben bezogen, aus denen die Moral gerade erst vertrieben wurde.

Spätere Entwicklungen in der wissenschaftlichen Sicht der Sexualität, etwa die von Masters & Johnson (1970) eingeleiteten Veränderungen in der Betrachtung sexueller Probleme, weisen trotz ihrer Lustbejahung ungünstige „Nebenwirkungen" auf. Masters & Johnson hinterlassen den Eindruck, daß optimales sexuelles Verhalten mit objektiven Meßwerten, wie Vorspieldauer oder Zeitspanne bis zur Ejakulation nach der Einführung des Penis, zu beschreiben sei. In den Aufklärungsfeldzügen zur Sexualität, die auch in den Medien der Bundesrepublik geführt wurden und werden, hat man gleichsam diese im Wind des Leistungsdenkens flatternde Fahne der neueren Sexualforschung vorangetragen. Hinzu kam, daß erstmals ein größerer Teil der Bevölkerung durch die leichtere Zugänglichkeit zu pornographischen Druckerzeugnissen und Filmen Verhaltensmodelle und Maßstäbe vorgesetzt bekam, die in extremer Form durch Körperartistik und ekstatische Hochleistung geprägt sind, und neben denen eigene Aktivitäten bestenfalls mäßig erscheinen.

Dem in der Klemme zwischen moralischen Erwägungen einerseits und Minderleistungsbefürchtungen andererseits steckenden Klienten bietet die rational-emotive Therapie Hilfestellungen, die die Zwänge beider Seiten zu vermindern suchen. Sie bleibt nicht dabei stehen, Unkenntnisse und Fehlinformationen auszugleichen, also z. B. Techniken zu vermitteln, auf welche Weise eine Erektion oder ein Orgasmus am ehesten erreicht werden können, und drängt auch die Klienten nicht, sich an Normen zu orientieren, die in subjektivem Leiden ihren Ausdruck finden können.

Einige „Botschaften" an den Klienten sollen ihn bewegen, seine Vorstellungen über sein sexuelles Verhalten zu modifizieren. Hierzu gehören Informationen darüber, daß (a) Sexualität nicht mit dem Koitus gleichzusetzen ist, sondern auch nichtkoitale Verhaltensweisen einschließt, daß (b) eine zufriedenstellende sexuelle Partnerschaft sich nicht zwangsläufig mit dem Trauschein einstellt, sondern erarbeitet werden muß, daß (c) Sexualität und Liebe nicht notwendigerweise zusammengehören, daß man beispielsweise einen Menschen lieben kann, ohne mit ihm ein ausgeprägtes Sexualleben zu führen, oder daß (d) sexuelle Techniken Grenzen haben, aber daß sich das Wissen über die Techniken auch bei sexuellen Dysfunktionen nützlich erweisen kann (Ellis 1962a, b, 1973c, 1975; Ellis & Abrahms, 1978).

Die Schwerpunkte der rational-emotiven Sexualtherapie werden auf den rationalen Disput gelegt. Insbesondere dem Katastrophendenken und den Schuld- und Schamgefühlen gilt die Aufmerksamkeit im therapeutischen Dialog.

Das Katastrophendenken zeigt sich zuvorderst in sekundären Symptomanteilen, also in der Überbewertung der sexuellen Problematik, etwa der vorzeitigen Ejakulation, der Erektionsstörungen oder Orgasmusschwierigkeiten. Es manifestiert sich aber auch in der primären Symptomatik, etwa bei der extremen Einschätzung eigenen Versagens und eigener Schwäche. Die Disputation der sekundären Symptomatik kann als Einstieg in die Therapie günstig sein. Einer erektilen Impotenz beispielsweise könnte vom Klienten der Charakter des Schrecklichen, Katastrophalen und Unerträglichen zugeschrieben werden, was Ängste und Scham bewirkt. Die Disputation bewegt den Klienten dahin, sich von diesen Charakterisierungen seiner Symptomatik allmählich zu distanzieren („Warum eigentlich finden Sie Ihr Problem so fürchterlich? Ich muß sagen, daß mich Ihre Argumente dafür, daß Ihre Impotenz so unerträglich ist, nicht überzeugen"). Der Therapeut bestätigt zwar dem Klienten das Mißliche und Unangenehme seiner Situation, veranlaßt ihn aber zu einer rationaleren Grundhaltung, indem er deutlich macht, daß der Klient durch seine sexuelle Schwierigkeit nicht zur wertlosen Person wird, daß er trotz seiner Erektionsstörung sexuelle und außersexuelle Genüsse erleben könne und daß es kein Naturgesetz gibt, daß man potent sein *müsse*.

Das Katastrophendenken eines Klienten ist eng mit seinen Gedanken verbunden, im sexuellen Verhalten keine Fehler machen zu dürfen, nicht als Versager aufzufallen und selbst nur rücksichtsvoll und nobel behandelt werden zu dürfen. Es wird ergänzt durch eine niedrige Frustrationstoleranz („Ich kann es nicht ertragen, wenn ich bei Frauen nicht so funktioniere, wie ich das gerne hätte") und Selbstabwertungen („Ich bin im Bett eine Null").

Es wird in der Regel leichter sein, die primäre sexuelle Problematik anzugehen, wenn das Ausmaß des Katastrophendenkens reduziert ist. Der Einstieg in die eigentliche primäre sexuelle Symptomatik ist zumeist durch eine Disputation der Schuld- und Schamgefühle zu bewerkstelligen. Die irrationalen Überzeugungen beziehen sich hier auf das Unrechte, Verbotene, Verwerfliche und Herabwürdigende eigenen und fremden Verhaltens. Die Richtschnur der therapeutischen Disputation wird zunächst in einer Unterscheidung zwischen sexuellen Aktivitäten mit und ohne antisozialen Konsequenzen zu sehen sein. Masturbationen oder häufige sexuelle Phantasien sind überwiegend harmlos oder gar nützlich; sieht der Klient darin etwas Problematisches oder Unmoralisches, so ist nach den tatsächlichen Konsequenzen zu fragen, die seine Handlungen oder Imaginationen für ihn haben. Auch wird er anzuhalten sein, Belege für den verwerflichen und unmoralischen Charakter seines Tuns beizubringen. Haben die Aktivitäten eines Klienten jedoch ungünstige Effekte auf andere Personen oder Sexualpartner, etwa bei starken sadistischen oder voyeuristischen und exhibitionistischen Verhaltensweisen, ist es günstiger, Schuld- und Schamgefühle derart abzubauen, daß zwischen dem Verhalten und der Bewertung der gesamten Person zu trennen versucht wird. Dem Klienten mit solchen Schwierigkeiten soll nicht die Verantwortung für sein Tun abgenommen werden, wohl aber seine Selbstdestruktivität wegen seines Tuns.

Neben der Disputation der irrationalen Überzeugungen stützt sich die RET bei der Behandlung sexueller Störungen auf emotive Strategien. Dabei werden zur Reduktion des Schamgefühls schamreduzierende Übungen (shame-attacking exercises) ausgedacht, die den Klienten in eine Situation bringen, in der er seine Scham zu überwinden gezwungen ist. Diese Übungen dienen zum einen dazu, den Klienten angstbesetzten Situationen auszusetzen (exposure) und zum anderen, mit ihm zusammen die tatsächlichen Konsequenzen der ihn zuvor ängstigenden Handlung durchzusprechen (Disputation). Das Ziel der Übungen ist, den Klienten dazu anzuhalten, seine Scham als unbegründet zu erleben und sich Risiken auszusetzen, die die Unabhängigkeit von den Normensystemen anderer stärken. Solche Übungen konzentrieren sich in der rational-emotiven Sexualtherapie insbesondere auf bislang gemiedene Initiativen und Demonstrationen, die der Klient bislang als unschicklich, sündhaft, lächerlich, verwerflich, unmöglich oder beschämend bezeichnet hätte. Hierzu gehören beispielsweise die Aufforderungen, im Freibad das Oberteil des Bikinis abzulegen, in einer seriösen Buchhandlung nach erotisch-gepfefferter Literatur zu fragen, in einer Drogerie laut und vernehmlich Präservative zu verlangen, den Sexualpartner zu ungewöhnlichen Variationen aufzufordern oder bei Parties Leute so anzusprechen, daß diese die sexuellen Hintergedanken in jedem Fall wahrnehmen. Die Klienten erleben, daß mitunter ihre Aktionen andere Leute beeindrucken, daß sie aber auch zuweilen überhaupt kein Aufsehen erregen oder daß ihre Avancen abgelehnt werden. Sie erfahren zudem, daß sich die Folgen, die sie bisher befürchteten, bei weitem nicht so dramatisch herausstellen, und können auf diese Weise ihre Standards überprüfen. Mit der Absicht, den Klienten an neue Erfahrungen und Erlebnisse heranzuführen, zusammen mit ihm in alten Situationen neue Strategien zu erproben, stehen die emotiven Techniken der RET natürlich nicht allein. Neue Erfahrungen und Erlebnisse gehören zu den Essentials einer jeden Psychotherapie (vgl. z. B. Goldfried, 1980). Die Besonderheit der Mutproben liegt in dem Sammeln der Erfahrungen in der Realität, in der natürlichen Umwelt, und nicht alleine in einer künstlich geschaffenen Therapiesituation. Der Klient soll etwas Neues und Ungewöhnliches ausprobieren. Die genannten Übungen sind andererseits aber auch dem Klienten so nahezubringen, daß er sie auch in die Tat umsetzt. Notwendige Elemente, diese Risikobereitschaft herbeizuführen, liegen wohl darin, daß die Übungen in ein Gesamtsystem therapeutischen Handelns eingebettet sind und daß sie für den Klienten ein überraschendes, erregendes und herausforderndes Moment besitzen.

Auch die übrigen emotiven Strategien, wie sie im Kapitel III.2 beschrieben wurden, lassen sich im Zusammenhang mit sexuellen Problemen anwenden (Ellis, 1979 c). Zudem werden v. a. auch verhaltenstherapeutische Techniken eingesetzt. Eine Übersicht hierzu ist bei Keßler & Hoellen (1980) zu finden. In erster Linie sind die Verfahrensweisen von Masters & Johnson (1970) sowie Selbstbehauptungsstrategien zu nennen, bei denen eine stärker aktive Rolle in der Aufnahme sexueller Betätigungen gefördert wird (Ellis, 1963, 1974b; Jakubowski-Spector, 1973).

Sexualtherapien können durch Berücksichtigung der partnerschaftlichen Kommunikation effektiver werden. In einer Reihe von Veröffentlichungen sind zu diesem Bereich rationale Strategien dargestellt worden, die sich nicht nur an den professionellen Therapeuten, sondern auch an die Klienten selbst wenden. Zu weitergehenden Darlegungen sei auf Ard & Ard (1969), Diamond & Songor (1972), Hauck (1972), Ellis (1979e) und Walen u.a. (1980) verwiesen.

3. Stottern

In der Literatur zur rational-emotiven Therapie sind Hinweise zum Stottersymptom selten. Die einzige gründlichere Studie, die bisher vorliegt, ist die von Moleski & Tosi (1976), die in einem Experiment die Effekte der rational-emotiven Psychotherapie denen der Systematischen Desensibilisierung und einer Kontrollgruppe gegenüberstellten. Sowohl hinsichtlich des Stotterverhaltens, der damit einhergehenden Angst als auch der negativen Einstellung gegenüber dem Stottern erwies sich die RET den übrigen Verfahrensweisen überlegen. Leider werden über das Ausmaß der Unterschiede und vor allem zu der Art der Durchführung der RET keine oder nur unzureichende Aussagen gemacht.

In der verhaltenstherapeutischen Literatur ist, wenn die Affekte von Stotterern überhaupt berücksichtigt wurden, in erster Linie die Angst als Bedingung definiert worden, die das Stottern determiniert. Aversive äußere Reize, wie z.B. ein kritisches Auditorium, werden als „Angstauslöser" gesehen, die zu Angst, Unbehagen und organisch-physiologischen Erregungsprozessen führen, die ihrerseits zu Verkrampfungen der am Sprechen beteiligten Muskulatur beitragen. Die auf diesem Konzept aufbauenden Entspannungs- und Desensibilisierungstherapien mit und ohne Biofeedback kranken bei Stotterern ganz offensichtlich an Transferproblemen. Stotterer sind im Entspannungszustand in der Lage, komplizierteste Zungenbrecher flüssig auszusprechen, aber bei der Verabschiedung, beim „Auf Wiedersehen" blockieren sie bereits wieder (vgl. Krause, 1981). Das Fehlschlagen der Generalisierung wird von dem Klienten selbst oft so erlebt, daß er nicht in der Lage ist, einfachste Therapieschritte mitzuvollziehen. Vom Verhaltenstherapeuten ist dann oft, nicht gerade in Übereinstimmung mit seiner Theorie, zu hören, der Klient „wolle" nicht. Die alleine auf die Reduktion der Ängste hinzielenden Therapien vermitteln zudem die Botschaft, daß der Klient über Selbstberuhigungsstrategien zu einer besseren Sprache gelangen könne. Sie unterscheiden sich somit meist nur in Nuancen von dem, was der Stotterer aus seiner Umwelt ohnehin ad nauseam hört: „Nur ruhig, nur mal langsam". Sprachliche Situationen sind aber oft aktivierend, verlangen Wachheit und Durchsetzungsvermögen. Die Angstreduktionstechniken jedoch fordern zur Entspannung auf. Wie kann man aber beispielsweise jemandem sagen, daß er ein Ekel ist oder daß man mit ihm die Nacht verbringen möchte, und gleichzeitig so tun, als läge man auf dem Entspannungssessel?

Es scheint vielmehr günstiger zu sein, anzunehmen, daß die Affekte, die mit dem Stottern einhergehen, nicht einfach nur Ängste sind. Die Erregung des Stotterers kann im Zusammenhang mit gleichzeitig auftretenden Affektzuständen, die miteinander im Konflikt stehen, gesehen werden. Das Bemühen einer kognitiv ausgerichteten Therapie sollte es nun sein, die Überzeugungen, die diesen oszillierenden Affektzuständen zugrundeliegen, herauszuarbeiten und zu disputieren. Konflikttheorien zum Stottern sind nicht neu. Zu erinnern ist etwa an die psychoanalytischen Formulierungen von Fenichel (1945) oder Glauber (1958) oder an die Konflikttheorie des Stotterns von Sheehan (1958). Allen mehr oder weniger gemeinsam ist, daß sie vornehmlich zwei Konfliktbereiche ansprechen, den, der mit den Begriffen Angst und Ärger und den, der mit Scham und Exhibitionen zu beschreiben ist. Ein solches System könnte nun zur Analyse der Kognitionen von Stotterern angewandt werden. In Anlehnung an Sheehan (1958) könnte man davon ausgehen, daß diese Konflikte sowohl hinsichtlich des Stotterns, des Schweigens als auch des flüssigen Sprechens zu betrachten sind. Demnach wäre zur Registrierung der möglichen Kognitionen von Stotternden ein einfaches Schema denkbar:

	ANGST	SCHAM
STOTTERN		
SCHWEIGEN		
FLÜSSIG SPRECHEN		

Abb. 6: Schema zur Analyse von Kognitionen stotternder Klienten

Angst und Stottern: In erster Linie soll hier nur die Angst vor dem Stottern berücksichtigt werden. Welche Phantasien und Befürchtungen beschäftigen den Stotterer, wenn er sprachliche Situationen antizipiert? Aus dem Bericht eines jugendlichen Klienten wird beispielsweise deutlich, daß er sein Stottern als

Maßstab dafür ansieht, ob er in einer Jugendgruppe „in" oder „out" ist. Ich bin „in", sagt er, wenn ich nicht stottere, und „out" wenn ich stottere. Gleichzeitig erklärt er, es wäre ihm „unvorstellbar" nicht dazuzugehören, abgehängt zu sein, keine Freunde zu haben. Hier werden irrationale Kognitionen deutlich. Es sind zum einen die Katastrophierungen der Konsequenzen, die sich aus dem Stottern ergeben („Ich bin ‚out', wenn ich stottere"). Es sind zum zweiten die Vorstellungen, dieser Zustand des Ausgeschlossenseins sei unerträglich. Es sind drittens Mußturbationen („Ich muß unbedingt ‚in' sein, nur dann kann ich glücklich sein"). Auch sind es schließlich übergeneralisierende Selbstabwertungen; der Stotterer reduziert sein Ansehen auf sein Sprachvermögen und läßt so die überwiegende Zahl der Qualitäten und Untugenden außer acht. Gleichgültig was er ansonsten tut und ist, er sieht sich zunächst als Stotterer. Viele vom Sprachvermögen unabhängige Probleme werden unter den Teppich des Stotterns gekehrt.

Das Ziel des therapeutischen Eingreifens soll in diesem Bereich sein, ein angstfreies Stottern zu erreichen, aber auch dem Stotterer zu ermöglichen, Angst zu empfinden, ohne daß es zum Stottern kommt. In erster Linie soll verhindert werden, daß der Stotterer die mangelnde Fluenz der Sprache mit sich selbst gleichsetzt. Hierzu kann ihm verdeutlicht werden, daß er sich in einem Konflikt befindet: Einerseits will er unbedingt hochgesteckte Ziele erreichen, andererseits darf er, um dem Ziel näherzukommen, in keinem Fall stottern. Je intensiver und aggressiver er bemüht ist, seine Ansprüche hochzuhalten, desto massiver wird er die Angst vor dem Stottern erleben.

Angst und Schweigen: Ähnlich ist die Angst vor dem Schweigen zu sehen. Es kann selbstverständlich kein Ziel der Stottertherapie sein, das Stottern durch Schweigen zu vermeiden. Aber es ist aus der Sicht der rational-emotiven Therapie auch zu bedenken, daß die Angst vor dem Nichtakzeptiertwerden verbale Selbstdarstellungen fördert. In vielen öffentlichen Diskussionen werden von Teilnehmern Sachbeiträge geliefert, die lediglich den Zweck besitzen, den andern zu bedeuten, daß man da ist. Personen mit Stotterproblemen unterliegen diesen Zwängen umso mehr, als sie aufgrund ihrer Lerngeschichte das Sprechen als Zeichen der sozialen Anerkennung weit überschätzen. Nichtssagen wird oft zum Zeichen für Nichtssagenkönnen und somit zu einem unerträglichen Stigma.

Die Interaktion zwischen zwei Personen ist zudem ein Darstellen von Macht. Personen mit einem höheren Rang, mit ausgeprägteren Dominanzbedürfnissen, regulieren während einer Interaktion zumeist auch den sprachlichen Einsatz des Gesprächspartners. Sie teilen ihm durch Stimmführung, Gestik und Mimik mit, daß sie zu sprechen aufhören und der Partner an der Reihe ist. Auch wenn ein Stotterer während des Blockierens inhaltlich nichts über die Lippen bringt, versucht er doch durch Gestik und Mimik an der Reihe zu bleiben, auch dann noch, wenn der Gesprächspartner längst zu erkennen gegeben hat, daß er kombinierte, was der Stotterer sagen wollte. Dadurch, daß Schweigen mit Machtverlust gleichgesetzt wird, ist die Wahrscheinlichkeit hoch, daß der Stotterer Angst mit ihm verbindet und es zu vermeiden sucht.

Angst und flüssiges Sprechen: Oft werden Therapiefortschritte, über die sich der Therapeut anerkennend äußert, gerade von Stotterern heruntergespielt. Versucht der Therapeut, die diesen Haltungen zugrundeliegenden Kognitionen zu analysieren, wird oft deutlich, daß das flüssige Sprechen für den Klienten weniger als Beweis für eine Aufwärtsentwicklung gilt; er macht es vielmehr zum Indiz dafür, wie wenig flüssig er eigentlich noch ist. Für den Stotterer ist, um ein bekanntes Bild zu gebrauchen, die Flasche immer halb leer und selten halbvoll. Barbara (1954) hat das vielzitierte Wort des „Riese in Ketten" zur Charakterisierung von Stotterern benutzt, ein Riese, der bei beginnender Fluenz unter Beweis stellen müßte, was er zu bieten in der Lage ist. Mit dem flüssigen Sprechen werden somit die eigenen Anforderungen und Ansprüche stärker Realität, was die Ängste zu erhöhen vermag.

Die Kognitionen, die in diesem Bereich zu berücksichtigen sind, beziehen sich vornehmlich auf die Phantasien, unter welchen Bedingungen der Stotterer glaubt, im Leben glücklich werden zu können. Solche Kognitionen sind jedoch zumeist eingeengt, absolutistisch und ohne Flexibilität, die angestrebten Lebensziele selten überhaupt erreichbar.

Scham und Stottern: Die Kognitionen bewegen sich hier um den Aspekt, was er, der Stotternde, seiner Umwelt an Unmöglichem zumutet, wenn er stottert. Eine entsprechende Vorstellung könnte lauten: „Das kann ja wohl kein Mensch aushalten, wenn ich so herumstottere. Ich gehe allen auf die Nerven." Ein Klient, dem während einer Therapie die Gelgenheit gegeben wurde, vor einer größeren Gruppe von Studenten zu sprechen, machte sich noch Wochen danach Gedanken darüber, wie maßlos er sich darüber geschämt habe, daß er die Zuhörer so quälen mußte. Jedesmal wenn ich stottere, zitiert Van Riper (1971) einen seiner Klienten, einen Chinesen, schreien neunzehn Generationen von Vorfahren in ihren Gräbern auf.

Scham und Schweigen: Hier werden Kognitionen angesprochen, die sich aus den Selbstvorwürfen ergeben, die sich ein Stotterer nach Situationen macht, in denen er einen starken Druck zum Sprechen verspürte, aber nicht gesprochen hat. Er hat sich nicht als die Person darstellen können, die er gerne gewesen wäre oder hat sich trotz intensiver Vorbereitungen, die sich oft an Größenvorstellungen anheften, im entscheidenden Augenblick sprachlich nicht geäußert.

Scham und flüssiges Sprechen: Fremdheitsgefühle, die mit dem flüssigen Sprechen einhergehen, können auf den Kognitionen basieren, daß man flüssiger spricht als man es verdient habe. Auch der Gedanke, mit der Sprache den anderen überwältigen zu wollen, kann zu Schamgefühlen beitragen, wenn durch das flüssige Sprechen der aggressive Akt deutlicher wird.

Eine andere Vorstellung, besonders von selten stotternden Klienten, ist die, daß sie dem Therapeuten die Zeit stehlen, wenn sie nicht durch Stottern belegen können, daß sie ein Stotterer sind. Einer unserer Klienten bot uns als Ersatz an, ihn zum Ausgleich in öffentlichen Seminaren „vorführen" zu können, was sicherlich seinen exhibitionistischen Wünschen entgegengekommen wäre.

Auch beim Stottern kann zwischen der therapeutischen Einwirkung auf den primären und den sekundären Anteil der Symptomatik unterschieden werden. An einem Beispiel können die wichtigsten Argumentationsstrategien bei der Sekundärsymptomatik aufgezeigt werden. Ein stotternder Jugendlicher meidet wegen seines Stotterns jeglichen Kontakt mit Mädchen, weil er fest davon überzeugt ist, daß, wenn er stottert, er in jedem Fall eine Abfuhr erleidet. Der Klient wird nach Beweisen für diese Grundhaltung gefragt, die aus seiner bisherigen Erfahrung stammen. Er wird mit der Frage konfrontiert, wie wahrscheinlich eine derartige Zurückweisung tatsächlich ist. Es wird argumentiert, daß wenn er mit einem Mädchen spricht, zumindest eine etwas höhere Wahrscheinlichkeit existiert, daß dieses zu einem Rendezvous ja sagt, als wenn er schweigt. Zum anderen wird betont, daß dann, wenn er tatsächlich abgewiesen werden sollte, dies von den konkreten Konsequenzen her gesehen schlimmstenfalls bedeutet, daß er erneut auf die Suche gehen muß, was nicht dramatisch ist, da viele Mädchen darauf warten, gesucht und gefunden zu werden.

Die erste Argumentationsstrategie in dem genannten Beispiel zielt auf das „antiempirische Denken", das gewöhnlich mit Mußturbationen verknüpft ist („Ich muß flüssig sprechen können, um Kontakt mit einem Mädchen zu bekommen"). Diese Vorstellung ist eine empirisch nicht zu stützende These. Die zweite Argumentationsstrategie, eine Implikationstechnik, zielt auf die schlimmstenfalls zu erwartenden Konsequenzen. Der Therapeut fragt: „Nehmen Sie an, es wäre tatsächlich so, Sie würden monatelang nur abgewiesen, was würde das für Sie bedeuten? Was würden Sie einem guten Freund raten, der ein ähnliches Problem hat? Welche Einstellung könnte Ihnen helfen, mit dem Problem am ehesten zurechtzukommen?". Ein kurzer Ausschnitt aus einer Therapie eines Beamten, der bei wichtigen Sitzungen mit Kollegen aus anderen Bundesländern stotterte, soll beide Argumentationsstrategien nochmals verdeutlichen:

Th.: Ich frage mich, was Sie befürchten, wenn Sie vor einem Kollegenkreis eine Feststellung machen müssen.

Kl.: Ja, was befürchte ich. Eigentlich ja, ich stehe da, blockiere und alle gucken mich stumm und verblüfft an.

Th.: Und denken, das kann doch nicht wahr sein, daß hier eine solche Figur sitzt.
Kl.: Ja genau.
Th.: Sie sind sich da sehr sicher. Aber es wäre vielleicht auch denkbar, daß die anderen Beamten das nicht denken.
Kl.: Ich weiß ja nicht, was in den Köpfen der Leute vorgeht.
Th.: Ja, das ist oft schwer ausfindig zu machen. Für Sie scheint es aber sicher zu sein. Die Leute denken alle: Da sitzt eine Flasche! Da stottert ein Versager herum!
Kl.: Ja, schon, das geht mir schon so durch den Kopf, oder ähnlich ...
Th.: Stellen wir uns doch mal die Frage, was die Leute außerdem noch denken könnten!
Kl.: Der hat ja immer noch seinen Sprachfehler.
Th.: Ja, möglich, oder?
Kl.: Der ist aber heute aufgeregt!
Th.: Wäre auch denkbar.
Kl.: Der müßte zum Therapeuten.
Th.: Das ist alles wahrscheinlich, daß Ihre Kollegen so denken. Manchen fällt ihr Sprachproblem vielleicht gar nicht auf. Es gibt sicher auch welche, die gar nicht hinhören, wenn Sie sprechen, die sich überlegen, was sie am nächsten Wochenende anstellen oder wie sie das Steuer hintergehen können.
Kl.: Das sehe ich schon irgendwie ein.
Th.: Aber nehmen Sie doch mal an, was wir für unwahrscheinlich halten, wäre tatsächlich so. Sie stotterten und alle denken: Ein Versager!
Kl.: Eine Flasche!
Th.: Was würde denn das nun heißen?
Kl.: Ich kann mich da auf die Dauer nicht mehr blicken lassen. Ich müßte halt meinem Chef sagen, daß er einen anderen nach Bonn schicken soll. In jedem Fall wäre das ein deutlicher Knick in meiner Karriere. Da sind ja andere, die nur darauf warten.
Th.: Wäre das der Zusammenbruch Ihrer Existenz?
Kl.: Das nicht gerade, aber es ginge halt langsamer voran.
Th.: Nehmen Sie an, Sie bräuchten 3 oder 4 Jahre mehr zum Oberrat und wiederum drei oder gar sechs Jahre mehr zum Regierungsdirektor, oder Sie würden versetzt.
Kl.: Verkraften würde ich das schon, aber wer hat das gern.
Th.: Da haben Sie recht, das ist nicht gerade angenehm. Ich frage mich nur, ob Sie damit fertigwerden könnten?
Kl.: In gewissem Sinne schon ...

Die negative Selbstbewertung des Stotternden kann sich auf seine Person insgesamt, auf für ihn bedeutsame Teilbereiche seiner Person oder auch auf die Tatsache beziehen, daß er sich abwertet („Wie kann ich nur so beschränkt sein, so einen Unsinn zu mir zu sagen!"). Generalisierende Selbstabwertungen sind deshalb so gefährlich, weil sie zumeist eine Selbsteinordnung in eine Minderheitengruppe (Versager, Stotterer, Anomale) mit allen demoralisierenden Folgen beinhalten.

Die Disputation der Selbstabwertung orientiert sich vornehmlich an den Funktionen negativer Selbstverbalisierungen. Drei davon seien kurz angedeutet. Eine erste Funktion negativer Selbstbewertungen liegt, wie bereits dargestellt, darin, positive Verstärker zu erhalten. Schlimme Bezeichnungen der eigenen Personen werden nach außen getragen, um sie zu testen. Der Stotterer will damit hören, daß er eben nicht in dem Maße versagt, wie er es selbst von sich annimmt. Die Disputation solcher Eigenabwertungen zielt nicht darauf ab, dem Klienten das Gegenteil einzureden, sondern verlangt Beweise und Belege für eine solche gravierende Selbstbeurteilung. In seiner Antwort wird der Klient in Details gehen, was wiederum dem Therapeuten die Möglichkeit verschafft, darzulegen, daß von einzelnen Teilbereichen unzulässig auf die gesamte Person verallgemeinert wird. Eine andere Verstärkung ist eher negativer Art. Der Selbstdefätismus kann noch unangenehmere Zustände kurzfristig beseitigen. Der Stotterer, der zu sich selbst sagt, daß er auf der ganzen Linie ein Versager ist, kann dadurch etwa die konflikthafte Quälerei darüber kurzfristig beenden, ob er ein Mädchen wegen einer Verabredung ansprechen soll oder nicht. Nachdem er sich selbst bestätigt hat, auf der ganzen Linie ein Versager zu sein, bedarf es keiner weiteren Anstrengungen und Überlegungen. Die Disputation kann behilflich sein, den Konflikt zu reduzieren, zum einen dadurch, daß die möglichen Konsequenzen der drohenden Zurückweisung bedacht werden, zum anderen auf dem Wege, daß der absolutistische Gedanke angegangen wird, nur ein Wochenende mit einem Mädchen könne ihn zufrieden machen. Durch Selbstabwertungen können schließlich Anforderungen an die eigene Person und die eigene Leistungsfähigkeit gesenkt werden. Damit wird das Ausmaß künftiger Enttäuschungen gering gehalten. Die Disputation kann hier in erster Linie die Angst vor dem Fehlermachen und die Scham nach Mißerfolgen angehen.

Die Diskrepanz zwischen irrationalen und rationalen Kognitionen dürfte am ehesten durch shaping-Techniken überwunden werden können, d. h. am Anfang der Therapie sollten dem Klienten kleinere Diskrepanzen zugemutet werden. Oft kann allerdings gerade die totale und verblüffende Gegenargumentation, besonders bei leichter zu beeinflussenden Klienten, schneller zu Erfolgen führen, da sie dem Bedürfnis entgegenkommt, sich in der Therapie eine neue Sicht der eigenen Person anzueignen. Damit ist aber auch die bislang nicht diskutierte Frage angesprochen, die sich auf die differentielle Wirksamkeit der rational-emotiven Therapie bei bestimmten Stotterern bezieht. Daten zu diesem Problem liegen nicht vor. Die rational-emotive Therapie scheint, von der Erfahrung her gesehen, eher bei schüchternen, leidgeplagten, nicht-spitzfindigen und einsichtigen Stotterern am wirkungsvollsten zu sein. Nur ist zu fürchten, daß diese nicht in der Mehrzahl sind.

4. RET mit Kindern

Die RET vermittelt grundlegende therapeutische Prinzipien u. a. durch Unterrichtung, Anleitung, Diskussion und Wiederholung. Eine solche edukative Vorgehensweise kann besonders bei Kindern Vorteile haben. Auch in der

Arbeit mit Kindern folgt die RET ihren philosophischen Prinzipien, betont aber im gleichen Maße das Lernen durch Erfahrung. Ein weiterer Schwerpunkt liegt auf Simulationsverfahren, welche v.a. in Gruppen eingeübt werden. Im Mittelpunkt aller Verfahren zur kognitiven Verhaltensmodifikation bei Kindern steht das Lernen von grundlegenden Problemlösestrategien. Dabei gibt es Programme, die vorrangig das Einüben von einzelnen (beobachtbaren) sozialen Verhaltensweisen zum Ziel haben und solche, die allgemeinere kognitive Problemlösemuster lehren. Urbain & Kendall (1980) geben einen umfassenden Überblick über die unterschiedlichsten Verfahren und liefern auch eine kritische Evaluierung dieser Methoden (vgl. Cartledge & Milburn, 1980; Gräser, 1980; Hoobs u.a. 1980; Ulich, 1980).

Die Sensibilität eines Individuums für zwischenmenschliche Prozesse wird vielfach als wichtige Voraussetzung für das Erkennen einer problembeladenen Situation angesehen. Die nach RET-Prinzipien ausgerichteten Programme für Kinder wenden sich in ihren spezifischen Anteilen anfangs vorrangig dem Prozeß zu, in dessen Verlauf Kinder die kognitiven Fähigkeiten lernen, Gefühle bei sich und anderen zu erkennen, zwischen verschiedenen emotionalen Eindrücken zu differenzieren, sowie die Ursachen für solche Empfindungen zu verstehen. Im folgenden sollen einige wesentliche Bestandteile dieses auf emotionale Einsicht ausgerichteten Themenkatalogs vorgestellt werden. Es geht vor allem darum, zu erkennen, wie Kinder lernen können, mehr über Gefühle und ihre Entwicklung zu erfahren, sowie um die Frage, wie ihnen die Verbindung von Kognition und Emotion verdeutlicht werden kann. In unseren Ausführungen folgen wir im wesentlichen den Anleitungen von Knaus (1974, 1979), Pikas (1974), Spivack & Shure (1974) Meijers (1978), Bash & Camp (1980), Camp & Bash (1980) und Cox & Gunn (1980) und ergänzen diese durch eigene Erfahrungen. Es handelt sich hierbei um einige Ausschnitte aus Lehrstunden, die, zumeist über einen längeren Zeitraum, Kindern oder Heranwachsenden erteilt wurden. Die Effekte solcher Vorgehensweisen sind ermutigend (vgl. DiGiuseppe & Kassinove, 1976).

4.4.1. Das Erkennen von Gefühlen

Da das korrekte Erkennen von Gefühlszuständen bei sich und anderen als Voraussetzung für adäquates Problemlöseverhalten betrachtet wird, sollten Kinder zunächst einmal angehalten werden, zwischen verschiedenen Empfindungsreaktionen zu unterscheiden. Den Kindern können beispielsweise Photos aus Magazinen gezeigt werden, auf denen unterschiedliche Gefühlsausdrücke (Freude, Trauer, Ärger, Angst) zu erkennen sind. Zur besseren Verdeutlichung kann man sich zunächst auf die Emotionen „Freude" und „Trauer" beschränken und anhand der Bilder auch das Verständnis der Wortkonzepte „glücklich" und „traurig" einüben. In einem weiteren Schritt ist es möglich, nach Verursachungsfaktoren für das betreffende Gefühl zu fragen, warum etwa eine auf dem Bild dargestellte Person traurig, froh oder ärgerlich ist. Auf diese Weise soll das Kind erkennen, daß es mehrere verursachende Möglichkeiten für bestimmte Empfindungen geben kann. Als Hausaufgaben zur nächsten Stunde werden die Kinder aufgefordert, aus Magazinen und Journalen so viele Bilder wie möglich auszuschneiden, auf denen irgend ein Gefühlsausdruck zu sehen ist. Diese Bilder werden dann zu einer „Ausstellung" organisiert, anhand derer das Erkennen und die Bedeutung von Gefühlen weiter vertieft werden kann. Zusätzlich kann das von Meijers (1978) entwickelte „Gefühle-Quiz" eingesetzt werden.

Die wesentlichen Punkte dieses Spiels stellen sich wie folgt dar:

1) Die Kinder werden aufgefordert, möglichst viele verschiedene Empfindungen zu nennen. Großer Wert wird auf solche Emotionen gelegt, welche die Kinder selbst erlebt haben.
2) Diese Emotionen werden auf eine große Tafel geschrieben.
3) Die Kinder selbst sollen diese Gefühle mit einem (+) für angenehme, erfreuliche und einem (−) für unangenehme, negative Empfindungen markieren.
4) Danach soll sich jedes Kind eines der Gefühle aussuchen und versuchen, dieses, ohne es zu benennen, pantomimisch darzustellen.
5) Die anderen Kinder sollen jeweils raten, welches Gefühl dargestellt wurde. Hier kann man auch Gruppen bilden und eine richtige Antwort mit einem Punkt bewerten.
6) Jedes Kind soll nun das jeweils dargestellte Gefühl nachahmen.

Die Kinder können nun gefragt werden, ob sie sich Ereignisse vorstellen können oder solche auch selbst erlebt haben, bei denen jedes der genannten und dargestellten Gefühle vorkommen könnte. Auf diese Weise lernen die Kinder, daß Gefühle etwas mit real Erlebtem zu tun haben. Als Ergebnis dieser Übungen dürften die Kinder nun in der Lage sein, bestimmte Gefühlszustände (v. a. froh, traurig, ärgerlich, wütend) konkreten, selbst erlebten Ereignissen zuzuordnen. Dies sollte auch wieder an der Tafel festgehalten werden. Ein solches Schema könnte wie folgt aussehen:

Ereignis	*Gefühl*
Schwimmbadbesuch mit Mutter (Katja)	froh (glücklich)
Gute Note im Diktat (Uwe)	
Geburtstag (Claudia)	
Keine Spielkameraden (Susi)	traurig
Zu viele Hausaufgaben (Frank)	
Verlorengegangenes Lieblingsspielzeug (Mark)	
Zimmer aufräumen (Anja)	ärgerlich (wütend)
Eltern kaufen nicht das, was gewünscht (Doris)	
Fernsehverbot (Klaus)	

Wenn, wie vor allem bei jüngeren Kindern die Zuordnung nicht so schnell nachvollzogen wird, kann man hypothetische Ereignisse vorgeben (z.B.: Jemand nimmt Dir Deinen Ball weg; Du hast in einem Spiel gewonnen; Du stehst alleine auf dem Schulhof und niemand will mit Dir spielen.) Als Hausaufgabe sollen die Kinder sich dann zumindest an ein konkretes Erlebnis erinnern und die dazugehörige Emotion benennen.

In einem nächsten Schritt sollen die Kinder erkennen, daß mehrere Personen das gleiche Gefühl empfinden können, es aber möglicherweise unterschiedlich ausdrücken. Knaus (1974) hat hierzu das „Ausdrucks-Rate-Spiel" entwickelt, welches in mancher Hinsicht dem ‚Gefühle-Quiz' ähnelt. Die Kinder werden auf mehrere Dreiergruppen verteilt. Ihre Aufgabe ist es, ein bestimmtes Gefühl, welches sie genannt bekommen, darzustellen, ohne dies vorher zu sagen. Jedes Kind soll sich individuell ausdrücken. Nachdem das Spiel vorbei ist, werden die Kinder gefragt, ob es einen richtigen und einen falschen Weg gibt, seine Gefühle zu zeigen. Ist das Glücklichsein von Frank besser als das von Maria? Es soll unterstrichen werden, daß es Unterschiede im Ausdruck der Gefühlsintensität gibt, daß aber keine Gefühlsreaktion besser oder schlechter ist als eine andere. Zusätzlich könnte nun die Gruppe angeregt werden, über andere Möglichkeiten des Gefühlsausdrucks nachzudenken. Die Frage könnte lauten: „Was glaubt Ihr ist besser; wenn Ihr Eurem Freund (Freundin, Eltern, Lehrer) direkt sagt, wie Ihr Euch fühlt, oder wenn Ihr still seid und ein entsprechendes Gesicht macht?" Hier sollen die Kinder erkennen, daß es zur Vermeidung von Unklarheiten und Mißverständnissen häufig sinnvoller sein kann, wenn man das, was in einem vorgeht, mit Worten ausdrückt. Da die Fähigkeit eines Kindes, sich in die Rolle einer anderen Person hineinzuversetzen, als wesentliche Voraussetzung für einfühlendes Verständnis in sozialen Situationen gilt, wird auch diese Fertigkeit systematisch eingeübt (vgl. Iannotti, 1978; Urbain & Kendall, 1980). Von Cox & Gunn (1980) wird vorgeschlagen, das Kind solle zunächst eine von ihm bevorzugte Person imitieren, da dies dem Kind ermögliche, eine ganze Reihe prosozialer Verhaltensweisen (Lächeln, Komplimente geben, Hilfe anbieten) zu zeigen, die auch für es selbst erstrebenswert sein können. Anhand vorgegebener Geschichten oder Spielsituationen können die Kinder dann veranlaßt werden, abwechselnd die Rolle eines Aggressors, Opfers, Hilfsbedürftigen oder Helfers darzustellen. Das Kind wird dann nach den Auswirkungen seines Verhaltens auf andere gefragt: „Wie werden sich die anderen fühlen?" „Weshalb hast Du Dich so und nicht anders verhalten?" „Was denken die anderen über Dein Verhalten?" „Wie werden sie nun reagieren?" Um den Prozeß des Rollentausches zu initiieren, können zusätzliche Fragen gestellt werden: „Was würdest Du tun, wenn Du Dein Freund wärst?" „Wie würdest Du Dich dann fühlen?"

4.4.2. Woher kommen die Gefühle?

Ziel dieser Sitzungen ist, den Kindern den Ursprung ihrer Empfindungen aufzuzeigen und die Hypothese, Gefühle sind durch Gedanken erzeugt, deutlich zu machen. Der Gruppenleiter stellt den Kindern exemplarisch einige hypothetische Begebenheiten dar und bittet die Kinder, ihre Gefühlsreaktionen, wenn möglich schriftlich, zu formulieren, so als ob sie diese Situationen selbst erlebt hätten (vgl. Knaus, 1974, S. 20):

– „Stellt Euch vor, Eure Mutter hat Euch einen neuen Mantel gekauft und Euch dringend ermahnt, den Mantel nicht schmutzig zu machen. Als Ihr nun auf dem Weg von der Schule nach Hause seid, fährt ein Auto direkt an Euch vorbei und schleudert eine Menge Dreck auf Euren neuen Mantel. Wie würdet Ihr Euch dann fühlen? (Der Leiter kann hier ausführliche Gefühlsreaktionen aber auch die spontanen Selbstkommunikationen erfassen). Nun stellt Euch weiter vor, die Fahrerin ist eine gute Freundin Eurer Mutter. Sie hält an und will Euch nach Hause fahren und Eurer Mutter erklären, was passiert ist. Wie würdet Ihr Euch denn nun fühlen?"
– „Stellt Euch vor, Ihr habt für die Schule ein Haus aus Pappe gebastelt, und auf dem Weg zu einem Freund geht Ihr durch einen Park. Ihr seht im Park nahe den Bänken ein Markstück liegen. Um es aufzuheben, stellt Ihr das Haus auf eine Parkbank. Während Ihr Euch bückt setzt sich ein anderes Kind auf das Haus. Wie würdet Ihr Euch fühlen? Nun nehmt einmal an, das Kind war blind und konnte das Haus deshalb gar nicht sehen. Wie würdet Ihr Euch dann fühlen?"

Die aller Wahrscheinlichkeit nach sehr unterschiedlichen Empfindungen der Kinder sollten ausführlich exploriert werden. Daran schließt die Frage an: „Warum hat sich Euer Gefühl geändert, als Ihr die Dinge genau gesehen habt? Ist der Mantel nicht immer noch dreckig? Ist Euer mühsam gebasteltes Haus etwa wieder ganz geworden?"

Von der Diskussion um diese Punkte ausgehend schlägt Knaus (1974) vor, die Frage zu stellen: „Weshalb fühlt nicht jedermann gleich in diesen Situationen? Woher glaubt Ihr, kommen überhaupt die Gefühle?" Alle günstigen Antworten (Kopf, Gehirn) sollen akzeptiert werden, es soll aber deutlich gemacht werden, daß Gefühle von Gedanken abgeleitet werden können. An dieser Stelle sollten noch einmal Aspekte aus vergangenen Übungen wiederholt werden, mit der Betonung auf der Erkenntnis, daß Menschen Ereignisse in ihrer Umwelt unterschiedlich erleben und deshalb auch abweichende Empfindungen haben.

Die Hausaufgabe für die Kinder lautet nun folgendermaßen: „Schreibt auf einem Blatt Papier einmal ein Ereignis auf, bei dem Ihr Euch wütend, traurig, ängstlich oder niedergeschlagen gefühlt habt. Schreibt genau dazu, was in Euch vorging und was Ihr in solchen Situationen normalerweise getan habt". Die Erfahrung hat gezeigt, daß, wenn man Kinder hierzu sorgsam anleitet, diese Aufgabe schon von 9–10jährigen bestens gelöst werden kann.

4.4.3. Einführung in das A-B-C der RET

Um den Kindern den Grundgedanken des ABC-Schemas zu verdeutlichen, werden sie aufgefordert, an ein oder zwei Ereignisse zu denken, welche häufig vorkommen und schwierig zu lösen sind (vgl. Knaus, 1974). Jedes der genannten Beispiele wird für alle Kinder sichtbar auf eine Tafel geschrieben. Danach wird die Tafel in vier vertikale Kolumnen unterteilt, in A = Ereignis, B = Gedanke, C = Gefühl. In Abänderung der klassischen ABCDE-Sequenz steht D für Reaktion oder Verhalten. An einem neutralen Beispiel wird den Kindern nun eine Analyse nach diesem Schema demonstriert. Zur besseren Verdeutlichung der ABC-Sequenz kann man die Form einer Gleichung A + B = C wählen und die einzelnen Elemente einsetzen.

A	+	B	=	C	D
Du hast den Haustürschlüssel verloren		Meine Mutter wird ärgerlich sein und mich bestrafen		Angst	Ich werde es nicht sagen

A	+	B	=	C	D
Du sollst vor der Klasse sprechen		Ich werde bestimmt einen Fehler machen. Die anderen werden mich auslachen.		Nervös, ängstlich, unruhig	Stottern, Schweigen, Schwitzen

Anhand der Hausaufgaben sowie der eingangs genannten Beispiele dürfte es jetzt leicht fallen, die einzelnen Aussagen der Kinder nach diesem Schema analysieren zu lassen. Alle Beispiele werden gemeinsam durchgegangen. Der Leiter kann dann jedesmal fragen: „Weshalb glaubt ihr, ist Petra ängstlich (ärgerlich, traurig)? Was ist bei B passiert, daß sie so ängstlich (ärgerlich, traurig) wurde? Was hat sie dann getan?" Falls die Kinder Schwierigkeiten haben sollten, ihre Selbstverbalisierungen zu äußern, sollte man zunächst ausführlich auf C eingehen und von da aus B analysieren. Den Kindern wird als Hausaufgabe gestellt, anhand konkreter Beispiele oder vorgegebener Themen möglichst viele ABCD-Analysen vorzunehmen.

Die vorstehenden Übungen sind Ausschnitte aus umfassenden Lehrprogrammen zur emotionalen Erziehung, die darauf abzielen, die psychische Entwicklung und soziale Anpassung von Kindern zu fördern und die Fähigkeiten zu vermitteln, die notwendig scheinen, um befriedigende und effektive Beziehungen zu anderen aufbauen zu können. Diese Programme enthalten z.T. auch systematisch abgestufte Anleitungen zur Erfassung und Anfechtung von irrationalen Denkmustern bei Kindern und Jugendlichen sowie zur speziellen Auseinandersetzung mit häufig vorkommenden Problembereichen (Angst, Wut, Aggressionen). In dieser Eigenschaft zielen sie vor allem auf die Prävention emotionaler Störungen bei psychisch nichtbeeinträchtigten Personengruppen hin. Die RET bemüht sich aber auch um die Behandlung von verhaltensauffälligen Kindern, vor allem in Verbindung mit verhaltenstherapeutischen Methoden (vgl. Rossi, 1977; Goodman & Maultsby, 1978; DeVoge, 1979; DiGiuseppe, 1979; Hoellen, 1980).

4.4.4. Rational-emotive Krisenintervention

Für Kinder mit aktuellen emotionalen Problemen haben Wasserman & Kimmel (1978) eine Behandlungsform entwickelt, die sie „Rational-emotive Kriseninterventions-Therapie" nennen. Dieses abgestufte Programm enthält folgende Elemente:

(1) Das Kind wird aus der problematischen Situation (z.B. tätliche Auseinandersetzung mit anderen) herausgenommen und nach einer näheren Beschreibung des aktivierenden Ereignisses gefragt („Was ist passiert?" „Was hat Dich in Wut oder Zorn gebracht?" „Wie fühlst Du dich jetzt?" „Was war es genau, daß Dich geärgert hat?").
(2) Die unangemessenen Selbstaussagen des Kindes werden erfaßt, was die größte Schwierigkeit innerhalb des Programms darstellt. Durch gezielte Fragen und Hilfestellungen können ältere Kinder aber meistens zur Erkenntnis gebracht werden, daß ihre dysfunktionalen Kognitionen etwas mit ihrem Gefühlsaufruhr zu tun haben.
(3) Das Kind wird nun angehalten, rationalere Feststellungen zu äußern und sich dann auf seine Empfindungen zu konzentrieren. Wenn es hierzu eigenständig nicht in der Lage ist, werden ihm entsprechende Aussagen angeboten (z.B. „Andere haben das Recht, das zu sagen was sie wollen; auch wenn ich es nicht gerne habe, kann ich es ertragen; das was sie sagen, braucht ja deshalb noch lange nicht zu stimmen"). Das Kind soll diese Ausführungen mehrfach wiederholen. Es wird gefragt, wie es sich fühlt, wenn es in einer veränderten Form denkt und wie es im konkreten Fall anders reagieren könnte (dem anderen aus dem Weg gehen; es dem Lehrer sagen).
(4) Wenn das Kind diese rationalen Feststellungen in zufriedenstellender Weise äußert, wird es mit Lob und materiellen Verstärkern belohnt. Der Therapeut lenkt auf die ursprüngliche Ausgangssituation zurück und bespricht die konkrete Ausführung alternativer Verhaltensweisen mit dem Kind.

Sicherlich wird ein solches Vorgehen nicht dem von der RET gesetzten Ziel gerecht, rationaleres Denken in allen Situationen zu entwickeln. Das Verfahren hat zunächst auch nur den Anspruch, das Verhalten von problematischen Kindern kurzfristig zu ändern und den Grundstein für eine längerfristige Auseinandersetzung zu legen. In der RET mit Kindern und Heranwachsenden hat sich diese Vorgehensweise als sehr praktikabel erwiesen.

Kinder und Jugendliche antizipieren sehr häufig unrealistischerweise negative Konsequenzen in bestimmten Situationen. Einem Stotterer kann beispielsweise folgendes durch den Kopf gehen: „Wenn ich mich jetzt melde und dran komme, werden alle auf mich schauen. Ich werde dann bestimmt rot und bekomme kein Wort heraus. Dann lachen alle. Der Lehrer wird ungeduldig und mir sicherlich eine schlechte Note geben." Die Frage nach der richtigen Wahrnehmung eines aktivierenden Ereignisses und das Anfechten dieser Wahrnehmung kann in vielen Fällen Kinder und Jugendliche veranlassen, Verhaltensweisen auszuführen, die sie aus irgendwelchen Gründen fürchten und deshalb vermeiden. Damit ist häufig ein erster Schritt in Richtung Eigenverantwortlichkeit getan, indem der einzelne praktisch erfährt, daß er selbst in großem Maße Kontrolle über angstauslösende Ereignisse haben kann.

V.B., 13 Jahre alt, hatte sich vor einem Jahr beim Hantieren mit gefundenem Sprengstoff eine schwere Augenverletzung auf dem rechten Auge zugezogen. Mehrere Operationen konnten zwar das Auge schließlich erhalten, aber der Junge war auf diesem Auge in der Sehkraft zu 95 % beeinträchtigt. Das linke Auge war allerdings weiterhin voll funktionstüchtig. Nachdem die Operationen vollzogen waren, hatte sich V. angewöhnt, das rechte Auge nicht mehr zu öffnen, bzw. die Lider aufeinanderzupressen. Die Eltern, die diesem Tun eine zeitlang zugeschaut hatten, meinten nach einer Weile, der Junge könne das Auge doch nun aufmachen. Von medizinischer Seite gab es hierzu keine Bedenken. Seit einem halben Jahr versuchten verschiedene Ärzte den Jungen zu bewegen, die Lider zu öffnen, mit recht wenig Erfolg. Lediglich zu Hause, und dort nur partiell, öffnete V. die Lider. Über Gründe für sein Verhalten sprach er nie.

Wir fanden in V. einen aufgeweckten Jungen vor, der zunächst auch bei uns die Lider geschlossen hielt. Nach einer Aufwärmphase fragten wir ihn, was ihm durch den Kopf gehe, wenn er an sein Auge denke. Die Antwort kam spontan: „Mist". Es war aber bald zu sehen, daß er die Tatsache der verlorenen Sehkraft auf dem einen Auge überwunden hat. Er habe sich mittlerweile an die veränderten Bedingungen gewöhnt und würde nun auch wieder Aktivitäten, denen er längere Zeit aus dem Weg gegangen sei, wie Fahrradfahren, Surfen, Skifahren, Judo etc., ausüben. Die Vorstellung, das Auge endgültig zu öffnen, erfülle ihn mit einem gewissen Unbehagen, wobei er dies zunächst nicht näher spezifizieren konnte.

Th.: Kennst Du jemanden in Deiner Klasse, der ähnlich wie Du ebenfalls ein Problem hat?

Kl.: Ja, einer meiner Freunde, der stottert.

Th.: Wie zeigt sich denn das Stottern Deines Freundes?
Kl.: Der stottert nur stark wenn er an die Tafel muß oder veräppelt wird; aber das kommt selten vor. Bei uns hat der keine Schwierigkeiten.
Th.: Wie lassen sich diese Unterschiede denn erklären?
Kl.: Vielleicht ist die Situation eine andere.
Th.: Wie anders?
Kl.: Sie könnte wichtiger sein. Er denkt mehr daran nicht zu stottern und wird unruhig und unsicher.
Th.: Warum ist er nicht unsicher, wenn er mit Euch zusammen ist?
Kl.: Bei uns hat er nichts zu befürchten.
Th.: Hat er in der Schule etwas zu befürchten?
Kl.: Da schon eher, schlechte Noten, bloßgestellt werden, wer will das schon?
Th.: Richtig, das ist für die wenigsten von uns angenehm, aber es gibt ja auch Stotterer denen das weniger ausmacht.
Kl.: Die gibt es sicherlich, aber mein Freund gehört nicht dazu, der ist vor mündlichen Prüfungen immer sehr aufgeregt.
Th.: Was könnte dem durch den Kopf gehen?
Kl.: Ich glaube, dem geht nichts durch den Kopf, der überlegt dann nicht mehr viel.
Th.: Kann dem vielleicht folgendes durch den Kopf gehen: „Oh wehe, wenn ich da versage, das wäre schlimm, wie steh' ich dann da. Was denken die anderen etc?"
Kl.: Ja, das ist möglich.
Th.: Und das könnte dazu beitragen, daß sich seine Angst und Unruhe noch verschärft.
Kl.: Das stimmt; ich habe ihm auch schon öfters gesagt, daß es nur schlimmer wird, wenn er sich aufregt. Das hilft aber nicht viel.
Th.: So lange er also noch alles mögliche befürchtet, wird er sich unwohl fühlen und weiter stottern.
Kl.: Das kann gut sein.
Th.: Nun noch einmal zu Dir, Du hast auch eine Beeinträchtigung, was wäre wenn Du das Auge öffnen würdest?
Kl.: Jeder kommt dann und fragt, was mit mir ist. Das möchte ich nicht, das wäre mir unangenehm.
Th.: Betrachten wir es einmal näher. Kommt wirklich jeder? Reagieren alle gleich? Machen z. B. alle die gleichen Bemerkungen?
Kl.: Wahrscheinlich nicht.
Th.: Einige werden mit Sicherheit dumme Bemerkungen machen.
Kl.: Das glaube ich auch.
Th.: Deine Freunde, was ist mit denen?
Kl.: Mit denen wäre das kein Problem.
Th.: Und was ist mit jenen, mit denen Du nichts zu tun haben willst oder die Dir feindlich gegenüber stehen, wenn da einer sagt: „Du blinder Fuchs"?
Kl.: Dem würde ich etwas zurück an den Kopf werfen. Da kann ich mich wehren.
Th.: Wieviele sind das denn, mit denen Du nicht klar kommst in der Klasse? Gib mal eine Prozentschätzung an.
Kl.: Sehr wenige, höchstens 10 %.
Th.: Wenn Deine Freunde Verständnis aufbringen und Dir die anderen eher egal sind, könntest Du es ja aufmachen.
Kl.: Eigentlich schon.
Th.: Glaubst Du, daß ich Verständnis für Deine Situation habe?
Kl.: Ja, das glaube ich.
Th.: Dann mach doch bitte mal das Auge auf.

V. öffnete daraufhin sein Auge und wir gingen sehr ausführlich auf weitere Reaktionen ein, die, im Falle, daß er das Auge auch weiterhin auflassen würde, kommen könnten. Im Rollenspiel und durch Rollentausch konnten mögliche Reaktionen von seiner Seite aus noch weiter konkretisiert und eingeübt werden. Wir haben auch nach einer möglichen Erklärung gesucht, wie er auf Fragen danach reagieren könnte, warum er das Auge erst jetzt wieder aufmache. Die Erklärung, der Arzt habe grünes Licht gegeben, sollte ihm das Offenhalten weiter erleichtern, ohne als Simulant dazustehen. Auf die Frage, ob er jetzt das Auge auch weiterhin offen halten würde, sagte V., er habe sich immer vorgestellt, daß er alle lästigen Fragen an einem Tage hinter sich bekommen würde. Da nun Ferien seien, wäre das nicht gewährleistet und er würde es zum Schulwiederbeginn in einer Woche mit 85 % Wahrscheinlichkeit aufmachen.

V. sollte am Tag zuvor und am gleichen Tag anrufen, um zu berichten. Es wurde ihm glaubhaft versichert, daß es sehr wichtig sei, wie jemand mit einer solch schwierigen Situation fertig würde, das wäre wichtig für die Arbeit mit Kindern. Am entscheidenden Tag rief V. freudig erregt an, er hätte es geschafft und keiner hätte was gesagt. Auf sich sei er recht stolz. Ein Zusammentreffen nach einem halben Jahr bestätigte den Therapieerfolg.

Die RET versucht nicht nur emotionale Einsichten und grundlegende Problemlösestrategien zu vermitteln, bzw. Fehlverhaltensweisen auf Seiten der Kinder zu korrigieren, sie setzt sich auch mit den häufig anzutreffenden irrationalen Erziehungspraktiken von Eltern auseinander (vgl. Hauck, 1967, 1979; Ellis, 1977e; Criddle, 1978). Nicht selten ist auch, daß Eltern den negativen Verhaltenszügen ihrer Kinder auf eine sehr inadäquate Weise begegnen. Eine Mutter sorgte sich über die Tatsache, daß ihr 11jähriger Sohn mehrfach wegen Stehlens aufgefallen war, derart, daß sie sich in ihrer Hilflosigkeit zu der Äußerung verstieg: „Am liebsten wäre mir, wenn er tot wäre, dann hätte ich diesen Kummer nicht mehr."

In Fällen, in denen Eltern aus dem unangemessenen Verhalten ihrer Kinder schließen, sie hätten als Eltern versagt, da sie ihrem Kind angeblich nicht die Erziehung haben zuteil werden lassen, die es vor Schwierigkeiten bewahrt hätte, setzt die RET unmittelbar an diesen Überzeugungshaltungen an.

V. Literaturverzeichnis

Abramson, L. Y. & Sackeim, H. A.: 1977. A paradox in depression: Uncontrollability and self-blame. Psychological Bulletin 84, 838–851.

Abramson, L. Y./Seligman, M. E. P. & Teasdale, J. D.: 1978. Learned helplessness in humans: Critique and reformulation. Journal of Abnormal Psychology 87, 47–74.

Alberti, R. E. & Emmons, M. L.: 1977. Ich behaupte mich selbst. Frankfurt: Flach.

Alden, L. & Safran, J.: 1978. Irrational beliefs and nonassertive behavior. Cognitive Therapy and Research 2, 357–364.

Ard, B. N. jr. & Ard, C. C. (Hrsg.): 1969. Handbook of marriage counseling. Palo Alto: Science and Behavior Books.

Argabrite, A. H. & Nidorf, L. J.: 1968. 15 questions for rating reason. Rational Living 3, 1, 9–11.

Bandura, A.: 1977. Self-efficacy: Toward a unifying theory of behavioral change. Psychological Review 84, 191–215.

Bandura, A.: 1980. Gauging the relationship between self-efficacy judgment and action. Cognitive Therapy and Research 4, 263–268.

Bandura A. & Adams, N. E.: 1977. Analysis of self-efficacy theory of behavioral change. Cognitive Therapy and Research 1, 287–310.

Bandura A./Adams, N. E./Hardy, A. B. & Howells, G. N.: 1980. Test of the generality of self-efficacy theory. Cognitive Therapy and Research 4, 39–66.

Barbara, D. A.: 1954. Stuttering: A psychodynamic approach to its understanding and treatment. New York: Julian.

Bard, J.: 1973. A self-rating scale for rationality. Rational Living 8, 1, 19.

Barrios, B. A. & Shigetomi, C. C.: 1980. Coping skills training: Potential for prevention of fears and anxieties. Behavior Therapy 11, 431–439.

Bartling, G./Echelmeyer, L./Engberding, M. & Krause, R.: 1980a. Problemanalyse im therapeutischen Prozeß: Leitfaden für die Praxis. Stuttgart: Kohlhammer.

Bartling, G./Fiegenbaum, W. & Krause, R.: 1980b. Reizüberflutung: Theorie und Praxis. Stuttgart: Kohlhammer.

Bartling, G./Fliegel, S./Fiegenbaum, W. & Krause, R.: 1979. Angst – Wer sie durchsteht wird sie los. Psychologie heute, 6, 6, 23–34.

Bash, M. A. S. & Camp, B. W. C.: 1980. Teacher training in the Think Aloud Classroom Program. In: Cartledge, G. & Milburn, J. F. (Hrsg.): Teaching social skills to children. New York: Pergamon, S. 143–178.

Beck, A. T.: 1979. Wahrnehmung der Wirklichkeit und Neurose: Kognitive Psychotherapie emotionaler Störungen. München: Pfeiffer.

Beck, A. T./Rush, A. J./Shaw, B. F. & Emery, G.: 1980. Kognitive Therapie der Depression. München: Urban & Schwarzenberg.

Bellack, A. S. & Schwartz, J. S.: 1976. Assessment of self-control programs. In: Hersen, M. & Bellack, A. S. (Hrsg.): Behavioral assessment. Oxford: Pergamon, S. 111–142.

Bem, D. J.: 1974. Meinungen, Einstellungen, Vorurteile. Zürich: Benziger.

Bergin, A.E.: 1980a. Psychotherapy and religious values. Journal of Consulting and Clinical Psychology 48, 95–105.

Bergin, A.E.: 1980b. Religious and humanistic values: A reply to Ellis and Walls. Journal of Consulting and Clinical Psychology 48, 642–645.

Berlin, J.: 1975. Das offene Gespräch: Paare lernen Kommunikation. München: Pfeiffer.

Bernard, M.E.: 1980. Private thought in rational-emotive psychotherapy. Rational Living 15, 1, 3–8.

Bessai, J.C. & Lane, S.H.: 1976. Self-rating scale for rationality: An update. Rational Living 11, 1, 28–30.

Beule, P./Eichhardt, B./Kleiber, D./Offe, S. & Baade, F.: 1978. Rational-emotive Therapie in der Diskussion. Mitteilungen der DGVT 10, 559–584.

Boesch, E.E.: 1977. Konnotationsanalyse: Zur Verwendung der freien Ideen-Assoziation in Diagnostik und Therapie. In: Materialien zur Psychoanalyse und analytisch orientierten Psychotherapie. III, 4, Sektion B. Göttingen: Vandenhoek & Ruprecht.

Boesch, E.E.: 1981. Möglichkeiten und Grenzen psychotherapeutischen Handelns. In: Minsel, W.R. & Scheller, R. (Hrsg.): Brennpunkte der Klinischen Psychologie, Bd. 1: Psychotherapie. München: Kösel, im Druck.

Böllner, G./Tausch, A.M. & Tausch, R.: 1975. Selbstkommunikation von psychiatrischen Patienten, körperlich Erkrankten und gesunden Personen, Zusammenhang mit Persönlichkeitsmerkmalen. Zeitschrift für Klinische Psychologie 4, 101–111.

Booraem, C./ Flowers, J. & Schwartz, B.: 1979. Mein Kind weiß sich zu helfen: Selbstsicherheitstraining für Kinder. München: Pfeiffer.

Braunert, K.: 1980. Zur Kritik der Rational-Emotiven Therapie: Werkzeug ohne Theorie? Mitteilungen der DGVT 12, 113–120

Brehm, S.: 1980. Anwendung der Sozialpsychologie in der klinischen Praxis. Bern: Huber.

Bugenthal, D.B./Wahlen, C.K. & Henker, B.: 1977. Causal attributions of hyperactive children and motivational assumptions of two behavior-change approaches: Evidence for an interactionist position. Child Development 48, 874–884.

Butollo, W.: 1980. Behavior therapy in the german-speaking countries. German Journal of Psychology 4, 247–262.

Cacioppo, J.T./Glass, C.R. & Merluzzi, T.V.: 1979. Self-statements and self-evaluations: A cognitive-response analysis of heterosocial anxiety. Cognitive Therapy and Research 3, 249–262.

Cacioppo, J.T. & Petty, R.E.: 1981. Social psychological procedures for cognitive response assessment: The thought-listing technique. In: Merluzzi, T.V., Glass, C.R. & Genest, M. (Hrsg.): Cognitive assessment. New York: Guilford Press, im Druck.

Camp, B. & Bash, M.A.: 1980. Developing self-control through training in problem solving: The ‚Think Aloud‘ program. In: Rathjen, D.P. & Foreyt, J.P. (Hrsg.): Social competence: Interventions for children and adults. New York: Pergamon, S. 24–53.

Carkhuff, R.R.: 1969. Helping and human relations. Bd. 1: Selection and training. Bd. 2: Practice and research. New York: Holt.

Cartledge, G. & Milburn, J.F. (Hrsg.): 1980. Teaching social skills to children. New York: Pergamon.

Cautela, J.R. & McCullough, L.: 1978. Covert conditioning: A learning theory perspective on imagery. In: Singer, J.L. & Pope, K.S. (Hrsg.): The power of human imagination. New York: Plenum, S. 227–254.

Cohen, L.H.: 1979. Clinical psychologist’ judgments of the scientific merit and clinical relevance of psychotherapy outcome research. Journal of Consulting and Clinical Psychology 47, 421–423.

Conrad, G.: 1980. Die Kausalattribution des therapeutischen Erfolgs durch Berater und

Therapeuten. Nichtveröffentlichte Diplomarbeit, Fachrichtung Psychologie, Universität des Saarlandes.

Corbin, C.B.: 1972. Mental practice. In: Morgan, W.P. (Hrsg.): Ergogenic aids and muscular performance. New York: Academic Press, S. 93–118.

Cox, R.D. & Gunn, W.B.: 1980. Interpersonal skills in the schools: Assessment and curriculum development. In: Rathjen, D.P. & Foreyt, J.P. (Hrsg.): Social competence: Interventions for children and adults. New York: Pergamon, S. 113–132.

Craighead, L.W. & Craighead, W.E.: 1980. Implications of persuasive communication research for the modification of self-statements. Cognitive Therapy and Research 4, 117–134.

Criddle, L.: 1978. Parents can enhance children's self-acceptance and confidence. Rational Living 13, 2, 9–14.

Cross, D.G./Sheehan, W. & Khan, J.A.: 1980. Alternative advice and counsel in psychotherapy. Journal of Consulting and Clinical Psychology 48, 615–625.

Danaher, B.G. & Thoresen, C.E.: 1972. Imagery assessment by self-report and behavioral measures. Behaviour Research and Therapy 10, 131–138.

Davison, G.C. & Neale, J.M.: 1979. Klinische Psychologie: Ein Lehrbuch. München Urban & Schwarzenberg.

Day, L. & Reznikoff, M.: 1980. Preparation of children and parents for treatment at a children's psychiatric clinic through videotaped modeling. Journal of Consulting and Clinical Psychology 48, 303–304.

de Jong, R./Hoffmann, N. & Linden, M. (Hrsg.): 1980. Verhaltensmodifikation bei Depressionen. München: Urban & Schwarzenberg.

De Monbreun, B.G. & Craighead, W.E.: 1977. Distortion of perception and recall of positive and neutral feedback in depression. Cognitive Therapy and Research 1, 311–329.

De Voge, C.: 1979. Ein verhaltenstherapeutischer Ansatz zur Vermittlung von rational-emotiven Prinzipien bei Kindern. In: Ellis, A. & Grieger, R. (Hrsg.): Praxis der rational-emotiven Therapie. München: Urban & Schwarzenberg, S. 279–285.

Diamond, L. & Songor, E.: 1972. Eight rational principles of effective communication in relationships. Rational Living 7, 1, 36–38.

Diekstra, R.F.W.: 1979. Ich kann denken/fühlen was ich will. Lisse: Swets & Zeitlinger.

DiGiuseppe, R.A.: 1979. Die Verwendung verhaltenstherapeutischer Methoden zur Vermittlung von rationalen Selbstverbalisierungen bei Kindern. In: Ellis, A. & Grieger, R. (Hrsg.): Praxis der rational-emotiven Therapie. München: Urban & Schwarzenberg, 286–289.

DiGiuseppe, R. & Kassinove, H.: 1976. Effects of a rational-emotive school mental health program on children's emotional adjustment. Journal of Community Psychology 4, 382–387.

DiGiuseppe, R.A./Miller, N.J. & Trexler, L.D.: 1977. A review of rational-emotive psychotherapy outcome studies. The Counseling Psychologist 7, 1, 64–72.

Dyer, W.W.: 1977. Der wunde Punkt. Reinbek: Rowohlt.

Dyer, W.W.: 1979. Führen Sie in Ihrem Leben selbst Regie. München: mvg.

D'Zurilla, T.J. & Goldfried, M.R.: 1971. Problem solving and behavior modification. Journal of Abnormal Psychology 78, 107–126.

Edelstein, M.R.: 1976. The ABC's of rational-emotive therapy: Pitfalls of going from D to E. Rational Living 11, 1, 12–13.

Ellis, A.: 1962a. Reason and emotion in psychotherapy. New York: Lyle Stuart.

Ellis, A.: 1962b. Liebe als Kunst und Wissenschaft. Rüschlikon: Albert Müller.

Ellis, A.: 1963. The intelligent woman's guide to man-hunting. New York: Lyle Stuart.

Ellis, A.: 1969. A weekend of rational encounter. Rational Living 4, 2, 1–8.

Ellis, A.: 1971. Growth through reason. Palo Alto: Science and Behavior Books.

Ellis, A.: 1972. What kinds of reinforcement can cognitive-behavior therapists receive from B.F. Skinner? Behavior Therapy 3, 263–274.

Ellis, A.: 1973a. Humanistic psychotherapy: The rational-emotive approach. New York: Julian.

Ellis, A.: 1973b. Are cognitive behavior therapy and rational therapy synonymous? Rational Living 8, 2, 8–11.

Ellis, A.: 1973c. Sex problems of couples seen for marriage counseling. In: Ard, B.N. jr. & Ard, C.C. (Hrsg.): Handbook of marriage counseling. Palo Alto: Science and Behavior Books, S. 357–359.

Ellis, A.: 1974a. Rational-emotive therapy in groups. Rational Living 9, 1, 15–22.

Ellis, A.: 1974b. The treatment of sex and love problems in women. In: Franks, V. & Burtle, V. (Hrsg.): Women in therapy. New York: Brunner/Mazel, S. 284–306.

Ellis, A.: 1974c. Techniques for disputing irrational beliefs (DIBS). New York: Institute for Rational Living.

Ellis, A.: 1975. The rational-emotive approach to sex therapy. The Counseling Psychologist 5, 1, 14–21.

Ellis, A.: 1976a. The biological basis of human irrationality. Journal of Individual Psychology 32, 2, 145–168.

Ellis, A.: 1976b. RET abolishes most of the human ego. Psychotherapy: Theory, Research and Practice 13, 343–348.

Ellis, A.: 1977a. Die rational-emotive Therapie: Das innere Selbstgespräch bei seelischen Problemen und seine Veränderung. München: Pfeiffer.

Ellis, A.: 1977b. Can we change thoughts by reinforcement? A reply to Howard Rachling. Behavior Therapy 8, 666–672.

Ellis, A.: 1977c. Rational-emotive therapy: Research data that supports the clinical and personality hypotheses of RET and other modes of cognitive-behavior therapy. The Counseling Psychologist 7, 1, 2–42.

Ellis, A.: 1977d. Fun as psychotherapy. In: Ellis, E. & Grieger, R. (Hrsg.): Handbook of rational-emotive therapy. New York: Springer, S. 262–270.

Ellis, A.: 1977e. How to raise an emotionally healthy, happy child. North Hollywood: Wilshire.

Ellis, A.: 1977f. Rejoinder: Elegant and inelegant RET. The Counseling Psychologist, 7, 1, 73–82.

Ellis, A.: 1977g. Übungen zum Erwachsenwerden. Psychologie heute, 4, 1, 65–69.

Ellis, A.: 1978a. A rational-emotive approach to family therapy. Part I: Cognitive therapy. Rational Living 13, 2, 15–19.

Ellis, A.: 1978b. Executive leadership: A rational approach. New York: Institute for Rational Living.

Ellis, A.: 1978c. Rational-emotive therapy and self-help therapy. Rational Living 13, 1, 3–8.

Ellis, A.: 1979a. Toward a new theory of personality. In: Ellis, A. & Whiteley, J.M. (Hrsg.): Theoretical and empirical foundations of rational-emotive therapy. Monterey: Brooks/Cole, S. 7–32.

Ellis, A.: 1979b. The theory of rational-emotive therapy. In: Ellis, A. & Whiteley, J.M. (Hrsg.). Theoretical and empirical foundations of rational-emotive therapy. Monterey: Brooks/Cole, S. 33–60.

Ellis, A.: 1979c. The practice of rational-emotive therapy. In: Ellis, A. & Whiteley, J.M. (Hrsg.): Theoretical and empirical foundations of rational-emotive therapy. Monterey: Brooks/Cole, S. 61–100.

Ellis, A.: 1979d. Klinisch-theoretische Grundlagen der rational-emotiven Therapie. In:

Ellis, A. & Grieger, R. (Hrsg.): Praxis der rational-emotiven Therapie. München: Urban & Schwarzenberg, S. 3–36.

Ellis, A.: 1979e. Das Wesen gestörter ehelicher Interaktionen. In: Ellis, A. & Grieger, R. (Hrsg.): Praxis der rational-emotiven Therapie. München: Urban & Schwarzenberg, S. 135–141.

Ellis, A.: 1979f. Der rational-emotive Ansatz in der Sexualtherapie. In: Ellis, A. & Grieger, R. (Hrsg.): Praxis der rational-emotiven Therapie. München: Urban & Schwarzenberg, S. 166–184.

Ellis, A. 1979g. A rational-emotive approach to family therapy. Part II: Emotive and behavioral therapy. Rational Living 14, 1, 23–27.

Ellis, A. 1979h. Discomfort anxiety: A new cognitive-behavioral construct (Part I). Rational Living 14, 2, 2–8.

Ellis, A. 1979i. Rational-emotive Therapie in Gruppen. In: Ellis, A. & Grieger, R. (Hrsg.): Praxis der rational-emotiven Therapie. München: Urban & Schwarzenberg, S. 231–238.

Ellis, A.: 1979j. A note on the treatment of agoraphobics with cognitive modification versus prolonged exposure in vivo. Behaviour Research and Therapy 17, 162–164.

Ellis, A.: 1980a. Discomfort anxiety: A new cognitive-behavioral construct (Part II). Rational Living 15, 1, 25–30.

Ellis, A.: 1980b. Rational-emotive therapy and cognitive behavior therapy: Similiarities and differences. Cognitive Therapy and Research 4, 325–340.

Ellis, A.: 1980c. Psychotherapy and atheistic values: A response to A.E. Bergin's „Psychotherapy and religious values". Journal of Consulting and Clinical Psychology 48, 635–639.

Ellis, A. & Abrahms, E.: 1978. Brief psychotherapy in medical and health practice. New York: Springer.

Ellis, A. & Harper, R.A.: 1975. A new guide to rational living. Englewood Cliffs: Prentice Hall.

Ellis, A. & Grieger, R.: 1979. Nachwort: Gegenwart und Zukunft der RET. In: Ellis, A. & Grieger, R. (Hrsg.): Praxis der rational-emotiven Therapie. München: Urban & Schwarzenberg, S. 312–325.

Emmelkamp, P.M.G./Kuipers, A.C.M. & Eggeraat, J.B.: 1978. Cognitive modification versus prolonged exposure in vivo: A comparison with agoraphobics as subjects. Behaviour Research and Therapy 16, 33–41.

Ericsson, K.A. & Simon, H.A.: 1980. Verbal reports as data. Psychological Review 87, 215–251.

Eschenröder, C.: 1977a. Wie Selbstgespräche unsere Gefühle und unser Verhalten beeinflussen. Psychologie heute 4, 1, 70–72.

Eschenröder, C.: 1977b. Theorie und Praxis der rational-emotiven Therapie. Integrative Therapie 3, 91–106.

Eschenröder, C.: 1978. Die Rolle des Therapeuten und die therapeutische Beziehung in der rational-emotiven Therapie. Integrative Therapie 3/4, 168–181.

Ewart, C.K. & Thoresen, C.F.: 1977. The rational-emotive manifesto. The Counseling Psychologist 7, 1, 52–56.

Feather, B. & Rhoads, J.: 1972. Psychodynamic behavior therapy: I. Theory and rationale. Archives of General Psychiatry 26, 496–502.

Feldhege, F.-J. & Krauthan, G.: 1979. Verhaltenstrainingsprogramm zum Aufbau sozialer Kompetenz (VTP). Berlin: Springer.

Fenichel, O.: 1945. The psychoanalytic theory of neurosis. New York: W.W. Norton.

Fensterheim, B. & Baer, J.: 1977. Sage nicht Ja, wenn du Nein sagen willst. München: Mosaik.

Fliegel, S.: 1978. Zur Wirksamkeit von Selbstverbalisationen bei der verhaltenstherapeutischen Behandlung phobischer Ängste. Unveröffentlichte Dissertation, Universität Bochum.

Florin, I.: 1978. Entspannung-Desensibilisierung. Stuttgart: Kohlhammer.

Flowers, J.V.: 1977. Simulation und Rollenspiel. In: Kanfer, F.H. & Goldstein, A.P. (Hrsg.): Möglichkeiten der Verhaltensänderung. München: Urban & Schwarzenberg, S. 178–219.

Försterling, F.: 1980a. Attributional aspects of cognitive behavior modification: A theoretical approach and suggestions für techniques. Cognitive Therapy and Research 4, 27–37.

Försterling, F.: 1980b. Disputationstechniken in der rational-emotiven Therapie. RET-Report 1, 19–26.

Försterling, F.: 1980c. Kognitive Verhaltenstherapie: Abgrenzung und Gegenüberstellung der RET (Ellis) von den Ansätzen von Beck und Meichenbaum. In: Schulz, W. & Hautzinger, M. (Hrsg.): Kongreßbände des DGVT-GwG-Kongresses 1980 in Berlin, im Druck.

Fox, E.E. & Davies, R.L.: 1971. Test your rationality. Rational Living 5, 2, 23–25.

Frank, J.D.: 1973. Persuasion and healing: A comparative study of psychotherapy. Baltimore: Johns Hopkins University Press.

Frank, J.D.: 1979. What is psychotherapy? In: Bloch, S. (Hrsg.): An introduction to the psychotherapies. Oxford: Oxford University Press, S. 1–22.

Friedman, M.I.: 1975. Rational behavior: An explanation of behavior that is especially human. Columbia, S.C.: University of South Carolina Press.

Galassi, M.D. & Galassi, J.P.: 1977. Assert yourself! New York: Human Science Press.

Glasgow, R.E. & Arkowitz, H.: 1975. The behavioral assessment of male and female social competence in dyadic heterosexual interactions. Behavior Therapy 6, 488–489.

Glasgow, R.E. & Rosen, G.M.: 1978. Behavioral bibliotherapy: A review of self-help behavior therapy manuals. Psychological Bulletin 85, 1–23.

Glass, D.C.: 1977. Behavior patterns, stress and coronary disease. Hillsdale: Erlbaum.

Glasser, W. & Zunin, W.: 1973. Reality therapy. In: Corsini, R. (Hrsg.): Current psychotherapies. Itasca: Peacock, S. 287–315.

Glauber, P.: 1958. The psychoanalysis of stuttering. In: Eisenson, J. (Hrsg.): Stuttering: A symposium. New York: Harper & Row, S. 71–119.

Goldfried, M.R.: 1976. Behavioral management of anxiety: A clinician's guide. Audiocassette tape T 44 A. New York: Biomonitoring Applications.

Goldfried, M.R.: 1979. Anxiety reduction through cognitive-behavioral intervention. In: Kendall, P.C. & Hollon, S.D. (Hrsg.): Cognitive-behavioral interventions: Theory, research, and procedures. New York: Academic Press, S. 117–152.

Goldfried, M.R. (Hrsg.): 1980. Some views on effective principles of psychotherapy. Cognitive Therapy and Research, Special Issue. 4, 271–306.

Goldfried, M.R. & Davison, G.C.: 1979. Klinische Verhaltenstherapie. Berlin: Springer.

Goldfried, M.R./Decenteceo, E.T. & Weinberg, L.: 1979. Die systematische rationale Restrukturierung – Eine Selbstkontrolltechnik. In: van Quekelberghe, R. (Hrsg.): Modelle kognitiver Therapien. München: Urban & Schwarzenberg, S. 168–176.

Goldfried, M.R. & Goldfried, A.P.: 1977. Kognitive Methoden der Verhaltensänderung. In: Kanfer, F.H. & Goldstein, A.P. (Hrsg.): Möglichkeiten der Verhaltensänderung. München: Urban & Schwarzenberg, S. 103–132.

Goldstein, A.P.: 1977. Methoden zur Verbesserung von Beziehungen. In: Kanfer, F.H. & Goldstein, A.P. (Hrsg.): Möglichkeiten der Verhaltensänderung. München: Urban & Schwarzenberg, S. 17–55.

Goldstein, A.P./Lopez, M. & Greenleaf, D.O.: 1979. Introduction. In: Goldstein, A.P. &

165

Kanfer, F.H. (Hrsg.): Maximizing treatment gains: Transfer enhancement in psychotherapy. New York: Academic Press, S. 1–22.

Goodman, D.S. & Maultsby, M.C.: 1978. Emotional well-being through rational behavior training. Springfield: C.C. Thomas.

Gräser, H.: 1980. Entwicklungsintervention. In: Wittling, W. (Hrsg.): Handbuch der Klinischen Psychologie. Bd. 5: Therapie gestörten Verhaltens. Hamburg: Hoffmann & Campe, S. 16–49.

Grieger, R. & Boyd, J.: 1979. Therapeutische Reaktionen auf kritische Momente in der RET. In: Ellis, A. & Grieger, R. (Hrsg.): Praxis der rational-emotiven Therapie. München: Urban & Schwarzenberg, S. 213–227.

Groffmann, K.-J./Reihl, D. & Zschintzsch, A.: 1980. Angst. In: Wittling, W. (Hrsg.): Handbuch der Klinischen Psychologie. Bd. 5: Therapie gestörten Verhaltens. Hamburg: Hoffmann & Campe, S. 220–289.

Guinagh, B.: 1976. Disputing clients' logical fallacities. Rational Living 11, 2, 15–18.

Gustav, A.: 1968. ‚Success is –'; Locating composite sanity. Rational Living 3, 1, 1–6.

Gwynne, P.H./Tosi, D.J. & Howard, L.: 1978. Treatment of nonassertion through rational stage directed hypnotherapy (RSDH) and behavioral rehearsal. American Journal of Clinical Hypnosis 20, 263–271.

Haase, R.F./Lee, D.Y. & Hallberg, E.T.: 1979. Complex factorial structure of Ellis' irrational beliefs. Journal of Clinical Psychology 35, 585–587.

Hamberger, K. & Lohr, J.M.: 1980. Rational restructuring for anger control: A quasi-experimental case study. Cognitive Therapy and Research 4, 99–102.

Hammen, C.L./Jacobs, M./Mayol, A. & Cochran, S.D.: 1980. Dysfunctional cognitions and the effectiveness of skills and cognitive-behavioral assertion training. Journal of Consulting and Clinical Psychology 48, 685–695.

Harrell, T.H./Beiman, I. & LaPointe, K.: 1980. Didactic persuasion techniques in cognitive restructuring. Rational Living 15, 1, 9–13.

Harris, G. & Johnson, S.B.: 1980. Comparison of individualized covert modeling, self-control desensitization and study skills training for alleviation of test anxiety. Journal of Consulting and Clinical Psychology 48, 186–194.

Hartman B.J.: 1968. 60 revealing questions for 20 minutes. Rational Living 3, 1, 7–8.

Hauck, P.A.: 1966. The neurotic agreement in psychotherapy. Rational Living 1, 1, 31–34.

Hauck, P.A.: 1967. The rational management of children. New York: Libra.

Hauck, P.A.: 1972. Diagnosis: Love neurosis. Rational Living 7, 2, 20–24.

Hauck, P.A.: 1973. Depression: Why it happens and how to overcome it. London: Sheldon Press.

Hauck, P.A.: 1974. Overcoming frustration and anger. Philadelphia: Westminster Press.

Hauck, P.A.: 1979. Irrationale Erziehungsstile. In: Ellis, A. & Grieger, R. (Hrsg.): Praxis der rational-emotiven Therapie. München: Urban & Schwarzenberg, S. 301–311.

Heitler, J B.: 1976. Preparatory techniques in initiating expressive psychotherapy with lower class unsophisticated patients. Psychological Bulletin 83, 339–352.

Hennenhofer, G. & Heil, K.D.: 1975. Angst überwinden. Reinbek: Rowohlt.

Heppner, P.P.: 1978. The clinical alteration of covert thoughts: A critical review. Behavior Therapy 9, 717–734.

Herschbach, P./Klinger, A. & Odefey, S.: 1980. Die Therapeut-Klient-Beziehung. Salzburg: Otto Müller.

Herkner, W. (Hrsg.): 1980. Attribution: Psychologie der Kausalität. Bern: Huber.

Hinton, J.: 1977. Bearing cancer. In: Moos, R.H. (Hrsg.): Coping with physical illness. New York: Plenum Medical Book, S. 59–72.

166

Hiscock, M.: 1978. Imagery assessment through self-report: What do imagery question-naires measure? Journal of Consulting and Clinical Psychology 46, 223–230.

Hodges, W.F./McCaulay, M./Ryan, V.L. & Strohsal, K.: 1979. Coping imagery, systematic desensitization, and self-concept change. Cognitive Therapy and Research 3, 181–192.

Hoellen, B.: 1980. Reduction of a severe dog phobia: A case study. Rational Living 15, 2, 21–23.

Hoellen, B. & Keßler, B.H.: 1979. Selbstkontrolle und kognitive Verhaltenstherapie bei Schizophrenen: Ein Überblick. Mitteilungen der DGVT 11, 61–78.

Hoellen, B. & Keßler, B.H.: 1980. Grundzüge der rational-emotiven Psychotherapie. RET-Report 1, 9–18.

Hoffmann, M.: 1980. Diagnostik und Therapieplanung bei der Rational-Emotiven Therapie (RET): Eine Einführung für Therapeuten. Tonkassette mit Begleitheft. München: Pfeiffer.

Hollandsworth, J.G./Glazeski, R.C./Kirkland, K./Jones, G.E. & Van Norman, L.R.: 1979. An analysis of the nature and effects of test anxiety: Cognitive, behavioral, and physiological components. Cognitive Therapy and Research 3, 165–180.

Hollon, S.D. & Beck, A.T.: 1979. Cognitive therapy of depression. In: Kendall, P.C. & Hollon, S.D. (Hrsg.): Cognitive-behavioral interventions: Theory, research, and procedures. New York: Academic Press, S. 153–203.

Hollon, S.D. & Kendall, P.C.: 1980. Cognitive self-statements in depression: Develop-ment of an automatic thoughts questionnaire. Cognitive Therapy and Research 4, 383–395.

Homme, L.E.: 1965. Perspectives in psychology: XXIV. Control of coverants, the operants of the mind. Psychological Record 15, 501–511.

Hoobs, S.A./Moguin, L.E./Tyroler, M. & Lahey, B.B.: 1980. Cognitive behavior therapy with children. Has clinical utility been demonstrated? Psychological Bulletin 87, 147–165.

Huber, H.P. & Huber, D.: 1979. Autogenic training and rational-emotive therapy for long-term migraine patients: An exploratory study of a therapy. Behavioural Analysis and Modification 3, 169–177.

Hurlburt, R.T.: 1979. Random sampling of cognitions and behavior. Journal of Research in Personality 13, 103–111.

Hurlburt, R.T.: 1980. Validation and correlation of thought sampling with retrospective measures. Cognitive Therapy and Research 4, 235–238.

Hurlburt, R.T. & Sipprelle, C.N.: 1978. Random sampling of cognitions in alleviating anxiety attacks. Cognitive Therapy and Research 2, 165–169.

Iannotti, R.J.: 1978. Effect of role-taking experiences on role taking, empathy, altruism, and aggression. Developmental Psychology 14. 119–124

Jaeggi, E.: 1977. Die Sprache der Unterschicht in der Psychotherapie. Partnerberatung 14, 59–72.

Jaeggi, E.: 1981. „Nun seien Sie doch vernünftig": Das Menschenbild der Kognitiven Verhaltenstherapie. Psychologie heute 8, 2, 30–36.

Jakubowski-Spector, P.: 1973. Facilitating the growth of women through assertive training. The Counseling Psychologist 4, 1, 75–86.

Jakubowski, P. & Lange, A.J.: 1978. The assertive option. Champaign: Research Press.

Jenkins, C.: 1977. Epidemiological studies of the psychosomatic aspects of coronary heart disease: A review. Advances in Psychosomatic Medicine 9, 1–19.

Jenni, M.A. & Wollersheim, J.T.: 1979. Cognitive therapy. stress management training, and type A behavior pattern. Cognitive Therapy and Research 3, 61–73.

Jones, R.G.: 1969. A factored measure of Ellis' irrational belief system, with personality and maladjustment correlates. Dissertation Abstracts 29, 4379 B.

Juli, D. & Brenner, H.: 1977. Ein verhaltenstherapeutisch orientiertes Modell für die Gruppenarbeit mit Herzinfaktpatienten. Herz/Kreislauf 9, 661–669.

Juli, D. & Engelbrecht-Greve, M.: 1978. Streßverhalten ändern lernen: Programm zum Abbau psychosomatischer Krankheitsrisiken. Reinbek: Rowohlt.

Kallinke, D./Lutz, R. & Ramsay, R.W. (Hrsg.): 1979. Die Behandlung von Zwängen. München: Urban & Schwarzenberg.

Kanter, N.J..: 1976. A comparison of self-control desensitization and systematic rational restructuring for the reduction of interpersonal anxiety. Doctoral Dissertation, State University of New York at Stony Brook, Microfilm.

Kassinove, H. & DiGiuseppe, R.: 1975. Rational role reversal. Rational Living 10, 1, 44–45.

Kavanaugh, R.E.: 1977. Humane treatment of the terminally ill. In: Moos, R.H. (Hrsg.): Coping with physically illness. New York: Plenum, S. 413–419.

Kazdin, A.E. & Wilson, G.T.: 1978. Evaluation of behavior therapy: Issues, evidence, and research strategies. Cambridge, Ma.: Ballinger.

Kelley, H.H.: 1971. Attribution in social interaction. In: Jones, E.E./Kanouse, H.H./Kelley, H.H./Nisbett, R.E./Valins, S. & Weiner, B. (Hrsg.): Attribution: Perceiving the causes of behavior. New York: General Learning Press, S. 1–26.

Kempel, L.T.: 1973. Identifying and confronting ways of prematurely terminating therapy. Rational Living 8, 1, 6–9.

Kendall, P.C. & Hollon, S.D. (Hrsg.): 1979. Cognitive-behavioral interventions: Theory, reserach, and procedures. New York: Academic Press.

Kendall, P.C. & Hollon, S.D. (Hrsg.): 1981. Assessment strategies for cognitive-behavioral interventions. New York: Academic Press.

Kendall, P.C. & Korgeski, G.P.: 1979. Assessment and cognitive-behavioral interventions. Cognitive Therapy and Research 3, 1–21.

Kendall, P.C./Williams, L./Pechacek, T.F./Graham, L.E./Shislak, C. & Herzoff, N.: 1979. Cognitive-behavioral and patient education interventions in cardiac catheterization procedures: The Palo Alto medical psychology project. Journal of Consulting and Clinical Psychology 47, 49–58.

Kessel, P. & Streim, L.: 1976. The quasi-relationship between rational-emotive psychotherapy practice and experimental research. Psychotherapy: Theory, Research and Practice 13, 349–353.

Keßler, B.H.: 1978. Behaviorale Diagnostik. In: Schmidt, L.R. (Hrsg.): Lehrbuch der Klinischen Psychologie. Stuttgart: Enke, S. 164–189.

Keßler, B.H. & Hoellen, B.: 1980. Sexuelle Störungen. In: Wittling, W. (Hrsg.): Handbuch der Klinischen Psychologie. Bd. 5: Therapie gestörten Verhaltens. Hamburg: Hoffmann & Campe, S. 177–219.

Keßler. B.H. & Pfaff, H.: 1978. Rational-emotive Psychotherapie. In: Schmidt, L.R. (Hrsg.): Lehrbuch der Klinischen Psychologie. Stuttgart: Enke, S. 419–427.

Keßler, B.H. & Roth, W.L.: 1980. Verhaltenstherapie: Strategien, Wirkfaktoren und Ergebnisse. In: Wittling, W. (Hrsg.): Handbuch der Klinischen Psychologie. Bd. 2: Psychotherapeutische Interventionsmethoden. Hamburg: Hoffmann & Campe, S. 246–287.

Keßler, B.H. & Schmidt, L.R.: 1977. Zum Problem der Validitäten verbaler Informationen in Diagnostik und Therapie. In: Schneider, J. & Schneider-Düker, M. (Hrsg.): Interpretationen der Wirklichkeit. Ernst E. Boesch zum 60. Geburtstag. Saarbrücken: SSIP-Schriften Breitenbach, S. 319–336.

King, N.J.: 1980. The therapeutic utility of abbreviated progressive relaxation: A critical review with implications for clinical practice. In Hersen, M./Eisler, R.M. & Miller, P.M. (Hrsg.): Progress in behavior modification. Bd. 10. New York: Academic Press, S. 147–182.

Kirkland, K. & Hollandsworth, J.G.: 1980. Effective test taking: Skills acquisition versus anxiety-reduction techniques. Journal of Consulting and Clinical Psychology 48, 431–439.

Kleiber, D./v. Nuland, G./Eichhard, B. & Offe, S.: 1977. Rational-emotive Therapie: Ihre Grundprinzipien und ihre Anwendung in der therapeutischen Praxis. Mitteilungen der DGVT 9, 530–536.

Kleinmanns, H.J.: 1980. Einige kritische Anmerkungen zum Irrationalitätskonzept von Albert Ellis. RET-Report 1, 27–35.

Kleinsorge, H.: 1980. Hypnose und Entspannungsverfahren. In: Wittling, W. (Hrsg.): Handbuch der Klinischen Psychologie. Bd. 2: Psychotherapeutische Interventionsmethoden. Hamburg: Hoffmann & Campe, S. 122–138.

Klinger, E.: 1978. Modes of normal conscious flow. In: Pope, K.S. & Singer, J.L. (Hrsg.): The stream of consciousness: Scientific investigations into the flow of human experience. New York: Plenum.

Knaus, W.J.: 1974. Rational-emotive education: A manual for elementary school teachers. New York: Institute for Rational Living.

Knaus, W.: 1975. Cognitive-behavior strategies for the therapeutic armamentarium. Rational Living 10, 1, 41–43.

Knaus, W.J.: 1979. Rational-emotive Erziehung. In: Ellis, A. & Grieger, R. (Hrsg.): Praxis der rational-emotiven Therapie. München: Urban & Schwarzenberg, S. 290–300.

Knaus, W. & Wessler, R.: 1976. Rational-emotive problem simulation. Rational Living 11, 2, 8–11.

König, C.: 1980. Kausalattribuierung von therapeutischem Mißerfolg durch Berater und Therapeuten. Nichtveröffentlichte Diplomarbeit, Fachrichtung Psychologie, Universität des Saarlandes.

Kopel, S. & Arkowitz, H.: 1975. The role of attribution and self-perception in behavior change: Implications for behavior therapy. Genetic Psychology Monographs 92, 175–212.

Korzybski, A.: 1933. Science and sanity. Lakeville, Conn.: International Non-Aristotelian Library.

Kovacs, M. & Beck, A.T.: 1979. Cognitive-affective processes in depression. In: Izard, C.E. (Hrsg.): Emotions in personality and psychopathology. New York: Plenum, S. 417–442.

Kulick, B./Kallinke, D./Langosch, W./Brodner, G. & Brinkhus, H.: 1980. Verhaltenstherapeutisch orientierte Projekte zur Zweitprävention des Herzinfarktes. In: Fassbender, C. & Mahler, E. (Hrsg.): Der Herzinfarkt als psychosomatische Erkrankung in der Rehabilitation. Mannheim: Boehringer, S. 157–168.

Krause, R.: 1981. Sprache und Affekt: Das Stottern und seine Behandlung. Stuttgart: Kohlhammer.

Lake, A./Rainey, J. & Papsdorf, J.D.: 1979. Biofeedback and rational-emotive therapy in the management of migraine headache. Journal of Applied Behavioral Analysis 12, 127–140.

Lang, P.J.: 1977. Imagery in therapy: An information processing analysis of fear. Behavior Therapy 8, 862–886.

Lange, A.J.: 1979. Kognitiv-verhaltenstherapeutisches Selbstbehauptungstraining. In: Ellis, A. & Grieger, R. (Hrsg.): Praxis der rational-emotiven Therapie. München: Urban & Schwarzenberg, S. 239–257.

Langer, E.J.: 1975. The illusion of control. Journal of Personality and Social Psychology 32, 311–328.

LaPointe, K.A. & Crandell, C.J.: 1980. Relationship of irrational beliefs to self-reported depression. Cognitive Therapy and Research 4, 247–250.

Lazarus, A.A.: 1979a. Can RET become a cult? In: Ellis, A. & Whiteley, J.M. (Hrsg.): Theoretical and empirical foundations of rational-emotive therapy. Monterey: Brooks/Cole, S. 236–239.

Lazarus, A.A.: 1979b. Auf dem Wege einer ego-losen Existenz. In: Ellis, A. & Grieger, R. (Hrsg.): Praxis der rational-emotiven Therapie. München: Urban & Schwarzenberg, S. 79–85.

Lazarus, A. & Fay, A.: 1979. Ich kann, wenn ich will. Stuttgart: Klett-Cotta.

Ledwidge, B.: 1978. Cognitive behavior modification: A step in the wrong direction? Psychological Bulletin 85, 353–375.

Ledwidge, B.: 1979. Cognitive behavior modification: A rejoinder to Locke and to Meichenbaum. Cognitive Therapy and Research 3, 133–139.

Lee, D.Y./Hallberg, E.T. & Haase, R.F.: 1979. Endorsement of Ellis' irrational beliefs as a function of age. Journal of Clinical Psychology 35, 754–756.

Lefcourt, H.M.: 1966. Internal versus external control of reinforcement: A review. Psychological Bulletin 65, 206–220.

Lefcourt, H.M.: 1976. Locus of control: Current trends in theory and research. Hillsdale: Lawrence Erlbaum.

Lembo, J.M.: 1976. The counseling process: A cognitive-behavioral approach. New York: Libra.

Lembo, J.M.: 1977. How to cope with your fears and frustrations. New York: Libra.

Liebhart, E.H.: 1978. Therapie als kognitiver Prozeß. In: Pongratz, L.J. (Hrsg.): Klinische Psychologie. 2 Hbd. (= Handbuch der Psychologie, Bd. 8). Göttingen: Hogrefe, S. 1785–1819.

Liebhart, E.H.: 1980. Illusionen, Laborexperimente und das wirkliche Leben: Zur Generalisierbarkeit in der Psychologie des intuitiven Urteilens. Zeitschrift für Klinische Psychologie 9, 294–305.

Linehan, M.M.: 1979. Structured cognitive-behavioral treatment of assertion problems. In: Kendall, P.C. & Hollon, S.D. (Hrsg.): Cognitive-behavioral interventions. New York: Academic Press, S. 205–240.

Lipowski, Z.: 1977. Psychosomatic medicine in the seventies: An overview. American Journal of Psychiatry 134, 233–244.

Lipsky, M.J./Kassinove, H. & Miller, N.J.: 1980. Effects of rational-emotive therapy, rational role reversal, and rational-emotive imagery on the emotional adjustment of community mental health center patients. Journal of Consulting and Clinical Psychology 48, 366–374.

Liss-Levinson, N./Coleman, E. & Brown, L.: 1975. A program of sexual assertiveness training for women. The Counseling Psychologist 5, 4, 74–78.

LoPiccolo, J. & Heiman, J.: 1977. Cultural values and the therapeutic definition of sexual function and dysfunction. Journal of Social Issues, 33, 2, 166–183.

MacDonald, A.P. & Games, R.G.: 1972. Ellis' irrational values: A validation study. Rational Living 7, 2, 25–28.

Mahoney, M.J.: 1977a. Kognitive Verhaltenstherapie: Neue Entwicklungen und Integrationsschritte. München: Pfeiffer.

Mahoney, M.J.: 1977b. Personal science: A cognitive learning therapy. In: Ellis, A. & Grieger, R. (Hrsg.): Handbook of rational-emotive therapy. New York: Springer, S. 352–366.

Mahoney, M.J.: 1977c. A critical analysis of rational-emotive theory and therapy. The Counseling Psychologist 7, 1, 44–46.

Mahoney, M.J.: 1979. Cognitive skills and athletic performance. In: Kendall, P.C. & Hollon, S.D. (Hrsg.): Cognitive-behavioral interventions: Theory, research, and procedures. New York: Academic Press, S. 423–443.

Mahoney, M.J.: 1980. Neuordnung der Innenwelt. Psychologie heute 7, 8, 49–56.

Mahoney, M.J. & Avener, M.: 1977. Psychology of the elite athlete: An exploratory study. Cognitive Therapy and Research 1, 135–141.

Malkiewich, L.E. & Merluzzi, T.V.: 1980. Rational restructuring versus desensitization with clients of diverse conceptual levels: A test of a client-matching model. Journal of Counseling Psychology 27, 453–461.

Mandel, K.H./Mandel, A. & Rosenthal, H.: 1975. Einübung der Liebesfähigkeit: Praxis der Kommunikationstherapie für Paare. München: Pfeiffer.

Mandel, N.M. & Shranger, J.S.: 1980. The effects of self-evaluative statements on heterosocial approach in shy and nonshy males. Cognitive Therapy and Research 4, 369–381.

Marholin, D. & Touchette, P.E.: 1979. The role of stimulus control and response consequences. In: Goldstein, A.P. & Kanfer, F.H. (Hrsg.): Maximizing treatment gains. New York: Academic Press, S. 303–351.

Masters, W.H. & Johnson, V.E.: 1970. Die sexuelle Reaktion. Reinbek: Rowohlt.

Mattson, A.: 1972. Long-term physical illness in childhood: A challenge to psychosocial adaption. Pediatrics 50, 801–811.

Maultsby, M.C.: 1971. Systematic, written homework in psychotherapy. Psychotherapy: Theory, Research and Practice 8, 195–198.

Maultsby, M.C.: 1975. Help yourself to happiness through rational self-counseling. Boston: Herman Publ.

Maultsby, M.C.: 1979. Emotionale Umerziehung. In: Ellis, A. & Grieger, R. (Hrsg.): Praxis der rational-emotiven Therapie. München: Urban & Schwarzenberg, S. 194–212.

Maultsby, M.C. & Ellis, A.: 1974. Technique for using rational-emotive imagery. New York: Institute for Rational Living.

Maultsby, M.C./Henricks, A. & Diekstra, R.F.W.: 1978. Sie und Ihre Gefühle. Lisse: Swets & Zeitlinger.

May, J.R.: 1977. Psychophysiology of self-regulated phobic thoughts. Behavior Therapy 8, 150–159.

May, J.R. & Johnson, H.J.: 1973. Physiological activity to internally elicited arousal and inhibitory thoughts. Journal of Abnormal Psychology 82, 239–245.

McClellan, T.A. & Stieper, D.R.: 1977. A structured approach to group marriage counseling. In: Ellis, E. & Grieger, R. (Hrsg.): Handbook of rational-emotive therapy. New York: Springer, S. 281–291.

Mc.Cullough, J.P. & Powell, P.O.: 1972. A technique for measuring clarity of imagery in therapy clients. Behavior Therapy 3, 447–448.

McFall, R.M. & Twentyman, C.T.: 1973. Four experiments on the relative contributions of rehearsal, modeling, and coaching to assertion training. Journal of Abnormal Psychology 81, 199–218.

McMahon, C.E. & Hastrup, J.L.: 1980. The role of imagination in the disease process: Post-Cartesian history. Journal of Behavioral Medicine 3, 205–217.

Meichenbaum, D.: 1976a. A cognitive-behavior modification approach to assessment. In: Hersen, M. & Bellack, A.S. (Hrsg.): Behavioral assessment: A practical handbook. New York: Pergamon. S. 143–171.

Meichenbaum, D.: 1976b. Toward a cognitive theory of self-control. In: Schwartz, G. &

Shapiro, D. (Hrsg.): Consciousness and self-regulation: Advances in research. Bd. 1. New York: Plenum, S. 223–260.

Meichenbaum, D.: 1977. Dr. Ellis, please stand up. The Counseling Psychologist 7, 1, 43-44.

Meichenbaum, D.: 1978. Why does using imagery in psychotherapy lead to change. In: Singer, J.L. & Pope, K.S. (Hrsg.): The power of human imagination. New York: Plenum, S. 381–394.

Meichenbaum, D.: 1979. Kognitive Verhaltensmodifikation. München: Urban & Schwarzenberg.

Meichenbaum, D. & Goodman, S.: 1979. Clinical use of private speech and critical questions about its study in natural settings. In: Zivin, G. (Hrsg.): The development of self-regulation through private speech. New York: Wiley, S. 325–360.

Meijers, J.J.: 1978. Problem-solving therapy with socially anxious children. Amsterdam: Swets & Zeitlinger.

Moleski, R. & Tosi, D.J.: 1976. Comparative psychotherapy: Rational-emotive therapy versus systematic desensitization in the treatment of stuttering. Journal of Consulting and Clinical Psychology 44, 309–311.

Morgan, W.P.: 1978. The mind of the marathoner. Psychology Today 11, 38–49.

Morley. E.L. & Watkins, J.T.: 1974. Locus of control and effectiveness of two rational-emotive therapy styles. Rational Living 9, 2, 22–24.

Natsoulas, T.: 1970. Concerning introspective ‚knowledge‘. Psychological Bulletin 73, 89–111.

Nelson, R.E.: 1977. Irrational beliefs in depression. Journal of Consulting and Clinical Psychology 45, 1190–1191.

Nelson, R.E. & Craighead, W.E.: 1977. Selective recall of positive and negative feedback, self-control behaviors, and depression. Journal of Abnormal Psychology 86, 379–388.

Newman, A. & Brand, E.: 1980. Coping response training versus in vivo desensitization in fear reduction. Cognitive Therapy and Research 4, 397–407.

Newman, H.: 1980. A theory of belief systems. Rational Living 15, 1, 31–33.

Newmark, C.S./Frerking, R.A./Cook, L. & Newmark, L.: 1973. Endorsement of Ellis' irrational beliefs as a function of psychopathology. Journal of Clinical Psychology 29, 300–302.

Newmark, C.S. & Ziff, D.R.: 1977. Ellis' irrational beliefs: Congruity between patients' endorsements and psychologists' predictions. Professional Psychology, 8, 48–55.

Nisbett, R.E. & Bellows, N.: 1977. Verbal reports about causal influences on social judgements: Private access versus public theories. Journal of Personality and Social Psychology 35, 613–624.

Nisbett, R.E. & Ross, L.: 1980. Human inference: Strategies and shortcomings of social judgement. Englewood Cliffs, N.J.: Prentice Hall.

Nisbett, R.E. & Wilson, T.D.: 1977. Telling more than we can know: Verbal reports on mental processes. Psychological Review 84, 231–259.

Novaco, R.W.: 1975. Anger control: The development and evaluation of an experimental treatment. Lexington: Lexington Books.

Novaco, R.W.: 1979. The cognitive regulation of anger and stress. In: Kendall, P.C. & Hollon, S.D. (Hrsg.): Cognitive-behavioral interventions. New York: Academic Press, S. 241–285.

O'Connell, W.E./Baker, R.R./Hanson, P.G. & Ermalinski, R.: 1974. Types of negative „nonsense". International Journal of Social Psychiatry 20, 122–127.

Olsen, P. (Hrsg.): 1980. Stimulation und Überfluten der Gefühle in der Psychotherapie. München: Reinhardt.

Pannwitz, R.T.: 1980. Die Wirkung der ‚Durst-Alkohol-Koppelung‘ bei Rückfällen: Übungen zur Selbstkontrolle in Durstsituationen. Suchtgefahren 26, 145–150.

Payne, B.: 1971. Uncovering destructive self-criticism: A teaching technique. Rational Living 6, 2, 26–30.

Pfaff, H.: 1977. Eine systematische Darstellung der rational-emotiven Therapie von Ellis und ihre Interpretation anhand lerntheoretischer und kognitiver Konzepte. Unveröffentlichte Diplomarbeit, Fachrichtung Psychologie, Universität des Saarlandes.

Phares, E.J.: 1976. Locus of control in personality. Morristown: General Learning Press.

Pikas, A.: 1974. Rationale Konfliktlösung. Heidelberg: Quelle & Meyer.

Pittner, M.S. & Houston, K.: 1980. Response to stress, cognitive coping strategies, and the type A behavior pattern. Journal of Personality and Social Psychology 39, 147–157.

Plutchik, R.: 1976. The self-inventory: A measure of irrational attitudes and behavior. Rational Living 11, 1, 31–33.

Plutchik, R.: 1980. Emotionen: Unsere gemischten Gefühle. Psychologie heute 7, 7, 56–63.

Probst, L.R.: 1980. The comparative efficacy of religious and nonreligious imagery for the treatment of mild depression in religious individuals. Cognitive Therapy and Research 4, 167–178.

Protinsky, H. & Maxwell, J.: 1977. The refusal to behave rationally. Rational Living 12, 1, 28–30.

Quitmann, H./Tausch, A. & Tausch, R.: 1974. Selbstkommunikation von Jugendlichen und ihren Eltern, Zusammenhang mit Psychoneurotizismus und elterlichem Erziehungsverhalten. Zeitschrift für Klinische Psychologie 3, 193–204.

Raimy, V.: 1975. Misunderstandings of the self: Cognitive psychotherapy and the misconception hypotheses. San Francisco: Jossey Bass.

Rausch, U.: 1979. Entwicklung eines Fragebogens zur Erfassung eines irrationalen Selbstkonzepts und Überprüfung seiner diagnostischen Bedeutung bei Ulcus-Patienten. Unveröffentlichte Diplomarbeit, Fachrichtung Psychologie, Universität des Saarlandes.

Rehm, L.P.: 1973. Relationships among measures of visual imagery. Behaviour Research and Therapy 11, 265–270.

Reinert, G. & Wittling, W.: 1980. Klinische Psychologie: Konzepte und Tendenzen. In: Wittling, W. (Hrsg.): Handbuch der Klinischen Psychologie, Bd. 1: Methoden der klinisch-psychologischen Diagnostik. Hamburg: Hoffmann & Campe, S. 14–80.

Rimm, D.C. & Litvack, S.B.: 1969. Self-verbalization and emotional arousal. Journal of Abnormal Psychology 74, 181–187.

Rizley, R.: 1978. Depression and distortion in the attribution of causality. Journal of Abnormal Psychology 87, 32–48.

Rogers, T. & Craighead, W.E.: 1977. Physiological responses to self-statements: The effects of statement valence and discrepancy. Cognitive Therapy and Research 1, 99–118.

Rosenbaum, M.: 1980. A schedule for assessing self-control behaviors: Preliminary findings. Behavior Therapy 11, 109–121.

Rosenman, R. & Friedman, M.: 1977. Modifying type A behavior pattern. Journal of Psychosomatic Research 21, 323–331.

Roskies, E.: 1980. Considerations in developing a treatment program for the coronary-prone (type A) behavior pattern. In: Davidson, P.O. & Davidson, S.M. (Hrsg.): Behavioral medicine: Changing health lifestyles. New York: Brunner/Mazel, S. 299–333.

Roskies, E./Spevack, M./Surkis, A./Cohen, C. & Gilman, S.: 1978. Changing the coronary-prone (type A) behavior pattern in a non-clinical population. Journal of Behavioral Medicine 1, 201–217.

Rossi, A.S.: 1977. RET with children: More than child's play. Rational Living 12, 2, 21–24.

Rotter, J.B.: 1978. Generalized expectancies for problem solving and psychotherapy. Cognitive Therapy and Research 2, 1–10.

Rush, A.J./Khatami, M. & Beck, A.T.: 1975. Cognitive and behavior therapy in chronic depression. Behavior Therapy 6, 398–404.

Rush, A.J./Shaw, B. & Khatami, M.: 1980. Cognitive therapy of depression: Utilizing the couples system. Cognitive Therapy and Research 4, 103–113.

Russell, P.L. & Brandsma, J.M.: 1974. A theoretical and empirical integration of the rational-emotive and classical conditioning theories. Journal of Consulting and Clinical Psychology 42, 389–397.

Sachse, R.: 1979. Praxis der Verhaltensanalyse. Stuttgart: Kohlhammer.

Safran, J.D./Alden, L.E. & Davidson, P.O.: 1980. Client anxiety level as a moderator variable in assertion training. Cognitive Therapy and Research 4, 189–200.

Schäfer, H. & Blohmke, M.: 1977. Herzkrank durch psychosozialen Streß. Heidelberg: Hüthig.

Schaller, S.: 1980. Beobachtungsmethoden in der Verhaltensdiagnostik. In: Wittling, W. (Hrsg.): Handbuch der Klinischen Psychologie. Bd. 1: Methoden der klinisch-psychologischen Diagnostik, Hamburg: Hoffmann & Campe, S. 130–157.

Schindler, L./Kahlweg, K & Revenstorf, D.: 1980. Partnerschaftsprobleme: Möglichkeiten zur Bewältigung. Berlin: Springer.

Schmidt, G. & Arentewicz, G,: 1978. Sexuelle Funktionsstörungen. In: Pongratz, L.J. (Hrsg.): Klinische Psychologie. 2. Hbd. (= Handbuch der Psychologie, Bd. 8). Göttingen: Hogrefe, S. 2269–2312.

Schmook, C./Bastine, R./Henkel, D./Kopf, C. & Melchow, S.: 1974. Verhaltensanalyse. In: Schraml, W. & Baumann, U. (Hrsg.): Klinische Psychologie II. Bern: Huber, S. 353–375.

Schwäbisch, L. & Siems, M.: 1974. Anleitung zum sozialen Lernen für Paare, Gruppen und Erzieher. Reinbek: Rowohlt.

Schwartz, D.: 1980. Imaginationstechniken in der rational-emotiven Therapie. RET-Report 1, 36–42.

Schwartz, R.M. & Gottman, J.M.: 1976. Toward a task analysis of assertive behavior. Journal of Consulting and Clinical Psychology 44, 910–920.

Seer, P.: 1980a. Rational-emotive Psychotherapie und Verhaltensmedizin. RET-Report 1, 43–49.

Seer, P.: 1980b. Stressbewältigungstraining bei koronar Herzkranken: Ein gruppenpsychotherapeutischer Ansatz. In: Langosch, W. (Hrsg.): Psychosoziale Probleme und psychotherapeutische Interventionsmöglichkeiten bei Herzinfaktpatienten. München: Minerva, im Druck.

Seiderer-Hartig, M.: 1980. Analyse therapeutischer Interaktionen: Therapeut und Klient in der Verhaltenstherapie. München: Pfeiffer.

Shaw, B.F.: 1979. The theoretical and experimental foundations of a cognitive model for depression. In: Pliner, P./Blankstein, K.R. & Spigel, I.M. (Hrsg.): Perception of emotion in self and others. Plenum: New York, S. 137–163.

Sheehan, J.: 1958. Conflict theory of stuttering. Englewood Cliffs: Prentice Hall.

Shelton, J.L. & Ackerman, J.M.: 1978. Verhaltensanweisungen: Hausaufgaben in Beratung und Psychotherapie. München: Pfeiffer.

Shorkey, C.T. & Whiteman, V.L.: 1977. Development of the Rational Behavior

Inventory: Initial validity and reliability. Educational and Psychological Measurement 37, 527–534.

Shorr, J.E.: 1974. Psychotherapy through imagery. New York: Intercontinental Medical Book Corporation.

Siebert, M.: 1979. Über Möglichkeiten kognitiver Ärgerkontrolle. In: van Quekelberghe, R. (Hrsg.): Modelle kognitiver Therapien. München: Urban & Schwarzenberg, S. 215–234.

Singer, J.L.: 1978. Phantasie und Tagtraum. München: Pfeiffer.

Singer, J.L. & Pope, K.S. (Hrsg.): The power of human imagination. New York: Plenum.

Smith, E.R. & Miller, F.D.: 1978. Limits on perception of cognitive processes: A reply to Nisbett and Wilson. Psychological Review 85, 355–362.

Smith, M.L. & Glass, G.V.: 1977. Meta-analysis of psychotherapy outcome studies. American Psychologist 32, 752–760.

Spanos, N.P. & Barber, T.X.: 1976. Behavior modification and hypnosis. In: Hersen, M.,/Eisler, R.M. & Miller, P.M. (Hrsg.): Progress in behavior modification. Bd. 3. New York: Academic Press, S. 1–44.

Sparacino, J.: 1979. The type A behavior pattern: A critical assessment. Journal of Human Stress 5, 37–51.

Spivack, G./Platt, J.J. & Shure, M.B.: 1976. The problem solving approach to adjustment: A guide to research and intervention. San Francisco: Jossey-Bass.

Spivack, H. & Shure, M.B.: 1974. Social adjustment of young children. San Francisco: Jossey-Bass.

Stokvis, B.: 1955. Hypnose in der ärztlichen Praxis. Basel: Karger.

Suinn, R.N.: 1975. The cardiac stress management program for type A patients. Cardiac Rehabilitation 5, 13–15.

Suinn, R.M. & Bloom, J.L.: 1978. Anxiety management training for pattern A behavior. Journal of Behavioral Medicine 1, 25–35.

Sutton-Simon, K.: 1981. Assessing belief systems: Concepts and strategies. In: Kendall, P.C. & Hollon, S.D. (Hrsg.): Assessment strategies for cognitive-behavioral interventions. New York: Academic Press, S. 59–84.

Sutton-Simon, K. & Goldfried, M.R.: 1979. Faulty thinking patterns in two types of anxiety. Cognitive Therapy and Research 3, 193–203.

Thomas, J.C.: 1979. Why do I self-down? Because I'm an idiot. Rational Living 14, 1, 9–11.

Tondo, T.R. & Cautela, J.R.: 1974. Assessment of imagery in covert reinforcement. Psychological Reports 34, 1271–1280.

Tosi, D.J.: 1974. Youth toward personal growth: A rational-emotive approach. Columbus, Ohio: C. Merrill Publ.

Trexler, L.D. & Karst, T.O.: 1973. Further validation for an new measure of irrational cognitions. Personality Assessment 37, 150–155.

Truax, C.B. & Mitchell, K.M.: 1971. Research on certain therapist interpersonal skills in relation to process and outcome. In: Bergin, A.E. & Garfield, S.L. (Hrsg.): Handbook of psychotherapy and behavior change. New York: Wiley, S. 299–344.

Ulich, D.: 1980. Angstbewältigung und kognitive Kontrolle: Neue Perspektiven der Forschung und praktische Bedeutung. Psychologie in Erziehung und Unterricht 27, 349–356.

Ullrich, R. & Ullrich de Muynck, R.: 1974. Implosion, Reizüberflutung, Habituationstraining. In: Kraiker, C. (Hrsg.): Handbuch der Verhaltenstherapie. München: Kindler, S. 369–397.

Urbain, E.S. & Kendall, P.C.: 1980. Review of social-cognitive problem-solving interventions with children. Psychological Bulletin 88, 109–143.

Ursin, H./Baade, E. & Levine, S.: 1978. Psychobiology of stress: A study of coping men. New York: Academic Press.

Vaitl, D.: 1978. Entspannungstechniken. In: Pongratz, L.J. (Hrsg.): Klinische Psychologie. 2. Hb. (= Handbuch der Psychologie, Bd. 8). Göttingen: Hogrefe, S. 2104–2143.

van Quekelberghe, R.: 1979a. Systematik der Psychotherapie. München: Urban & Schwarzenberg.

van Quekelberghe, R. (Hrsg.): 1979b. Modelle kognitiver Therapien. München: Urban & Schwarzenberg.

van Riper, C.: 1971. The nature of stuttering. Englewood Cliffs: Prentice-Hall.

Verres, R. & Sobez, I.: 1980. Ärger, Aggression und soziale Kompetenz. Stuttgart: Klett-Cotta.

Wahl, D.: 1979. Methodische Probleme bei der Erfassung handlungsleitender und handlungsrechtfertigender subjektiver psychologischer Theorien von Lehrern. Zeitschrift für Entwicklungspsychologie und Pädagogische Psychologie 11, 208–217.

Walen, S.R./DiGiuseppe, R.A. & Wessler, R.L.: 1980. A practitioners' guide to rational-emotive therapy. New York: Oxford University Press.

Walling, C.: 1975. What ART is and what its chapters do. In: Maultsby, M.C. Help yourself to happiness through rational self-counseling. Boston: Herman, S. 221–237.

Walls, G.B.: 1980. Values and psychotherapy. A comment on ,Psychotherapy and religious values'. Journal of Consulting and Clinical Psychology 48, 640–641.

Ward, N.G.: 1980. Analysis of the self: A cognitive relabeling technique. Psychotherapy: Theory, Research and Practice 17, 30–36.

Warren, R. & Hymen, S.P.: 1980. Getting back to the roots of RET. Rational Living 15, 1, 35–39.

Wasserman, T.H. & Kimmel, J.I.: 1978. A rational-emotive crisis intervention treatment model. Rational Living 13, 1, 25–29.

Watts, F.N./Powell, G.E. & Austin, S.V.: 1973. The modification of abnormal beliefs. British Journal of Medical Psychology 46 359–363.

Watzlawck, P.: 1977. Verwendung der ,Sprache' des Patienten. Partnerberatung 14, 57–58.

Weissberg, M.A.: 1977. A comparison of direct and vicarious treatments of speech anxiety: Desensitization, desensitization with coping imagery, and cognitive modification. Behavior Therapy 8, 606–620.

Wendlandt, W. & Hoefert, H.-W.: 1976. Selbstsicherheitstraining. Salzburg: Otto Müller.

Wessler, R.L.: 1976. On measuring rationality. Rational Living 11, 1, 25.

Wessler, R.L.: 1977. Evolution of irrational thinking. Rational Living 12, 2, 25–30.

White, P.: 1980. Limitations on verbal reports of internal events. A refutation of Nisbett and Wilson and of Bem. Psychological Review 87, 105–112.

Whiteman, V.: 1979. Development of an Australian version of the Rational Behavior Inventory. Psychological Reports, 44, 104–106.

Wolfe, J.L.: 1976. Rational-emotive therapy as an effective feminist therapy. Rational Living, 11, 1, 2–7.

Wolfe, J.L. & Fodor, I.G.: 1977. Modifying assertive behavior in women. A comparison of three approaches. Behavior Therapy 8, 567–574.

Wolpe, J. & Lazarus, A.A.: 1966. Behavior therapy techniques. New York: Pergamon.

Woodward, R. & Jones, R.B.: 1980. Cognitive restructuring treatment: A controlled trial with anxious patients. Behaviour Research und Therapy 18, 401–407.

Woodworth, R.S.: 1958. Dynamics of behavior. New York: Holt.

Wortman, C.B. & Dunkel-Schetter, C.: 1979. Interpersonal relationships and cancer: A theoretical analysis. Journal of Social Issues 35, 1, 120–155.

176

Young, H.S.: 1974. A framework for working with adolescents. Rational Living 9, 1, 3–7.
Zaro, J.S./Barach, R./Nedelmann, D.J. & Dreiblatt, I.S.: 1980. Einführung für angehende Psychotherapeuten. Stuttgart: Enke.
Zettle, R.D. & Hayes, S.C.: 1980. Conceptual and empirical status of rational-emotive therapy. In: Hersen, M., Eisler, R.M. & Miller, P.M. (Hrsg.): Progress in behavior modification. Bd. 9. New York: Academic Press, S. 125–166.

Sachregister

Autorenregister